U0798375

万川
reflections

一步万里阔

HOW WORDS GET GOOD

THE STORY OF MAKING A BOOK

一本书的诞生

[英] 丽贝卡·李（REBECCA LEE）/ 著　　闫佳 / 译

中国工人出版社

图书在版编目（CIP）数据

一本书的诞生 / (英) 丽贝卡・李著；闫佳译.
北京：中国工人出版社, 2025. 9. -- ISBN 978-7-5008-8750-8

Ⅰ. G256.1-49

中国国家版本馆CIP数据核字第2025PU7483号

著作权合同登记号：图字 01-2022-4506

Copyright © Rebecca Lee, 2022

First published as *HOW WORDS GET GOOD: THE STORY OF MAKING A BOOK* in Great Britain in 2022 by Profile Books Ltd. The simplified Chinese translation rights arranged through Andrew Nurnberg Associates International Ltd.

一本书的诞生

出 版 人	董　宽
责任编辑	董芳璐
责任校对	张　彦
责任印制	黄　丽
出版发行	中国工人出版社
地　　址	北京市东城区鼓楼外大街45号　邮编：100120
网　　址	http://www.wp-china.com
电　　话	（010）62005043（总编室）
	（010）62005039（印制管理中心）
	（010）62001780（万川文化出版中心）
发行热线	（010）82029051　62383056
经　　销	各地书店
印　　刷	三河市万龙印装有限公司
开　　本	880毫米 × 1230毫米　1/32
印　　张	13.25
字　　数	300千字
版　　次	2025年10月第1版　2025年10月第1次印刷
定　　价	98.00元

本书如有破损、缺页、装订错误，请与本社印制管理中心联系更换

版权所有　侵权必究

谨以此书献给帕特里夏·玛丽·李

——那位教我咿呀学语的启蒙者

书是对世界的一种诠释。若你不喜欢，便无视它，或以你自己的版本回应。

——萨尔曼·拉什迪

目录

第三部分　文字如何获得自由

前　言　欢迎来到古腾堡星系

没有大帆船能像一卷书，将我们送到异乡。

——美国诗人艾米莉·狄金森

1962年，加拿大哲学家马歇尔·麦克卢汉（Marshall McLuhan）出版了一本书，名为《古腾堡星系：印刷文明的诞生》（*The Gutenberg Galaxy: The Making of Typographic Man*）。麦克卢汉在这本书中探讨了大众传媒，尤其是印刷媒介对社会和人类意识所产生的作用。《古腾堡星系》将历史分为四个时代：部落时期口述文化、抄写文化、古腾堡星系（这是麦克卢汉为活字印刷和大规模印刷所起的名字），以及即将到来的最后一个时代——电子媒介时代。①

麦克卢汉的“古腾堡星系”概念得名于约翰内斯·古腾

① 麦克卢汉的最后一章“星汉的重构”，预言了个人主义印刷文化日渐式微，并将逐渐转变为电子媒介“地球村”（这是他创造的短语）。虽然他逝世于1980年，但要是他看到自己的作品分成了精装本、平装本和电子书，大概不会感到太惊讶。

堡（Johannes Gutenberg），这位德国印刷工人在欧洲文艺复兴时期发明了活字印刷术和大规模机械印刷技术，改变了世界。“古腾堡星系”这个短语提醒我们，无论以何种形式出现，每一个字或词都属于一个充满活力的庞大宇宙，它包含了所有记录在芦苇、黏土、莎草、纸张、硅基，以及一切尚未问世的媒介上的东西。

这星系里有着浩如烟海的文字，数不胜数。如果我们想要有意义地投身于书面文化，就必须找到一种方法来筛选、分类古腾堡星系下摇曳的所有文字，区分我们认为好的和不那么好的文字。我们根本没有时间去处理所有的文字，不得不用形形色色的办法来完成这项艰巨的任务。每一个图书小组、每一句口头推荐、每一篇书评、每一场书籍讨论，都可视为人类区分好坏文字的一部分本能。

我们可能会认为，收录在一本书里或显示在电子屏幕上的文字集合是“好”的，因为我们发现它们易读、有趣、鼓舞人心、改变生活、信息量大、见多识广、有利可图；因为它们记录历史，改变历史，或是为那些原本可能无法发声的人提供话语权。

“好”的界限，既宽广，又模糊。一些文字得到了批评家们的好评、研究、分析和传播，跨越国界，穿越世纪。另一些文字遭到文人的嫌弃，却受到读者的疯狂追捧。读者有着与文人截然不同的标准：这标准可以是舒服、刺激、幽默、恐怖、熟悉、逃避、忧郁，或是人类体验这座庞大神殿中其他任何形式的情感共鸣。一本书只需要在自己的赛道上取得成功就行了：一本精彩的悬疑小说，与一篇论述欧盟法律的权威学术论文有着不同的目标。

所以，每当读者跃入古腾堡星系的一个新角落开始阅读时，判断书的好与坏就成了专属于他们的乐趣与特权。但书籍是文字的集合，我们可以通过选择怎样使用这些文字，让它们变得更好。从句子到整本书，所有的文字集合都可以得到改进，而且方法很多。任何人，只要曾好奇过书籍和书里的文字怎样从古腾堡星系的一侧航行到另一侧，从作者的头脑进入读者的眼睛，本书便专为你们而准备。

最终握在我们手中的书籍里的文字是怎样形成的？它们的故事是什么？最初的文字怎样凝聚成可读易辨的短语、句子、段落、页面和章节？最后，从某种意义上来说也是最重要的，是什么解放了这些文字，让它们完成了旅程中的最后一步，告别作者，寻找读者？

本书考察了文字怎样从好变到更好，再到最终获得自由的全过程，阐明了书籍内外怎样结合的实际操作，揭开它的神秘面纱，看看未经编辑的原始文本如何转变成流畅可读的文章。从创作书籍的角度看，每一本书都有一个类似的故事。

除了文字告诉我们的故事，还有另一个故事：这些文字是怎样出现在书页上的。我们要来看看这些让文字发挥出潜力的辅助角色，听听让这一切发生的人怎么说。他们把这视为自己的事业——他们的激情来自让文字变得更美好。

时不时地，我们会遇到一些“坏”文字（就算不是客观意义上的“坏”，至少可以说成“坏”），我们还会和它们度过一段美好时光。生活、文学和人性本就如此，阅读公认“坏”的文字，我们也能发现真正的愉悦、乐趣和幽默。“坏”文字相当于文学界的垃圾食品——我们知道不该吃，但有时候就是忍不住会吃。我们还会亲密接触一些失落的文字——我们知道曾经存在，但已从今人视野中消失的文字；也会见到不少一度失落（在有些例子中，保持这种状态说不定挺合适）但又重新回到新受众面前的文字。

我将是你（基本上）可靠的解说员

我为什么知道文字变好的内幕呢？我曾为全世界最大的一家出版机构效力，在编辑部工作了20年，将数百万字的稿件签发付梓。我见过的文字，穷尽了人能想象出来的组合、语言、语气、风格和字体。我编辑、校对、核对事实、重写、再次编辑、编订索引、再次编订索引、核查更正，与作者打交道，委托自由撰稿人，安抚外包编辑，协调排版和印刷商，最后，把文字交付给印刷商。

这些文字我全都读过吗？并非如此。读过的文字，我全都理解吗？不完全能。在让文字变得更好的道路上，我是否也曾偶尔有过失误？当然。我碰到过作者（当然是非常礼貌地）给我发电子邮件，指出我在其书稿校样扉页上拼错了他的名字，这的确是我的错。我所在的团队曾把王尔德的《不可儿戏》错印了2万册，毫不夸张地说，是有这么回事。

上面的一问一答大概会给人留下这样的印象：我的工作固然带来了满满的成就感，但也不乏惊心动魄的关头。我做这一行的时间越久，就越可能会犯下真正不可挽回的错误。在最糟糕的时刻（大概是凌晨3点，后来还出现过更糟糕的凌晨4点），我怀疑过自己还能不能坚持下去。因为我知道，总有一天，我注定会犯下这样或那样的小小失误，导致4万册备受瞩目的精装图书被收回销毁。（这小小的失误，可能是因为我做了某件事，也可能是因为我忘了做某件事，哪种情况更糟糕呢？都很糟糕！）

除了签发付梓的文字，我每天都在为怎样呈现省略号而争论，努力说服作者遵循我们的标准尾注格式，屡屡向自己发出天问：为什么我要对着一本有2000处交叉引用有待交叉检查的书埋头苦干？为什么我要兢兢业业地把书皮一面的60个琐碎问题跟另一面的60个答案一一匹配？摆在我面前的每一样东西，不管是封面、索引、正文，还是图片、地图、图表，都必须经过考问、理解、检查、再检查，才能帮它变得更好。

进入书籍世界之前，我很少会考虑印刷文字的真伪正误。既然印出来了，那肯定是正确的。白纸黑字，一目了然。如果是用金箔印在封面上的，那就更是如此。我从没想过作者和出版商有时也会犯错。如果我真的想到过编辑或者编辑工作，也不过以为那就是检查一些语法错误，并找出偶尔出现的错别字罢了。在我的印象中，手稿肯定是以几乎成形的状态送到出版商的办公桌上的。只需快速浏览一遍，接着就交付印刷。第一次接触手稿时，这种看法碎了一地。当我得到第一份工作，负责从头到尾制作一本书的时候，我才明白制作一本书的整个过程有多么复杂。

起初，一切似乎很简单。这是有规则的，让文字变好的规则。文字编辑规则、排版规则、印刷风格、样式表、字典……作家们把作品寄给我，而我，要为他们把这些作品科学地编辑出来。

但渐渐地，我开始明白：规则并不是问题，有问题的是例外。例外无处不在。最重要的是，我跟一篇文字靠得越近，它似乎就越转瞬即逝。没有哪一行、哪一段或哪一本书是相同的；没有哪两位作者有相同的语气、文风或用意。每本书都必须从提供的原材料中从头开始制作。甚至连规则手册都得重写，至少要经过大量编辑。

文字的解放

羊皮纸上的荷马！

伊利亚特和尤利西斯的所有冒险，普利亚姆王国的敌人！

全都锁进一张皮里，折成几折！

——马提亚尔，《段子集》

在《古腾堡星系》一书中，麦克卢汉认为，印刷机的发展最终导致了理性主义、民族主义、二元论、科学研究的自动化、全球文化的标准化，以及人作为个体的异化。这就是文字获得自由后会发生的事情。因此，自印刷术问世以来，它就从根本上加速了变革。

如果说，我们把文字放到书页上的方式是变革的驱动力，那么我们与文字相遇的形式也会产生影响。这是麦克卢汉通过《媒介即讯息》一书探索的主题。[①]我们对文字的反应，可能会因我们与之实际相遇的方式而改变，我们记录文字的方式也有意义。

书出现之前，有卷轴。更早的还有泥板，使用15种不同语言的古代社会，使用了它3000多年。泥板在古代西方文明中占据主导地位，而在南美洲（和中国），记事方式截然不同——他们使用绳结记录。这些绳结叫作“奇普”（quipu），用于存储人口普查数据，保存记录，甚至监控人们如何及何时纳税。卷轴相较于泥板（和奇普）有很多优势——它可以编辑，携带方便，而且，一旦人类解决了怎样造纸的问题，它就更方便了，尤其是对长文件来说。

尽管卷轴在古代世界是书写信息的主要方式，但到了6世纪，它几乎消失了，取而代之的是“手抄本”（codex），意思是“树干”或“书”。手抄本看起来跟今天的书一样，书页相叠，用稍厚的材料做成的书脊固定。在古腾堡的印刷机改变世界（以及文字世界）之前，手抄本的问世是图书制作方面最重要的进步。

---

① 麦克卢汉的《媒介即讯息》（*The Medium is the Message*）一书于1967年出版。排版工人送回该书校样时，他意识到他们错误地将书名输成了“The Medium is the Massage”（媒介即按摩）。据麦克卢汉的官方网站称：“麦克卢汉看到这一拼写错误后惊呼，‘不用改了！太棒了，说得正好！’”

罗马人[1]是最早使用手抄本的，一如卷轴优于泥板，手抄本相较于卷轴也有很多优势。罗马诗人马提亚尔在农神节期间写了几句话来搭配交换书籍的礼物，揭示了手抄本形式的好处，并附上了一则小广告，告诉你从哪里可以买到他自己的手抄本。

> 如果你，渴望有我的小书陪伴去四方；如果你，想在长途旅行中有个同伴，那就买这些羊皮纸小册子吧。我，用一只手就可以将其握住，把你的卷轴盒留给伟大的作家。你一定知道在哪里有售，别在整个城里漫无目的地闲逛，我将是你的向导。请到和平神庙和帕拉斯广场的门槛后，找博学的卢库斯自由民塞孔都斯。

一如马提亚尔的描述，带着你喜欢的读物去旅行，手抄本很适合。与卷轴不同，手抄本足够小，可以用一只手握着，因为有封面，它结实牢固，而且使用起来更经济——羊皮纸的两面都可以用来书写。只能按顺序阅读，是卷轴的缺点之一：和磁带一样，你只能按照“存储”的顺序接触到作品。

① 不只有古罗马人。显然，尤利乌斯·恺撒也是手抄本的早期使用者，他会在装订成册的页面上书写，传令给军队。

手抄本则可以随意翻阅，更像是一张光碟。[1]到2世纪，手抄本成为西方世界首选的书写材料，尤其广为基督徒[2]所用——例如，《圣经》就是以手抄本而非卷轴的形式呈现的。

手抄本实际上是卷轴的进化，而不是一种全新的技术——一些卷轴（《死海卷轴》就是一个著名的例子）是水平展开的，这意味着它们可以像手风琴那样折叠起来。后来，有人想到了把页面剪开，从中缝上粘起来。羊皮纸是内部折叠的。把一张羊皮纸折叠起来就是一个对开，折叠两次是四开，如果再折叠一次，就得到了八开。

当然，尽管手抄本可以视为书籍的前身，但制作一册手抄本同样是一项耗时的工作。在印刷术出现之前，手稿需由僧侣抄写。这种制作文本的方法，必然会带来许多错漏，而且每个版本都不一样。标点、拼写和语法都不规范，古典手稿还使用连写——文字之间没有空格。创造书面资料要花费很长时间，这就意味着，手抄本以及其中的思想、知识和观点，局限于精英当中：修道院、大学和富裕阶层。15世纪中期印刷术的发明改变了这一局面，而且不止于此。

---

① 将来的读者还知道什么是磁带，什么是光碟吗？

② 手抄本可随意翻阅的性质，是奥古斯丁皈依基督教故事的一部分。奥古斯丁在《忏悔录》中写道，他拿起《圣保罗书信集》，“我拿起它，打开它，在无声中读到目光落下的第一段”。奥古斯丁读到的那段话出自《罗马书》的第13章，在它的结尾，“怀疑的黑暗”从他脑海中消失，他接受了基督教。

从卷轴到手抄本再到装订书，撰写、编辑、制作它们的人都面临着类似的问题：如何确保信息正确，如何减少错误，如何吸引读者停留在故事里，最关键的是如何将读者留到故事的最后。本书讲述的就是这些问题如何得到解决的故事。

从封面到封底的跋涉

有一件事，哪怕是对那些阅尽沧桑的眼睛来说，也颇叫人望而生畏，那就是每一本书从封面到封底的遥远距离。阅读的乐趣之一，是能够在一句话里弥合时代与文化。这就是文字的非凡力量。但是，每一行文字作品都需要投入大量的精力、时间、想象力和专业知识，才能让文字世界的人们成功地搭建起这座桥梁。

我所在的编辑团队，就负责完成这些远征。这是我在出版行业所投身的环节，对我的家人和朋友来说，它的可见度相当低。有很多与文字相关的事情，我并不会做：我不会从一开始就去寻找它们，不负责委托它们，我不是它们的第一批读者。这条没有记号的小径，是经纪人和策划编辑为我们开辟出来的，他们在古腾堡星系进行最初的探索和搜寻。然而，一旦捕捉到了这些文字，它们就会从一端输入到我们部门，之后从另一端以可安全发布给读者的形式出现。那些一开始的“好”文字，到离开我们的时候应该变得“更好”。这几个月里发生的事情，来自我、作者和一群神秘的专业“文字工匠”——文字编辑、索引员和校对员，他们各有神秘的专长、兴趣和怪癖。

虽说稿子送到我手里是它旅程的开始，但在此之前的几个月甚至几年里，文字已经经过作者、经纪人（如果作者有经纪人）和策划编辑的思考、编辑、重新编辑、起草和修改。当这些文字离开我们之后，它们会继续由设计师、排字工人和印刷工人完善，所有这些环节都各有复杂而迷人的次世界（我们将涉足一二），各有不同的历史、癖好、故事和传统。

一如每本书在作者心中都有独特的起源，它在读者手中也自有独特的旅程。为了让文字变好，我需要在这两点之间来回奔波，确保我们既不忽视作者的愿景和意图，也不忽视读者对它的接受度和意愿。

出版业的首要原则

“你写下的第一句话将是你生命中最重要的一句话，第二句、第三句莫不如此。这是因为，尽管你，不管是雇员、传教士还是辩护士，可能会觉得有义务写出来，但没有人会觉得有义务要读。”

这段话来自蒂姆·拉德福德（Tim Radford）在《卫报》上发表的文章《抄写员宣言：我对记者的 25 条戒律》（*A manifesto for the simple scribe - my 25 commandments for journalists*）。但按照惯例，我不妨把这种言之泛泛的知识改写成美国文案、编剧和小说家史蒂芬·普雷斯菲尔德（Steven Pressfield）在其职业写作指南《没人想读你的废话》（*Nobody Wants to Read Your Sh*t*）中偏爱的那种大白话：没人想读你的废话。

所以，这本书其实是关于各位读者的。真理很简单，也只有一条（如果你愿意，可以把它叫作“出版业的首要原则”）：如果最终不能说服人们去阅读，那么，所有让文字变好的努力都是徒劳的。因为衡量文字好坏的唯一真切、真实和有意义的方法是，把它们从出版过程中解放出来，用最便捷的形式进行传播，这样，各地的读者就能够以作者在写作时想象的方式与文字相遇，作出回应。

好了，我们已经一起走了这么远了。这是一个令人鼓舞的开始。希望你能继续翻开后面的章节，探索一本书的诞生。

第一部分

文字如何诞生

世风不古。孩子们不再听父母的话，人人都在写书。

——西塞罗

如果你在出版业工作，你兴许觉得你遇到的每个人都在写书。就算他们没有写，也会向你请教如何写，如何使它更好，而且问你想不想自己也写一本。这正是古腾堡星系的养料。美国小说家斯科特·菲茨杰拉德（Scott Fitzgerald）曾写道："确切地说，作家并不完全是一个群体，如果说他们真有什么好的地方，那就是他们是一大堆煞费苦心想成为一个人的人。"而那"一个人"只能通过作家允许我们看到的东西来到我们面前。但每一个字、每一个词，以及其背后的故事，都是一条线索。

欧内斯特·海明威（Ernest Hemingway）在《流动的盛宴》里这样形容写作的过程："故事自己在写，我几乎跟不上。"多克托罗（Doctorow）的看法略有不同："我找到了一个似乎能让人满意的解释。我告诉他们，这就像在晚上开车，你永远看不到比车前灯照得更远的地方，但你可以这样开完全程。"我认为这些解释展示了文字形形色色的诞生方式。从令人羡慕的"故事自己在写"，到故事一点一点逐步推进，就像深夜里开车时，柏油马路几米几米地渐次显现——作者到底是怎样工作的？

许多书籍试图解决什么是写作、写作是什么、写作如何发生的问题。这是一个庞大的主题：在亚马逊网站上搜索“如何写作”，可以找到6万多本论述这一主题的书籍。自古以来，人类就喜欢讲故事，而且这些故事都遵循可预测的模式。实际上，故事的模式（也就是它的结构）有时比作者更重要。在很长一段时期，作者一般是匿名的——他们重述并美化经典故事，而不是创作新故事（这样的过程至今仍在发生）。故事是谁在讲并不重要，重要的是故事是否引人入胜。

史诗是最早也是最经久不衰的一种故事结构：一种长篇叙事诗，背景设定在作者自己所处时代之外，描述了人类遭遇天神或超自然力量的非凡生活和事件。史诗逐渐演变成关于宫廷爱情和浪漫的诗歌、旅行文学和关于征服的故事，同样的主题和结构一次又一次地出现，在此过程中为最终成为小说奠定了基础。这就是为什么，在这一部分，我聚焦于几种讲述故事的关键方式：这些反复出现的结构和写作方式，告诉了我们关于怎样让文字变得更好的奥秘。

第 1 章　故事的美丽形态：作者

洞中人：写什么

美国小说家库尔特·冯内古特（Kurt Vonnegut）在自传《棕枝主日》（*Palm Sunday*）中解释说，他“对文化作出的最大贡献”是他的人类学硕士论文，但“因为它太简单、看起来太有趣而遭到了拒稿”。冯内古特用一句话简单地解释了论文中介绍的概念：“其基本设想是，故事有着可以画在图纸上的形状，那么特定社会的故事的形状，少说也跟这个社会里罐子或矛尖的形状一样有趣。”

冯内古特认为，故事有简单的形状，可以由人类（或者计算机）绘制在图纸上。如果你在油管（YouTube）上搜索“故事的形状”（The Shape of Stories），你就能看到一段 4 分多钟的视频，是他在黑板上画（并解释）若干故事的形状的情景。

“我尝试将科学思维引入文学批评，但很少有人对此表示感激。”冯内古特在一场关于此主题的演讲中说道。但我们应该心存感激。谁能抗拒“洞中人”那幅图里描述的简洁优雅的故事形状呢？像冯内古特在《故事的形状》中说的一样，主人公不一定是个男人，他也不一定是在一个洞里——但我们都可以共情并理解这样的故事结构：主人公因为遭遇了某种（字面或比喻意义上的）压抑而失去了好运，不顾一切地寻找逃避它的方法。这个故事的情节和讲故事这一行为同样古老，在结构上以文字作为脚手架，包含了下降和逃离的形状。

书中的句子和段落为读者传达了作者的意思。文字诞生后所遵循的模式，以及我们组织它们的方式，帮助它们传达有用的、有趣的或涉及情感的东西。

开始阅读冒险故事的时候，我们是沉浸在文化和社会背景中的——我们小时候一边学习阅读，一边经历着故事的运作。如果我们直觉上期待的结构没有出现，我们就必须花更大的心力去理解故事或论点——这时，我们会感到迷茫。如果没有结构，就没有合乎逻辑的前进方向，读者看不出情节，也没有冒险感或悬念感。文字散落各处，完全没有形状。结构是帮作者引导读者顺着文字路径前进的东西。

在《七种基本情节：我们为什么讲故事》（*The Seven Basic Plots: Why We Tell Stories*）一书中，克里斯托弗·布克

（Christopher Booker）对故事进行了分析，并将之分为七种基本情节，分别是“斩妖除魔”“白手起家”“探寻”“远行与回归”“喜剧”“悲剧”和“重生”。他用了34年来撰写这本书，这意味着他自己的故事说不定能放到“探寻”，甚至“斩妖除魔”情节。这七种情节的共同点是，它们提出了一个戏剧性的转折点，创造了一个必须解决的冲突。这给了它们开头、中间和结尾，我们可以跟随和理解，获得满足感。我们开始了一段旅程，遇到了一个问题，接着出现了解决方案。还有什么比这更令人高兴的呢?

一些写作流派甚至有更具体的规则，侦探小说就是一例。在侦探小说的黄金时代（广义上说，是指成书于20世纪20年代和30年代的英国侦探小说），人们把推理小说视为读者可以一起玩并期待解谜的游戏。这样一来，读者就成了情节的积极参与者，而这类故事的作者明白，他们工作的一部分就是要满足这种期待。

写了不少侦探小说的作家罗纳德·诺克斯（Ronald Knox）[1]写道:“侦探小说必须以解开谜团为主要兴趣。这个谜团的要素，在小说的早期阶段就清楚地呈现给读者，其本质在于引起人们的好奇心，并在小说的结尾满足这种好奇心。”

---

① 罗纳德·诺克斯还提出了侦探小说“十诫”，我最喜欢的是十分具体的第三条：一个故事里不得有一间以上的密室，一条以上的密道。

如果作者不按规则行事，读者就无法解开谜团，对故事情节的不满也会随之而来。从某些重要的方面来说，小说就失败了。

倒着讲故事

当然，不管是文学还是其他方面的规则，总是可以打破的。本章从库尔特·冯内古特关于可预测的故事结构的概念着手，但冯内古特自己经常玩弄并颠覆这些概念。在《五号屠场》（*Slaughterhouse-Five*）中，部分情节是由不可靠的叙述者比利·皮格里姆倒叙的。

> 这是一部关于第二次世界大战中美国轰炸机及其勇敢的飞行员的影片。比利所看后面部分的影片，故事是这样的：被炮弹打穿许多洞的、装满伤兵和尸体的美国飞机从英国机场向后倒着起飞。飞经法国上空时，一些德国战斗机对着美国轰炸机向后倒着飞，把轰炸机和飞行员身上的子弹和弹片吸了过去，对地面上被打坏了的美国轰炸机也是如此，而且那些飞机倒向飞了起来，加入战斗机的队列。

这队飞机倒向飞到在火焰中燃烧的一座德国城市。美国轰炸机打开炸弹舱门，释放了不可思议的磁性装置，使大火收缩，并且把火焰收集到圆筒形钢罐里，然后把钢罐放进飞机中。钢罐整整齐齐地安放在架子上。下面的德国人也有他们自己的神奇装置——长钢管。他们用长钢管从飞行员和飞机那里吸取更多的弹片。即使这样，仍然有一些美国伤兵未治好，仍然有一些被打坏了的轰炸机未能修复，不过飞机飞经法国上空，德国战斗机再次来袭时，所有遭受过轰炸的人和物都恢复如初。

美国轰炸机飞回基地后，从架上取下钢罐，运回美国。那里的工厂日夜加工，拆卸钢罐，分离出里面的危险成分，制成矿物。令人感动的是，这个工作主要是由妇女们承担的。然后把矿物运到遥远地区，由那里的专家负责把这些东西埋到地下，埋得很妥善，再也不会给人带来危害。

尽管这些文字描述的是与我们预期完全相反的故事，但它们仍然存在一种便于我们跟进的结构。这只是“洞中人”颠倒过来，以说明战争的疯狂。与此同时，它还相当令人振奋。一如冯内古特在以故事结构为主题的那场讲座中所作的解释：“故事是‘洞中人’……有人陷入困境，又重新摆脱。

这条线的终点高于起点，并非偶然。它鼓励着读者。”

水面以下：怎样写

讲故事的难点之一是你如何以及何时揭示事物。大多数小说多多少少都依赖悬念——我们的主人公会从洞里逃出来吗？要不就是读者发现了某件关于人物的事情，或者一种被揭示的情况。写小说的时候，你会遭受知识的诅咒：你知道接下来会发生什么，但读者不知道。你留下的线索，你所展示的东西，什么时候展示，既不能太隐晦，也不能太明显。要成功地构建小说，你可能需要做与非虚构类作品相反的事情——留白一些东西，并尊重读者的理解力，即仔细关注你的文字，让读者能够弄清楚发生了些什么。这就是为什么小说作者经常依靠模棱两可、不可靠的叙述者、推理和隐喻来隐藏故事的元素，让读者在理解所发生的事情方面自己完成飞跃。

威廉·萨克雷（William Thackeray）提及《名利场》（*Vanity Fair*）时写道：

> 在名利场上，有好些事情大家都做，大家都知道，只是口里不说……我描写这个海上的女妖（贝基·夏

普），只说她会唱会笑，会花言巧语地哄人，从来没有失去体统，没有让妖怪把她丑恶的尾巴浮到水面上来，我想所有的读者不得不承认这一点。对于我的手法我倒真是有点得意，因为我从来没有犯过这样的错误。好奇的人不妨向透明的水波底下张望，瞧着那黏糊糊、奇丑无比的尾巴扭曲旋转，一会儿扑打着成堆的骸骨，一会儿在死尸身上盘旋。可是在水面以上，一切都很正当，很规矩，叫人瞧着觉得愉快，连名利场上最难说话的道学先生也不能抱怨。

萨克雷认为水面以下藏着什么的观点（就算没有文字告诉我们，我们也都知道这是真的），欧内斯特·海明威与之遥相呼应。在《死在午后》（*Death in the Afternoon*）中，海明威阐述了自己对文学留白的理念，即所谓的“冰山理论”：

如果一位散文家对于他想写的东西心里有数，那么他可以省略他所知道的东西。读者呢，只要作者写得真实，就会强烈地感受到他所省略的地方，好像作者已经写出来似的。冰山在海里移动得很庄严宏伟，这是因为它只有八分之一露在水面上。如果一个作家因为不懂而采用省略的办法，那他只是在自己的作品中留下了空缺。

文字必须经过深思熟虑，并表达精准，以达到最大的叙事效果。写作必须足够有力和真实，即使不说发生了什么，读者也能知道。“我发现了几个事实：如果作者在作品里省略的是自己已知的信息，那么故事会有一种凝练感；但如果作者只是因为自己无从知晓而省略或跳过，那么故事最终就失去了价值。”海明威在《短篇小说艺术》（*The Art of the Short Story*）中解释道：“一个故事的好与坏，不在于出版社编辑删掉的那部分有多好，而在于作者自己删掉的内容。”这就是文字变好的实质——知道哪些东西可以留白省略。

五天成书五人组

在《书虫：儿童阅读回忆录》（*Bookworm: A Memoir of Childhood Reading*）一书中，露西·曼根（Lucy Mangan）写道：“小时候，哪怕你喜欢也擅长读书，阅读也很困难。有个可以去的地方，知道你的努力一定会得到回报，这是很重要的。你需要一个令人满意的故事，获得作者坚决履行契约的保证。”这就是为什么，尤其当我们还是孩子的时候，我们喜欢系列图书，它们创造了一个熟悉舒适的世界，我们可以一次又一次地回到这个世界——我们知道自己期待的事情将会发生，这一点大大增加了这些文字世界的乐趣。熟悉的人物和主题是我们所渴望的——作家也知道这一点。他们坐下来写作的时候，大概同样喜欢回到这些熟悉舒适的地方。

“我闭上眼睛几分钟，把便携式打字机放在膝盖上。我清空思绪，等待着——没多久，我的角色就站到了我意识之眼的前面，清晰得就像我看到了真正的孩子一样……第一个句子直接进入我的脑海，我不需要去想它，不需要去想任何事情。”

这是英国儿童文学作家伊妮德·布莱顿（Enid Blyton）描述自己的创作过程。据估计，布莱顿在 50 年的职业生涯中写了 760 本书。她相信自己可以进入她所谓的“心灵深处”寻找灵感，完成丰富的作品（这听起来确实很诱人），但她的传记作者芭芭拉·斯通尼（Barbara Stoney）说，这种方法也自有缺陷。布莱顿告诉她丈夫，“当她的角色在成形期间……他们会在她的脑袋里‘走来走去’，占据她的梦境，让她几乎无法休息，直到第二天她回到打字机前”。不足为奇，除笔下的人物占据她的大脑空间之外，这种意识流的写作方式，以及她的作品数量，意味着她经常照搬自己的作品。她还承受着持续不断的谣言困扰，这些谣言称她雇用了一群“枪手”为她工作。1956 年，她起诉了一名图书管理员，因为他说封面上有她署名的书并非都出自她笔下。

伊妮德·布莱顿通常每天写 6000 到 10000 字。就算从未读过《神探五人组》（*Famous Five*）或《神秘七人组》（*Secret Seven*）冒险小说的读者，说不定也认识布莱顿的套路：快节奏、行动驱动、带有完全的道德确定性（她的英雄和恶棍都有明确的标识）、刺激、回避现实、没有生命损失或真正的危险。

大量运用套路，是布莱顿如此高产的原因，大概也是她容易被恶搞的原因，比如《无麸质五人组》（*Five Go Gluten Free*）、《脱欧岛五人组》（*Five on Brexit Island*）和《团建日五人组》（*Five Go on a Strategy Away Day*）。一如她自己的书，这些戏仿之作的封面上有她的官方签名——布莱顿很早就热心于塑造个人品牌。当然，不是所有人都是布莱顿的书迷：从1936年到1963年，BBC禁播布莱顿将近30年（直到她最终出现在《女性时间》节目中）。一位BBC员工写道："一想到这个女人竟是畅销书作家，真的很奇怪。都是不足为道的东西。"在《布莱顿热线》（*The Blyton Line*）里，心理学家迈克尔·伍兹（Michael Woods）对她的写作方法给出了相当严厉的评价：

> 伊妮德·布莱顿没有道德困境，她的书让孩子们感到满意，因为它们以黑白分明的方式呈现事物，没有令人困惑的中间灰色调。诚然，对成年人来说，灰色调才

是生活里有趣的地方；可对孩子来说，模棱两可是站不住脚的。伊妮德·布莱顿能写这么多的原因是她不需要花任何力气去回想自己的童年，也不需要和自己的良心作斗争。

当我们动身前往古腾堡星系进行穿越之旅时，预期结构的脚手架提供了令人放心的支撑点，这肯定是布莱顿的书如今仍畅销不衰的部分原因。孩子们在学习阅读的过程中，套路故事是一种安慰和鼓励——我们可以通过阅读来发现新的世界，但等找到了自己喜欢的东西，我们还想要进一步探索。我们坚守已知。养成了这样的习惯，再加上熟悉的情节带来的舒适感，我们通常会带着它一直到进入成年。

007 的秘密：套路

“我每天早上会写大约 3 个小时……晚上 6 点到 7 点，还要工作 1 个小时。我从不修改任何东西，也从不回头看自己写了什么……采用我的套路，你每天能写 2000 字。”

伊恩·弗莱明（Ian Fleming）利用了我们对套路写作的天然喜爱。一如我们所见，无论是言情小说还是侦探小说，作者都要遵循一些规则，而遵守这些规则就构成了读者和作者之间牢不可破的交付契约。而且，它们还可以帮助作者们继续从事真正的写作。

弗莱明的 007 系列小说取得了巨大成功。他形容这些小说是“旨在作为文学作品来阅读的惊悚小说”，他使用的套路不仅适用于他的写作方式，也适用于他的写作内容。到牙买加度假，在“黄金眼”豪华酒店①的“华丽真空”写作（弗莱明这样形容自己每天 3 个小时的写作人生），无疑是作家的天堂。坚持按套路写，每天写 2000 字，不必费心思修改，在其还活着时就卖了 3000 万册，死后还翻了一倍，这也太简单了吧。②

安德鲁·泰勒（Andrew Taylor）在介绍伊恩·弗莱明的《生死关头》（*Live and Let Die*）时写道：“这是弗莱明第一部采用他的经典套路的作品，邦德被派往异国他乡，去对付一个道德败坏、身体有异于常人、拥有无限财富和超人般权力欲的反派人物。一个漂亮女人既是推动情节的工具，也是战

① 没错，你也可以入住“黄金眼”大酒店。它的网站称：“这座房子由弗莱明亲自设计，虽然他经验不多，但自信满满。他是个典型的英国人，有些刻板，他决定不要窗户，只采用牙买加惯用的百叶窗，让空气和阳光洒入。当然，他做对了，‘黄金眼’一年四季都吹着令人愉快的微风。”

② 1964 年，弗莱明在最后一次致命的心脏病发作后，向赶来的救护人员说了最后一句话：“对不起，给你们添麻烦了。这些日子的交通状况堪忧，我真不知道你们是怎么适应得这么快的。”

利品。”反派人物不仅身体有异于常人，弗莱明还会给他起个有异于常人的名字。奥里克·金手指（Auric Goldfinger）的名字，因袭自现代主义建筑师艾尔诺·戈德芬格（Erno Goldfinger），弗莱明讨厌他的作品（戈德芬格在《金手指》出版后咨询了法律意见，使得弗莱明威胁说要把这个角色改名为“金刺”），而《太空城》（*Moonraker*）中的反派人物雨果·德拉克斯（Hugo Drax）则来自弗莱明的熟人，海军上将雷金纳德·艾尔默·兰福利·普伦基特-厄尔-厄勒-德拉克斯（Reginald Aylmer Ranfurly Plunkett-Ernle-Erle-Drax）。

1966年，安伯托·艾柯（Umberto Eco）写了一篇题为《弗莱明的叙事结构》（*Narrative Structures in Fleming*）的文章，概述了小说“怎样固定为一系列受规则启发的‘动作’，并根据完美重新安排的方案构成”。“动作”是什么呢？

（1）M采取行动，给邦德指派了一项任务。

（2）反派人物采取行动，出现在邦德面前（也可能采取替代形式）。

（3）邦德采取行动，第一次跟反派人物交手，或者反派人物第一次跟邦德过招。

（4）女人采取行动，现身。

（5）邦德吸引女人（占有她，或者女人开始引诱他）。

（6）反派人物抓住邦德（可能逮住了女人，也可能没有，又或者在不同的时候逮住了女人）。

（7）反派人物折磨邦德（女人可能在场，也可能不在场）。

（8）邦德打败反派人物（杀死他，或杀死他的代表，或出力帮忙，致其死亡）。

（9）邦德恢复身体，享受女人，接着失去女人。

不过，正是这种套路化的行文风格，让邦德品牌和弗莱明的作品畅销不衰。1964 年，弗莱明在接受采访时说：

> 我对肤浅之事的兴趣过于强烈，热衷于保持快节奏、写得快。[①] 我恐怕没有耐心去深入探究必要的心理反省和历史背景。但最后，我必须说，我喜欢这样写作。知道其他人——相当聪明的人——觉得我的书有趣、好玩，我非常高兴。但我并不感到惊讶，因为它也让我觉得有趣、好玩。

① 说到写作速度，下面是约翰·赛尔夫（John Self）对乔治·西默农（Georges Simenon）的评价——西默农是传奇探长梅格雷的创造者，写过 500 多部小说："西默农有着传奇般的生产效率，他每天不间断地写一章，如果他被迫停止写一本书超过 48 小时，比如因为生病一类的，他就会把它扔掉。他的大部分小说，都只用了 10 到 11 天写完，他的修改仅限于'砍掉、砍掉、砍掉'他认为太'文艺'的部分。据报道，阿尔弗雷德·希区柯克（Alfred Hitchcock）曾给他打电话，结果西默农暂时无法接听，因为他刚刚开始写一部新小说。'没事，'希区柯克说，'我可以等。'"

除了有趣、好玩，弗莱明的套路大概还意味着他每天只需要花几个小时从事繁重的写作工作，而更多的是享受从百叶窗里吹进来的习习凉风。

虽然弗莱明的目标是每天写2000字，但他的套路后劲仍相当大——到目前为止，已有金斯利·艾米斯（Kingsley Amis，笔名罗伯特·马克汉姆）、约翰·加德纳（John Gardner）、雷蒙德·本森（Raymond Benson）、杰弗里·迪佛（Jeffrey Deaver）、威廉·博伊德（William Boyd）和塞巴斯蒂安·福克斯（Sebastian Faulks）为邦德带去了新冒险，全都受益于经过验证的007成功套路。

虽然邦德每次出外勤都会冒生命危险，但我们知道，最终我们会看到“邦德恢复身体，享受女人，接着失去女人”。因为只有当邦德恢复了身体，失去了女人，冒险才能重新开始。

斯特拉特迈耶作坊的奥秘

这个小标题听起来是不是有点布莱顿的味道？伊妮德·布莱顿或许可以算一台单人写作机器，但跟爱德华·斯特拉特迈耶（Edward Stratemeyer）比起来，就相形见绌了。1930年斯特拉特迈耶去世时，《纽约时报》报道说他的《小流浪汉》(*Rover Boys*)系列小说已经卖出了500多万册。斯特拉特迈耶还卖出了其他数百万册图书，除了《小流浪汉》，他还构想出了《双胞胎鲍勃西》(*Bobbsey Twins*)、《汤姆·斯威夫特》(*Tom Swift*)、《棒球乔》(*Baseball Joe*)、《哈迪男孩》(*The Hardy Boys*)、《神探南茜》(*Nancy Drew*)和《达娜姑娘》(*The Dana Girls*)。仅《神探南茜》系列就卖出了8000多万册。

斯特拉特迈耶是怎么做到的呢?《财富》杂志在他去世4年后发表的一篇关于他的文章，称他发现“美国青少年有着无限的阅读能力”。他的职业生涯开始于一家名为史密斯及史密斯(Smith & Smith)的杂志出版商，该出版商在作家霍雷肖·阿尔杰(Horatio Alger)[①]去世后，委托斯特拉特迈耶完成其未竟手稿。斯特拉特迈耶根据阿尔杰的笔记(也可能是前者自创)，以阿尔杰的名义出版了十一卷小说。这次的成功，促使他为青少年读者建立了大量系列丛书，这些丛书最初出自他本人的手笔。然而，一个人无法满足他所发现的无限需求，于是，斯特拉特迈耶意识到，要满足他的读者，自己必须寻求他人的帮助。斯特拉特迈耶建立的系列图书尽管

① 霍雷肖·阿尔杰(1832—1899)去世前出版了大约100本“白手起家”的小说。研究阿尔杰的学者加里·沙恩霍斯特(Gary Scharnhorst)形容阿尔杰的写作风格“常常很可笑”“不合时宜”，但阿尔杰一半以上的书都会引用莎士比亚、约翰·弥尔顿和西塞罗。

封面上署有同一个“作者”的名字，但实际上是由多人联手完成的。

我们自然地认为作者是孤独的天才，只身一人敲打键盘，展现出只有他们自己才看得到的画面，但斯特拉特迈耶的书表明，这并不是创作的唯一模式：套路写作太高效了，只要书有自己的特色，作者是谁无关紧要。

1910 年，斯特拉特迈耶的图书作坊正式成立，采用一套精简的系统：他先构思一个新的系列，然后为每一部写出大纲，接着交给签约作者，由后者将之写成 200 页的书。这套系统沿用至今：詹姆斯·帕特森（James Patterson），一个杰出的文学人物兼全球畅销书作家（至少出版了 114 本《纽约时报》畅销书），通过与一群稳定的合著者共事，年复一年地维持产出。他的名字出现在书的封面上，但帕特森实际上并不写书。相反，他提供详细的大纲，雇用其他人来完成实际的写作工作，同时为后者提供反馈。

斯特拉特迈耶会在办公室里谨慎安排见面，好让替他代笔的作者们彼此见不着。书一写好，他便逐一修改校对，然后把它寄给出版商。最关键的一点是，拥有每一本书版权的，是他的图书作坊，而非原作者。替斯特拉特迈耶捉刀的写手阿尔伯特·斯文森（Albert Svenson）描述了作坊期待写手们遵循的套路：“少死人，情节多。多用动词，并点缀以感叹号和挑衅性的问题。英雄不用枪。没有打情骂俏。第一页就介绍主要人物，设置一个大悬念或危险。第一页从前是 15 行，现在是 18 行。”

在《纳博科夫最喜欢的字及其他文学实验》（*Nabokov's Favourite Word is Mauve*）一书中，本·布拉特（Ben Blatt）分析了《哈迪男孩》和《神探南茜》两本书每一章的最后一句话。在《哈迪男孩》中，71% 的章节结尾句以布拉特所说的“明显的兴奋（！）”或“明显的神秘（？）”标记结束。这些图书作坊给出的套路悬念式章节结尾[①]，是近 100 年来读者都不忍释卷的原因。如果你看看《神探南茜》系列丛书的署名作者“卡洛琳·基恩”（Carolyn Keene）的出版作品，你会发现她从 1930 年至今都是活跃的作家，而南茜也在《神探南茜》系列故事里一路演变，从《南茜档案》（*The Nancy Drew Files*）、《校园神探》（*Nancy Drew on Campus*）、《女侦探》（*Girl Detective*），再到近年来的一系列漫画小说。在最后的这些小说中，南茜出现在漫画风格的插图中，驾驶着混合动力汽车。

我们或许以为，好的文字都着眼于独创性、创造性和突破性的文学手法（事实上，文学小说会因其风格实验和独创性而获得评论、赞扬和奖励），但我们的阅读乐趣，大部分来

① 根据布拉特的说法，伊妮德·布莱顿的“明显悬念标记”得分率是 83%。

自带来熟悉感与舒适感、满足我们期待的文字——它们让我们怀着明显的兴奋和神秘感，不停地往后翻动书页。读者知道自己读到了什么，而这正是他们喜欢的原因。帕特森、布莱顿、弗莱明和斯特拉特迈耶向我们展示了这种文学工厂化生产在商业上是多么成功。

第 2 章 “缝合文字的歌者”：影子写手

真有“荷马”这个人吗？这是“荷马诸问”下的一个分支——这门学术科目试图回答“荷马”是谁、谁真正创作了《伊利亚特》和《奥德赛》，以及它们是何时所写、怎样写出来的等问题。

如果他真的存在，他是一个人，还是说，“荷马”指的是口头讲述故事的整个群体和文化？虽然我们拿不准“荷马”这个人是不是真的存在过，但我们知道，的确存在一个名叫“Homeridae”的诗人团体。一些学者认为，“荷马”一名是从这个团体的名字里反向提取出来的——他们自称“荷马的孩子”，故有此名。“Homeridae”的意思是“人质之子”，所以有人推测他们是战俘的后代。由于他们的忠心存疑，所以不会被派上战场；与此相应，他们的任务是将该地区的史诗口述诗歌牢记在心，这是识字之前保存史诗的方式。希腊诗人品达（公元前 518 年—前 438 年）把“Homeridae”称为“缝合文字的歌者”——这是一个非常美妙的描述。

归功于“荷马”名下的诗歌，很有可能以口述文化为基础——口述文化由通过记忆保存的重复短句和韵文构成，而重复短句和韵文是历史上歌者—诗人的标志性套路。直到公元前 8 世纪，这些作品才得以完善和标准化，可能是由一个叫“荷马”的人完成的。但谁给我们讲故事真的重要吗？我们需要知道作者是谁吗？这一点是否会增加我们感悟到的文字乐趣，还是会在翻开一页书之前就扭曲了我们对文字的看法？

“无名氏是个女人”

从《新约》中的《保罗书信》（*Pauline Epistles*，有 14 册书信集归到使徒保罗名下，但从 3 世纪的历史学家尤塞比乌斯开始，就一直有人称保罗并非《希伯来书》的作者）到 1996 年出版的《原色》（*Primary Colors*，本书根据 1992 年比尔·克林顿总统竞选故事改编），故意隐瞒作者名字，是一种有助于宣传、让作家们说话更坦率的策略。在某些情况下，制造一个巨大的文学谜团，也是一件令人享受的事情。实际上，如今要隐藏身份比以前困难得多——《原色》的作者就没能保持匿名太久，因为该书经一位研究语言风格的教授做文体分析，又经《华盛顿邮报》做笔迹分析，逼得专栏作家乔·克莱因（Joe Klein）不得不承认自己就是封面上所写的“无名氏”。

隐藏身份在写作中历史悠久。对一些人来说，写下自己的话语，找到受众，这本身就是一种社会过犯行为，甚至是极不安全的举动。

“在历史上的大部分时间，无名氏是个女人。”1929 年，弗吉尼亚·伍尔夫（Virginia Woolf）在文章《一间只属于自己的房间》（*A Room of One's Own*）里这样写道。勃朗特三姐妹夏洛特、艾米丽和安妮都用男性笔名[①]写作，夏洛特解释说，“我们不喜欢宣称自己是女性，因为——我们当时还没有意识到自己的写作和思考方式并不符合所谓的‘女性化’——我们有一种模糊的印象，即女作家容易被人以偏见待之”。古腾堡星系的成员资格并不总是对所有人开放的，一些作家知道，只有掩盖自己的身份，或者伪装成另一个人，才有资格加入。[②]

玛丽·安·埃文斯（Mary Ann Evans，笔名乔治·艾略

① 她们以贝尔为姓，分别起名库瑞尔、艾利斯和阿克顿。

② 就算作者选择隐藏身份，也常常在明处为我们留下线索。在《为什么不是 21 号军规》（*Why Not Catch-21*）一书中，加里·德克斯特详细解释了勃朗特姐妹大概是怎样选择笔名的。他注意到，姐妹们每人都选择了一个与自己真名有着相同首字母的名字。德克斯特还指出，她们母亲的本姓是 Branwell，去掉“ranw”，就是“贝尔”了。

特）、凯伦·布利森（Karen Blixen，笔名伊萨克·迪内森）和路易莎·梅·奥尔科特（Louisa May Alcott，笔名巴纳德，《小妇人》的作者）均在自己的部分或全部职业生涯中选择用男性名字写作，因为她们知道，如果这样做，她们会得到更认真的对待。近年来则出现了相反的趋势，在犯罪小说领域，男作家使用女性笔名的情况越来越多。女作家占据了这个市场 60% 到 80% 的销量，诸如吉莉恩·弗林（Gillian Flynn）、宝拉·霍金斯（Paula Hawkins）和卡琳·斯劳特（Karin Slaughter）等作家卖出了数百万册图书。因此，如今男作家使用女性笔名（或至少是男女皆可用的中性名字）来推销自己的作品，也就不足为奇了。作者芬恩（Finn）、沃森（Watson）和特雷梅恩（Tremayne）都是男性。

作家们使用笔名已经有好几百年的历史了。14 世纪的波斯诗人哈菲兹（Hafez）就是其中之一，日本俳句诗人松尾芭蕉（Matsuo Bashō）亦然。近年来，畅销书《我的天才女友》（*My Brilliant Friend*）和"那不勒斯四部曲"系列中其他几册的作者埃琳娜·费兰特（Elena Ferrante）选择不透露自己的真实身份——"埃琳娜·费兰特"是笔名。1991 年，费兰特的第一部小说即将出版时，她给出版商写了一封信，信中写道："我相信，书，一旦写出来，就不需要作者了。如果它们有话要说，迟早会找到读者；如果没有，就找不到……我非常喜欢那些神秘的书籍，无论是古代的还是现代的，它们没有明确的作者，但有着自己强烈的生命力，以前如此，未来还将继续。在我看来，它们是夜晚的奇迹……”

过去 30 多年，人们一直在猜测、评论、调查、打听费兰特到底是谁。意大利记者克劳迪奥·加蒂对他认为是费兰特的人所做的财务往来进行了法证分析，试图揭开其面纱。但亚历山德拉·施瓦茨（Alexandra Schwartz）在《纽约客》的一篇文章中写道，我们难道不应该继续尊重费兰特隐藏自己的决定吗？

> 爱上一本书，就像我和许多其他人爱上费兰特的书那样，是感受一种与作者的特殊亲密关系，一种深刻的相互接受和理解。作者对你一无所知，你却感到最私密的自我得到了理解。费兰特选择匿名，这一事实本身就是这份契约的一部分，它把读者和作者放在了一个罕见的平等层面上。费兰特不知道我们生活的细节，也不想知道。我们也不知道她的生活细节。我们在一片想象中的中立之地相遇，这里向所有人开放。

这块“想象中的中立之地”，只能通过作者的匿名才能抵达。如果我们不知道他们的性别、年龄、背景和历史，在阅读其作品时就不会带有任何先入为主的观念，我们所拥有的只有书页上的文字。正如弗吉尼亚·伍尔夫所写："隐姓埋名能让人摆脱忌妒和怨恨的烦扰；（它）让慷慨和宽宏的自由之水在血脉里奔腾；没有感谢和赞美，亦可给予和获取。"

"无名的欢愉"

弗吉尼亚·伍尔夫形容说："无名的欢愉……像一道浪头，回归大海的黑暗母体。"有些作家，比如犯罪小说作家约瑟芬·铁伊（Josephine Tey），喜欢用几个笔名[①]来写作，以掩盖自己的身份。"看似奇怪，"铁伊学校里的一个朋友说，"我们认识她真人的没几个。我们曾在繁忙的街道上与她擦肩而过；欣赏她漂亮的家、风景如画的花园——有人甚至和她一起度过了学生时代，但没有人喜欢她的陪伴，因为戈登·达维奥特（Gordon Daviot）是'一匹孤狼'，她这么形容自己，也希

① 1952 年 2 月 13 日的《泰晤士报》刊载了戈登·达维奥特的死讯。达维奥特在 20 世纪 20 年代和 30 年代创作了许多成功的戏剧，其中最著名的是由约翰·吉尔古德（John Gielgud）导演并主演的《波尔多的理查德》（*Richard of Bordeaux*）。但戈登·达维奥特只是一个笔名，不是一个人。"他"的真实身份是伊丽莎白·麦金托什（Elizabeth MacKintosh）。她还有另一个身份，犯罪小说作家约瑟芬·铁伊，《法兰柴思事件》等书的作者。

望成为这样的人，她打消他人任何友善交往的尝试。”

考虑到铁伊对隐私和秘密的偏好（也可能是需要），她的小说关注类似的主题也就不足为奇了。《法兰柴思事件》（*The Franchise Affair*，1948）、《法拉先生》（*Brat Farrar*，1949）和《一张俊美的脸》（*To Love and Be Wise*，1950）都是关于隐匿、争议身份和双重生活的故事。[①] 哪怕铁伊笔下的角色有名字，通常也不是他们自己的名字——他们的背景、历史或性别也不是他们自己的。匿名是伪装作者的一种方式，代笔是另一种方式——两者都有悠久的历史。

近年来，“代笔”往往带有负面的含义。有人怀疑，代笔之作里的文字不真实，在某种程度上，代笔是一种欺骗。但是捉刀的“影子写手”，有着一段悠久、精彩和耐人寻味的历史。学术界除了爱讨论莎士比亚的众多作品，还很爱研究他是否真的存在，他的剧本到底是谁写的。怀疑的名单里列着 80 多名候选人，靠前的有克里斯托弗·马洛（Christopher Marlowe）、弗朗西斯·培根（Francis Bacon）和第 17 任牛津伯爵。

偶尔，会有人认为，哈珀·李（Harper Lee）幼时的好

① 《法兰柴思事件》和《法拉先生》以英国两桩轰动一时的案件为基础：伊丽莎白·坎宁（被控绑架）案和蒂克伯恩索赔案（一名男子声称自己是蒂克伯恩男爵的失踪继承人）。

友杜鲁门·卡波特（Truman Capote）才是前者1960年的畅销书《杀死一只知更鸟》（*To Kill a Mockingbird*）的真正作者，部分原因在于，除了这本书，哈珀·李再也没有出版过其他作品，直到2015年才又出版了她写的另一本书《守望之心》（*Go Set a Watchman*）。然而，更准确地说，李其实是卡波特的代笔人——她为卡波特1966年的非虚构类作品《冷血》进行背景调查，这是史上第二畅销的真实犯罪小说。[1]李在堪萨斯待了6个月，争取当地人的支持，进行背景调查，帮助卡波特撰写这个故事。没有她的帮助，他恐怕写不出这本书来。

犯罪一直是代笔写手活跃的沃土：前骑师迪克·弗朗西斯（Dick Francis）在退出赛马场后，卖出了数百万册惊悚小说，但一本1999年出版的关于他的传记称是他的妻子玛丽完成了大部分的写作工作。她在接受格雷厄姆·洛德（Graham Lord）的采访时说："对所有人来说，读者也包括在内，相信这些书是他写的要好得多，因为它们是硬邦邦的男性化作品，要不然就会失去可信度。"洛德是她丈夫的传记《驰骋人生》的作者。玛丽在这里指出了代笔关系的一点关键事实：

① 最畅销的是哪本呢？是《手忙脚乱：杀人王曼森的真实故事》（*Helter Skelter: The True Story of the Manson Murders*），新版译名为《好莱坞往事》，文森特·布利奥西（Vincent Bugliosi）和科特·金特里（Curt Gentry）合著，最初出版于1974年，卖了700多万册。

一方带来可信度（无论这本书涉及什么领域），另一方则带来文字。整个代笔行业说明了我们对文字的部分看法。我们不仅会基于文字所承诺的故事或见解，还会依据其来源做出假设、得出结论，并决定是否接受它们。如果来源似乎令人怀疑——或只是我们并不知情——我们就不会吃知识树上的果实。

1924 年，廉价杂志《诡丽幻谭》（*Weird Tales*）刊登了著名逃脱大师哈里·胡迪尼（Harry Houdini）的一个故事。这个故事名叫“囚禁在法老身边”（Imprisoned with the Pharaohs），实际上是胡迪尼付了洛夫克拉夫特（Lovecraft）100 美元让后者写的。[①] 它“真实地叙述了胡迪尼在埃及遭一名导游绑架，被扔进吉萨狮身人面像附近的一口山洞，在试图逃跑的过程中，他遇到了激发古埃及人修建狮身人面像的神祇”。读者会相信这个“真实的”故事发生在胡迪尼身上吗？《诡丽幻谭》的编辑大概不会这么想，但读者兴许相信哈里·胡迪尼就过着这样精彩纷呈的冒险生活。

---

① 洛夫克拉夫特在世时只出版过一本小说，名为《印斯茅斯疑云》（*The Shadow over Innsmouth*）。洛夫克拉夫特在给朋友的信中写道：“《印斯茅斯疑云》现在出版了，但作为（我的）第一本精装书，它并没有激起我心中的任何热情。事实上，这是我见过的最蹩脚的工作—— 30 处印刷错误，版式邋遢，装订粗劣。”此书还印了一张勘误表，但上面也有错误。

有时候，这种滑头招数看起来居心不良，不像只是单纯为了给读者提供一些既好玩又可信的东西，更像是欺骗读者。约翰·肯尼迪（John Kennedy）曾因1956年出版的《勇气档案》（*Profiles in Courage*）获得普利策奖，但这本书主要是由其演讲稿撰写人之一泰德·索伦森（Ted Sorensen）执笔。这招诈术早在1957年就已为人所知，当时，记者德鲁·皮尔森（Drew Pearson）在电视上评论道："据我所知，约翰·肯尼迪是历史上唯一一个因他人代笔所写的书籍获得普利策奖的人。"法国政治家夏尔·戴高乐（Charles de Gaulle）既给别人代过笔，也找人给自己代过笔。贝当元帅的法国军队史是他写的，他自己的回忆录很可能是在他内阁里长期担任文化部部长的安德烈·马尔罗（Andre Malraux）代笔的。在文字方面，"幽灵"无处不在，只是藏在"影子"里。[①] 有一位捉刀人，同意回答我关于他们笼罩在神秘面纱下的代笔生涯的问题。

"我认识的大多数代笔人都深为故事所吸引，渴望将故事以最吸引人的方式传播给世界。有人指责'作者'，也就是我们为之工作的人，在某种程度上是在欺骗，因为他们自己并没有写。实际上，我们会花相当多的时间和他们在一起，这

① 英语里的"代笔"一词是"ghostwrite"，"ghost"也有"幽灵"的意思，所以有时亦将"代笔人"译为"影子写手"。——译者注。

应该可以稍微降低上述指控的力度。几年前，我写过一本书，我至少花了 3 个月与‘作者’会面——包括一周的印度之旅，一周的韦尔比耶之旅，10 次长短不一的瑞典之旅，以及一次令人惊叹的 4 日葡萄牙之旅。我希望——只是希望，不是期待——人们能关注故事本身，而不是它怎样呈现在纸面上。”

一如大多数与文字有关的事情，代笔人和代笔写作有多种运作方式。有些代笔人会自己提出图书创意：他们碰到一个认为需要讲述的故事，写出了提纲，寻找出版商或编辑进行游说。有时情况会反过来：出版商或编辑冒出一个创意，发现了一个人或一个故事，但知道故事的“主人”既没有时间也缺乏把它写出来的技能。这时候，代笔人就出来接受委托了。

“代笔人通常要经过面试环节才能得到这份工作。为作者找到合适的代笔人，是任何项目的最重要阶段。随便问问哪个代笔人，他们都会告诉你，自己曾因为化学反应不对劲而拒绝过一些书。就跟约会一样，代笔人和作者之间必须有某种联系才能合作。最近，我拒绝了一份报酬很优厚的工作，因为我看不出我们怎样才能成功合作——对方人没问题（我希望，我自己也没问题），只是双方不合适。可以说，这是所有代笔项目里最重要的决定，代笔人能够离开，或是把书交给其他合作者，对把书做到最好至关重要。”

自助出版的繁荣热潮，也让代笔人受益匪浅。如果有人想讲一个故事，但觉得自己没有技巧，他们可以委托代笔人。自助出版比传统出版更快，尤其是在作者已经拥有社交媒体或专业关注者的情况下，个人能够快速传播自己的故事并获取利润。

“这就是代笔工作变得更有趣的地方了。我可以参与其中，从动笔之前帮忙塑造书的样子，到写作、编辑、委托设计师和文字编辑，一直到把书送去印刷。我认识的每一个代笔人，都是以自己独特的方式走上这条路的。就我自己而言，我本来是出版人，后来成了作家，受人之邀帮忙赶在荒唐的截稿期限前写一本书。结果这事儿居然做成了，来邀请我代笔的人一个接着一个——就这么自然而然地发展起来。”

“我认识的其他人（我属于一个代笔人小团体），他们有时是通过新闻业、自己的写作，有时是通过他们的职业（尤其是那些有商业背景的人）走上这条路的。我想我们没有谁从一开始就打算做个代笔人，但我们都喜欢现在自己做的事情。”

“你必须走出去，自我推销，建立人脉，与出版商和经纪人交谈，接近那些你认为有有趣故事可讲的人。基本上，就是制造一些声浪，兴许要接受一些低报酬的工作，建立好业务组合，坚持下去。有些代笔人，说不定人数不少，专注于在特定类别的池中成为一条大鱼。还有些人与特定的出版商、编辑和经纪人保持紧密的关系。”

太多人相信自己有故事要讲，市场上有受众。互联网改变了这些故事找到读者的整个过程。有时，这些故事需要稍加帮助，才能转换成结构清晰、合情合理、有意义的文字。大多数代笔人都有自己的网站，所以开始工作只在须臾之间。Zoom、Skype 和 FaceTime 等远程沟通软件，意味着代笔人和受访者不必实际见面，除非双方主动选择要当面沟通。

“找一个有精彩经历可以讲的人（最好与任何诽谤内容无关），要是这人还能记住细节，那就更简单、更好玩了。与我共事的少数人，甚至还能以完整的段落说出来。显然，这是一种乐趣。当然，我也碰到过几个没意思、记性不好或者没有讲故事能力的人。但跟这类人工作，才显出你赚钱的手艺。”

“我跟某个人合作过，20 多年来，他注射各种令人费解的药物，最后身体和精神都崩溃了。他终于走上了康复的道路，做了一些很了不起的事情来‘回馈社会’，但他几乎记不得之前那 20 多年里极度滥用药物的任何细节了。从他口中掏出故事来是非常痛苦的。但这类书往往最令人满意——根据一条宽广的故事弧，几桩重大事件，写出七八万字，具体细节不多，同时还忠于故事的精神、情感和事实，这样的事情能让代笔人真正为之自豪。”

但缝合文字的歌者，有时也会跟自己的“荷马”发生冲突。试图拼凑出一个属于别人的故事当然可能会带来挫败感，我访问的代笔人对此做了解释。

“‘够了吗？’这句话最让我抓狂。我跟一个很有名的人一起工作，他的时间宝贵，能分给我的极少，还不停地问我，问题是不是问完了。他只想把书‘搞定’。最后，我满世界追着他争取采访时间。有一回，他的助理给我打电话，建议我飞到韩国去，因为我的作者要从当地飞往洛杉矶参加会议。我们可以共坐 8 个小时的飞机，接着我就能直接从洛杉矶飞回伦敦了。我很少拒绝会面，但这一次我拒绝了。我直接去了洛杉矶，等了 5 天才跟他见上面，在最后一天的早上，我设法跟他谈了 3 个小时。当然，谈话是以‘够了吗？我们完事儿了吗？’结束的……实际上，我们还没结束，最后一轮会面发生在远东他的顶楼公寓里，他在桑拿，我的手机差点报废。”

“作者第一次看到部分样稿素材有些失控的情况，也并不少见。凭空谈论书会是什么样子，声音是怎样的，读起来又怎样，这都很好，但看到文字最终付诸书面，一些作者便退缩了，你会听到他们叫喊：‘这不是我的声音！我听起来不是这样！’何以如此，原因很多，但在这一点上，有必要进行对话，让你理解作者为什么抱怨。写书，尤其是自传或者回忆录，迫使人们面对很多事情。这个过程非常艰难——我所写的自传或回忆录的每一位传主，都曾在一次或多次访谈中泣不成声。例如，如果他们说自己的家庭是禁区，我会稍微施加压力，找出原因。通常会有一种谈论伴侣或孩子而不令人感到冒犯的做法。”

“最棘手的事情是，你意识到一个人生活中的一些重要公开事实，根本就不是真的。碰到这种情况，你就必须在提及方式上发挥创意。出于显而易见的原因，我无法详细展开这一点，但它可能很成问题。要是有关某名人职业生涯早期的一桩事实公之于众，他们会觉得，纠正它为时已晚。多年前，记者向他们提及某件事，他们兴许只是点头附和，几十年后，这件事被固化在了叙事里。尽管它纯属虚构，却成了他们公开故事里的一部分。”

“必须更像安·兰德”

2014年3月，安德鲁·奥哈根（Andrew O' Hagant）[1]为《伦敦书评》写了一篇文章，描述了他为朱利安·阿桑奇

① 奥哈根是多本成功虚构和非虚构图书的作者，包括《秘密生活：数字时代的三个真实故事》，在“代笔”一章中讲述了阿桑奇那本书诞生的背景。

（Julian Assange）代笔的经历。奥哈根解释说，项目开始时，他觉得这份工作“跟我的本能一致，即行走在虚构和非虚构之间摇摇欲坠的边界上，看看创作与个性之间的分界是多么漏洞百出”。阿桑奇显然希望写一本“读起来像海明威”的书。奥哈根用了数周的时间，试图让阿桑奇在位于诺福克的住所中专注于这本书，与此同时，他还要应对这位合作伙伴的偏执、自恋、法律纠纷、每天到访警察局（这是他当时的部分保释条件）、缺乏条理性、缺少专注力，以及对各种媒体的反击。有一次，阿桑奇表示，这本书不妨说是“实验性的”——“比如第一章有一个词……第二章有两个字”；另一回又说，“这本书应该包含‘寓言’……段落应该编号，像诗句一样”。

渐渐地，情况变得很清楚，阿桑奇无意与他合作撰写这本书，甚至根本不允许这本书出版。

“几个月来，阿桑奇以为自己能控制与出版商、经纪人、律师和作家的关系，但他每天都以形形色色的方式证明，他无法面对这本书。他已经签了合同，假装在做这件事，甚至在说谎之前，他会通过有更重要的会面、法律纠纷等来美化自己的食言。这本书成了他邪恶的‘他者’，他噩梦般的‘自传’，但他不愿受我——他的‘影子写手’困扰，而是决定把我变成一个无声无息、发挥不了作用的跟班儿。”

整个项目中，阿桑奇唯一一次展现出自我意识的瞬间，是他对奥哈根说："人们以为你在帮我写书，实际上，是我在帮你写小说。"奥哈根提醒他，英国出版商坎农格特（Canongate）为这本书预支了60万英镑，接着把版权卖给了40多家二级出版商，这意味着全球范围内已经为这本书的提案预付了超过200万英镑。阿桑奇拒绝为奥哈根努力完成的草稿作出有意义的贡献，甚至拒绝读它。又过了几个星期，阿桑奇不再试图模仿海明威，而是决定这本书"必须更像安·兰德[①]"。

"要不是我只是过去帮他理顺句子，我自己都会炒了他。"奥哈根说，"但他的行文同样受到他自私自利和操纵真相的恶习的影响。这个人，让自己站到了揭露世界秘密的位置上，但他无法忍受自己的秘密。他的生活经历让他感到羞愧，使他急于寻找借口。他不想写那本书，从一开始就不想。"

最终，在阿桑奇试图说服奥哈根和自己一起飞往海伊文学节，宣传一本还没有写完，也永远不会出版的书之后，合同取消了。坎农格特随后决定出版奥哈根的初稿，作为一本

---

① 俄裔美国哲学家安·兰德（Ayn Rand）将她的客观主义理论描述为："把人类视为英雄，以他的幸福作为他生命中的道德目的，以他高尚的行为达成建设性的目标，以理性作为他唯一的绝对原则。"她在自己著名的两本书《源泉》（*The Fountainhead*，1943）和《阿特拉斯耸耸肩》（*Atlas Shrugged*，1957）中对此进行了探索。

未完成的、未经授权的阿桑奇传记。不可避免地，“双方交换了律师信”，但坎农格特还是继续出版。在《伦敦书评》文章末尾，奥哈根形容自己拿到第一本纸质书时的情景：“拿着它，我意识到自己毫无感觉。我觉得它不是我的作品，我所拥有的一切，就是代笔人的特权，在不属于我的房子里过了他一半的生活。”

事实上，奥哈根和阿桑奇保持着友好关系，哪怕双方的出书协议破裂之时也是如此。但正如奥哈根所指出的，在代笔的过程中，“他（阿桑奇）认为我受他的支配，他忘记了作家是什么，忘记了作家是一个喜欢把事情写下来，甚至还会追求真相、以透明为目标的人”。

这就是代笔文字的张力所在。我们往往以为，我们用文字来讲述某事的真相。但谁拥有这个真相呢？读者应该得到什么，当事人又应该得到什么？如果“荷马”真的存在，他会对“Homeridae”的阐释感到高兴吗——高兴到把自己的名字赠予他们？

代笔人必须走钢丝，既忠实于被告知的内容，又取悦最终支付自己费用的人。这是一项商业交易：从最基本的层面看，出版机构或是名字印在图书封面上的人，付钱让他人写出归于前者的作品。但至少对大多数代笔人而言，这也是一项道德交易：作者最终保留了对代笔人所写文字的使用权利，代笔人和作者共同合作，拼凑出一个吸引读者的故事。

当然，这种情况也有例外——也许是代笔人和作者之间的不匹配，代笔人创造性地“填补”了作者没有涉及的话题，又或者作者没有仔细检查以自己声音所写的内容是否准确和真实。如果，你的声音变成了一个多变自恋者的声音，而后者碰巧还成了自由世界的领导者，那会是怎样的情形呢？

特朗普的小说

1985 年，记者马克·施瓦茨答应为唐纳德·特朗普代笔撰写一本商业书籍。几十年后，在《纽约客》的一篇文章中，施瓦茨回顾了自己扮演的角色，他说，在《交易的艺术》（*The Art of the Deal*）一书中，“我创造了一个远比特朗普更成功的人物”。《纽约客》的文章进而解释，“在日记里，施瓦茨描述了试图在书里让特朗普的声音更讨人喜欢的过程。他写道，模仿特朗普生硬、不连贯、毫无歉意的讲话方式，同时又让他显得有些孩子气的吸引力，是一种‘花招’”。

这似乎不是代笔人最大的罪行，但《交易的艺术》直接带来了真人秀节目《飞黄腾达》（*The Apprentice*），并因此成为特朗普在2016年竞选总统[①]（并最终成功）期间兜售自己的神话起源故事的一部分。“我写了这本书。那是我的书。它是第一畅销书，也是有史以来畅销的商业书籍之一。有人说它是有史以来最畅销的商业书籍。”特朗普如此声称，虽说真实性堪忧。这使得施瓦茨对自己在特朗普崛起中所扮演的角色，产生了合情合理的担忧。“我深感自责，因为我促成了特朗普的登台亮相，让他获得了更广泛的关注和吸引力……我真的相信，如果特朗普赢了，拿到了核密码，很有可能会导致文明的终结。”2016年，施瓦茨宣布，他将把从《交易的艺术》获得的版税捐赠给几家慈善机构，包括人权观察和国家移民论坛。

所以，这就是你要承受的后果了。你接受了一份报酬丰厚[②]但不愉快的代笔工作，接着，你知道自己可能要为世界末日承担责任。这就是文字的特别之处：一旦它们获得自由，有时便会朝着你意想不到的方向前进。

---

① 特朗普就职总统时宣称，“我们需要一位写出了《交易的艺术》的领导人”。

② “我知道我在出卖自己。”施瓦茨说，“从字面意义上看，这个词就是用来描述我所做的事情的。”此书出版后，特朗普要求施瓦茨支付新书发布会一半的费用，理由是施瓦茨获得了该书一半的预付款和版税，他也应该支付一半的推广费用。“他想让我分摊他招待900号二流名人的费用？”施瓦茨惊呼。

掀开面具

2019 年 11 月,《泰晤士报》这样描写职业拳王泰森·福里（Tyson Fury）在采访中被记者问及其代笔回忆录时的情形：

> 他的回忆录叫作《面具背后》(*Behind the Mask*)。过去 3 年，他一直说自己患有某种类型的躁郁症，但现在他说，“我没得躁郁症。这是件你不知道的事情”。但我刚刚又在他自己的书里读到了诊断结果，我指了出来。他得意扬扬地向我做出一个“逮到你了”的表情。“我根本就没有出书，所以你肯定拿不出（证据）来。”我必须提醒他，完全是因为他的书，我们才出现在这里。

这是终极代笔的标志吗？如果你的当事人甚至不知道你写了他们的人生故事，你能带着幽灵般的满足感消失在幕后吗？我忍不住把这个故事讲给我最心爱的代笔人听。

“是的！当然会有人一下子就忘了我们，甚至干脆把我们从历史里给抹掉。我曾跟一名作者合写了一个冒险故事。他在致谢中为我们的合作写了一段很客气的话。可等真正的书出来，他在最后一刻删掉了那句话！谁知道为什么？身为代笔人，你只能转向下一个项目。”

第 3 章　经纪人的秘密

“经纪人”（agent）这个职业头衔，放在不同的修饰语后面，可以唤起很不一样的联想。比如，“地产经纪人”兴许会叫人联想到锃亮的、崭新的西装，“情报工作人员”可能会让人察觉几分邦德式的干练感，我闻到了浓重的雪茄味和贪婪味。但“文学经纪人”呢？也许是某种很精致、有知识分子气质的东西？类似伯爵红茶加上花哨袜子？在阅读本章之前，请务必怀着“我们一定能做得更好”的坚定信念。毕竟，对数百万志向高远的作者来说，文学经纪人是他们非常想见的人。于是，我找到一位可以谈谈的人：卡洛琳娜·萨顿（Karolina Sutton），她是著名文学和人才经纪公司柯蒂斯·布朗（Curtis Brown）的经纪人。但首先，我们要来了解一下古腾堡星系中这个独特角色是如何形成的。

中介（经纪人）

无论是借助优秀作家满足读者的最新需求，还是让人们原本不知道自己想要读的故事、想要听的声音浮出水面，自19世纪下半叶首次进入出版行业以来，文学经纪人的基本角色几乎没有改变：找到优秀的作家，为他们找到愿意合作的出版商，再为作品找到付费读者——并按固定比例收取费用。

在古腾堡星系大爆炸后的很长一段时间里，经纪人压根儿不存在，也没有出版商，印刷机就是你的出版商。但渐渐地，人们发现，操作一台油乎乎、闹哄哄的大型机械印刷机所需要的技能，原来与培养真正的人类作家、建立文学知识产权组合所需要的技能并不相同。

于是，出版商脱离制作环节，把自己定位为作家和印刷商之间的守门人，为作者提供（当然是有偿的）编辑支持。此后不久，在另一场事关中介的顿悟（类似上述印刷商与经纪人的分道扬镳）中，一些聪明人灵机一动：普通作者的创造力、学识和无止境的自我怀疑，使得他们无法精明地、强硬地代表自己的商业利益。要客观地看待自己的艺术并不容易。文学经纪人在此挺身而出，保护客户的经济（和情感）福祉。让我们来赞美这些中间人吧。

尽管如此，图书经纪人在出版生态系统中的地位并非没有争议。他们卓有成效地拉高了最受市场欢迎的客户所收取的预付款和版税，由此产生了一个意想不到的后果：出版商出于无奈，所下赌注规模越来越大，更加厌恶风险，于是出版机会集中在擅长出品畅销书的公司手里，而此类公司数量越来越少。不知名的新作者，尤其是声音不熟悉、观点不一致的作者，出头的机会可能因此受到限制。

不过，如上所述，中介是个历史性的过程。既然如此，我们有必要记住，当今时代是一个反向过程的黄金时代，即去中介化（disintermediation）。换言之，随着数字化消除了准入障碍，生产者与消费者建立了直接的联系，出版业获得了史无前例的蓬勃发展。这是否预示着转向真正的包容性和创造性平等，还有待观察。但事实有可能证明，互联网是文学变革的终极经纪人。

说回卡洛琳娜。我为卡洛琳娜本已不小的工作量新增了一些负担，向她询问经纪人到底会做些什么。她这样总结（她介绍得叫人欲罢不能，这种能力无疑让她极为擅长这份工作）道："经纪人是第一道过滤装置，保留很多秘密，其中一些秘密是糟糕的文字。我们的任务是不让编辑看到这些文字，只让他们看到好的文字。"

我非常喜欢这个想法。想象一下，你是个作家，有人不遗余力地为你工作，打磨你写得最好的文字，让它们闪闪发光，并且同样严格地阻止你笔下任何的文字逃逸到更广阔的世界。但这需要哪些能力呢？从辨识人才到理财建议，几乎无所不包。“怎样才能成为一名优秀的经纪人呢？”我问道。

“时间管理。你必须非常自律。你需要挤出思考的时间、阅读和编辑的时间、做其他所有事情的时间——你必须学会，不仅能 24 小时随时待命，还能在需要的时候照料客户。而且，这份工作如今也有所变化。比方说，现在有些经纪人完全不处理印刷文字——他们专门承接开办播客、撰写音频稿件的客户。经纪人还需要有能力应对数字营销和元数据，偶尔还得做个信息技术专家。”

听起来似乎……任务繁重。“这是一套不同寻常的技能组合。你需要有文化，会计算，有很好的品位，是个生意人，还得扮演牧师的角色。它是自我定义的，也就是说，你让它是什么，就可以是什么。你需要从学徒做起。从本质上说，你是你所代表的每一位作家的销售员。”

是的，经纪人是销售员，要靠销售为自己和作者赚钱。但在交易完成之后很长一段时间，经纪人还需帮助作者从这个过程中得到他们想要的东西。作者往往喜欢让经纪人参与帮忙陈述自己的情况，如果自己和出版商在任何问题上存在分歧，经纪人也会给予支持。优秀的经纪人会关注各种琐碎问题。“你不知道明天会发生什么。你或许早有安排，但一封邮件就能打乱一切。对每一位客户，你都要追踪他们工作的每一个微小细节：亚马逊上的元数据是否正确？有声书在爱尔兰买得到吗？如果买不到，为什么买不到？大约80%的工作涉及事务的督办：支付版税，整理合同……你必须不断地为客户在出版日期、封面、宣传等方面争取利益，你是客户和出版商之间的桥梁。你必须自信果断，随时准备好提出棘手的问题。”

的确如此。根据我的经验，事情进展顺利的时候，经纪人往往不会插手。相反，他们是出版行业解决问题的高手，只有当作者觉得出版商听不进自己的意见，或事情陷入僵局，需要第三方出面协商时，经纪人才出面。身为作家，你肯定愿意把时间花在写作上，而不是去琢磨为什么你的元数据在亚马逊上不准确，或是为什么你最新畅销书封面上的金箔纸会脱落。

卡洛琳娜告诉我，柯蒂斯·布朗公司最近受到了网络攻击——她向《书商》杂志描述说，该活动是“精心策划的”，“持续了好几个月”。网络犯罪分子试图在玛格丽特·阿特伍德（Margaret Atwood）的新作《遗嘱》（*The Testaments*）出版前拿到这本书（他们本应在美国与亚马逊公司联手，后者设法在严格的禁运日期之前一个星期向读者送出了拷贝）。卡洛琳娜说，做经纪人这份工作，你不知道明天会发生什么。我想，这就是她的意思。

但把重点放于经纪人在作者与出版机构之间充当的桥梁角色上，似乎又有点操之过急，因为经纪人最重要的一项任务是保持文学人才流动的渠道畅通。出版机构对这条渠道的依赖正日益加深。卡洛琳娜提醒我，经纪人首先要到市场上去搜寻能转手卖给出版商的书稿。

“你要走出去，到所有地方，到任何地方去寻找创意和作者。[①] 比如，我经常去结交上创意写作课的人。有一种观点认为，经纪人是看门人，老爱说‘不’，但实际上，他们是很想说‘是’的助力推手。对待投稿，我们并不详读全文，而是只读提案。我没有时间去读每一个字，而且我能看的手稿份数也是有实际限制的，所以，我和助手们以团队的形式合作。我想要的是有潜力的稿件——只有在你确切地知道应该把投稿交给哪位策划编辑考虑的时候，你才会感到兴奋。”

但如果你知道你在寻找什么，出版商想要什么，什么内容会卖得好，为什么不直接帮作者写一份合适的提案呢？

“做经纪人不是为了改写提案。提案应该诚实地反映作者的风格。你绝不应该推销自己——不，是作者——交付不了的东西。很多人以为自己找到了写书的创意，但提案应该反

① 不过，也有一条特别的经纪人守则，那就是严格禁止接触别人的作者。如果作者想要更换经纪人，你应该等着他们自己来找你。

映出他们能围绕这个创意写上 8 万字。你需要有从提案里看出真东西的直觉，这只能靠经验。”

有时候，由于作者过于挑剔，难以打动，经纪人感到受了轻视，那也很简单：没办法，经纪人就是这样。卡洛琳娜说：“身为经纪人，你的信誉是你唯一的财富，它意味着，如果你把提案发给编辑，他们会多花心思，并把你排在一堆提案的最前面，因为他们知道你只会送来可靠的提案。我不停地寻找精彩的作品，这意味着我可以卖书和卖版权，照料好我的作者。”

#MSWL 标签下有些什么

流行书迷们兴许偶然在推特上碰到过 #MSWL（manuscript wish list，可译为“意向稿件”）这个标签。这是文学经纪人用来说明自己想要代理哪一类书籍或作者的征稿清单。快速搜索一番 #MSWL，会出现一些有趣的结果。我发现经纪人渴望稿件“事关独特种族的浪漫故事”，尤其是“萨满、精灵、仙女、美人鱼、海妖、猫人、熊人，或不在上述范围内的其他超自然物种”。还有人苦求“20 世纪 20 年代或 50 年代的高级小说，要有生动的历史细节”，力邀“超级可爱、搞笑的小镇浪漫故事，可含大量性感瞬间”（这样的邀请，不妨做些开放的解读）。还有很多带 #MSWL 的帖子征求的是吸血鬼小说、高级吸血鬼小说、青少年吸血鬼喜剧、虐心的吸血鬼感情。总之，形形色色的吸血鬼故事，都大为抢手。

我从来没有想过，推特上会有这么多经纪人在寻找这么具体的稿件进行审读并为之提供发表可能。毫无疑问，迎合一股既定的流行文化潮流，是出版行业里一种非常明智和可敬的元素——人们想要什么，就给他们什么！但给作者或某一主题的专家表达其愿景或专业知识的自由，不受社交媒体建议的影响，也同样明智而可敬。你可以试试给唐娜·塔特（Donna Tartt）[①] 发推特，请她写一部僵尸题材的《罗密欧与朱丽叶》超级英雄翻版。我可不一定推荐它。

我询故我在

透过“推特望远镜”，我瞥见了千变万化的古腾堡星系里的一个小角落，那是一幅良好文字诞生的育婴室快照，一群热心的助产士挤在周围，其中一人将它传递到更宽阔的文学

① 这位神秘的《秘密历史》（*The Secret History*）、《小友》（*Little Friend*）和《金翅雀》（*Goldfinch*）的作者说：“如今人们有一种期待，认为小说就跟其他消费品一样，应该在生产线上生产，每隔几年就从传送带上掉出一本来。”

世界。

除了满是索要按订单制作稿件的经纪人，推特上还有一篇又一篇的帖子里打着 #aminquiry 的标签。这是什么意思？我以前从未听人这么说过（不管有没有这个标签），但它们就在那里，一群作家愉快地询来问去。根据上下文，我推断出它的意思：写手带着投稿接触经纪人，询问后者是否有兴趣代理自己及作品。

你可以理解这个说法为什么演变而来——它听起来礼貌而充满希望，专业又富有创造性。甚至有人提供“查询套装”，即信件模板，你可以根据自己的稿件加以个性化修改，帮助你询问经纪人，不必每次重复做无用功（也就是重写废话）。套装里通常包括一份跟踪稿件的电子表格，可以提示某些作者发出查询的数量，以及可接收此类查询的经纪人的数量。事实上，我对 #writingcommunity（写作社区）钻研得越深，就越觉得那里的经纪人几乎跟写手一样多，每个人都在网络空间里兜兜转转，寻找自己的完美伴侣。

解码丹·布朗

诚然，一如数字创新渗透到 21 世纪生活的方方面面，它也已经是出版业不可或缺的一部分。经纪人在 1850 年并不存在。到了2050年，他们还会存在吗？打开油管，总能看到一场TED演讲，宣扬大数据、机器学习和其他技术“改变游戏规则”的影响。如今出版行业拥有这么多的技术和数据点，一些特立独行、在数字方面有远见卓识的人，肯定能从辨识潜在畅销书的艺术中提取出科学元素，从而使经纪人的很大一部分角色变得多余。

在《畅销书密码》（*The Bestseller Code*）一书中，作者朱迪·阿彻（Jodie Archer）和马修·乔克思（Matthew Jockers）通过一种计算机算法运行了数据，旨在揭示哪些书理当成功，哪些书成功的概率没那么大。他们用算法分析了《纽约时报》畅销书排行榜后声称，在榜单上占有一席之地的书，并不像普通观察人士认为的那样随意和混乱。他们的算法显然不知道畅销书榜单上有哪些书，尽管如此，它仍揭示出畅销书之间惊人的相关性。输入丹·布朗（Dan Brown）的文本时，计算机得出了95.7%成为畅销书的可能性，大幅超过了第二名詹姆斯（James）的《五十度灰》，后者的成功概率是90%。

这套算法只知道输入给自己的文字。它不知道作者的年龄、背景、种族、性别或之前的出版情况，也不知道或不在乎有没有安排大大小小的宣传和营销活动，或者这本书会不会被翻拍成电影，有没有入选为促销赠品。“5年的研究表明，畅销书在很大程度上依赖恰如其分的文字，而《纽约时报》

榜单最耐人寻味的地方也无非作者的手稿，白纸黑字，不加修饰。”

该算法从每一份手稿中提取数千个数据点，计算出一个成功概率总分。这些数据点包括书的主题（“计算显示，最常出现，也最重要的主题是涉及人类亲密关系的主题，事关人物情感关系”）、情节线（根据算法，具有三幕结构的对称情节线是畅销书的标志）、风格（倾向于精通日常而非特别文学语言的作者），以及最后用来描述人物动作的动词。

经过所有这些分析之后，算法得以使用它收到的数据，对输入的手稿进行排序。它最喜欢的书——也是它最希望带着去度假、认为最有可能成为畅销书的书——是戴夫·艾格斯（Dave Eggers）于2014年出版的小说《圆圈》（*The Circle*）。讽刺的是，这是一本关于数据使用和滥用的小说。《畅销书密码》的作者并没有漏掉其中的讽刺意味。[①]“这有点尴尬……算法似乎在对我们所有人挤眼睛做怪相。我们拿不准是该拿大锤砸它，还是请它吃晚餐。”

---

① 更讽刺的是，《圆圈》从未出现在任何畅销书排行榜上。

100万只（代码）猴子

当然，文学作品的价值并不取决于它是否出现在畅销书排行榜上。算法也许能够识别出哪些作品将会流行，但几行代码真的能区分好坏文字之间无限微妙的差别吗？我们都知道人人心中都有一本书，但把这些书公之于众并不总是个好主意。事实上，它们甚至可能最终破坏“书”这个概念的稳定性。

在糟糕文字的世界里，一本名为《2009—2014年世界60毫克清爽干酪容器前景展望》（*The 2009–2014 World Outlook for 60-milligram Containers of Fromage Frais*）的书是能获奖的。“代尔格莱姆年度最古怪书名奖”（Diagram Prize for Oddest Book Title of the Year）起初设立是为了给法兰克福书展的参观者们逗个乐，它展示了自1978年以来平庸得最天才、深奥得最让人目瞪口呆的书名。此前的获奖书名包括2005年的《纳粹最高赤裸》（*Too Naked for the Nazis*）、2004年的《防弹马》（*Bombproof Your Horse*）和1992年获得压倒性支持的《怎样避开巨船》（*How to Avoid Huge Ships*）。自2000年以来，获奖者均由《书商》杂志的读者投票选出，显然，他们很喜欢恶搞蹩脚的东西。

到目前为止都算得上古怪。但前文提及的《2009—2014

年世界60毫克清爽干酪容器前景展望》在古怪方面不仅限于书名。虽然封面上的作者是菲利普·帕克（Phillip Parker），但它其实是一台计算机写的。帕克可能会获得喝彩——事实上，不止这本书是计算机写的，亚马逊上归在他名下的其他20万本书也是计算机写的。《纽约时报》的一篇文章解释说，从《2007—2012年印度6英尺×9英尺或更小的抓绒可洗小地毯、浴垫和套装前景展望》（*From The 2007-2012 Outlook for Tufted Washable Scatter Rugs, Bathmats and Sets That Measure 6-Feet by 9-Feet or Smaller in India*）[①]到《埃勒斯-当洛斯综合征：内科医生、患者和基因组研究人员的书目和词典》（*Ehlers-Danlos Syndrome: A Bibliography and Dictionary for Physicians, Patients and Genome Researchers*）[②]，帕克和他的机器一样非常多产。

> 帕克先生……开发了一种计算机算法，可以为一个宽泛或晦涩的主题收集公开信息。在60—70台计算机、6—7名程序员的帮助下，他将结果变成了各种类型的书籍，其中许多书的页数在150页左右，只有客户购买时才

① 一册售价795英镑，是为"无法满足于传统世界市场划分方法的全球战略规划人士而准备"。

② 亚马逊上有两条评论，其中一条说："从任何角度看都不是一本容易读的书。"

会现场打印出来。

如果说在外行人听来，这像是欺骗，在帕克先生看来显然并非如此。他对一本书的构成有一些挑衅性的、显然有钱可赚的设想。他说，他最受欢迎的书可能卖得出几百本，但很多书的销量只有数十本，大多卖给了几乎收藏了他所有作品的医学图书馆。他已经将自己的技术扩展到填字游戏、打油诗，甚至是动画游戏节目的脚本上。他正在为用新算法生成言情小说奠定基础。“我已经设定好了，”他说，“反正身体部位只有这么多。”

算法写作的（无）逻辑终点，就是换汤不换药的“100 万只猴子在 100 万台打字机上写作，总有一天能写出旷世杰作”的设想吗？创造一套公式，在手稿里将保证热卖的文字组合起来，这样的想法固然诱人，但我们也应该意识到，在现实世界中，文字不是这样运作的，我们对它们的反应也并非如此。计算机无法洞察新趋势，开辟新的文学领域，无法理解口碑推荐，也无法理解一本书如何在逆境中突出重围，出人意料地找到了属于它的时机。为此，我们仍然要依靠那些在业内工作的人，依靠他们不断地扫描古腾堡星系，寻找文字的神奇组合，将作者的设想与读者的想象力统一起来。一本结合了大量关于清爽干酪书面信息的书可能很有用，这一点我能理解（尤其是如果你在乳制品行业工作），但算法似乎不太可能写出打动人心的东西。

不用了，谢谢

上面探讨的是，经纪人的任务是识别好书和好文字，现代世界对此却提出了挑战并有所改变。必须记住，这个过程是手段而非目的。切莫忘记文学经纪人的首要任务：让好书和好文字得以出版。要实现这一目标，也许要付出远超你想象的努力。

1935 年，E.E. 卡明斯（E. E. Cummings）① 向母亲借了 300 美元，自己出版了一本名为《不用了，谢谢》（*No Thanks*）的诗集。最初，他打算将这本书起名为《70 首诗》，但在收到 14 家出版商“不用了，谢谢”的退稿信之后，他改了书名，并将这本书献给那些拒绝过他的出版商。而且，为了保证他

① 是 e e 还是 E. E. 呢？虽然经常被写成 e e，但《芝加哥格式手册》（*The Chicago Manual of Style*）指出：“E.E. 卡明斯可以安全地采用大写；把他的名字小写的是他的一个出版商，并非他自己。”卡明斯合法地把他的名字改成了 e e 卡明斯（据他的传记作者言），但他的遗孀声称这并不正确。简而言之：你可以使用任何一种写法，但必须前后一致，而且准备好选择一方来证明自己的决定。尽管我很喜欢小写格式，但我站在他的遗孀那边。我认为她最了解他。

们当真收到了信息，他把他们的名字排在了书的题献页，做成骨灰瓮的形状。

NO

THANKS

TO

Farrar & Rinehart

Simon & Schuster

Coward-McCann

Limited Editions

Harcourt, Brace

Random House

Equinox Press

Smith & Haas

Viking Press

Knopf

Dutton

Harper’s

Scribner’s

Covici-Friede

虽然我们无法真正了解 E.E. 卡明斯在写作生涯这个阶段的内心世界，但我有理由认为，经纪人为他带去了情感缓冲，他因此受益。

不过，说句公道话，曾跟他落得同一命运的人还不少呢。遭到出版商多次拒绝的稿件包括《安妮日记》（*The Diary of Anne Frank*）、《魔女嘉莉》（史蒂芬·金的成名处女作）、《哈利·波特与魔法石》、《冷战谍魂》（*The Spy Who Came in from the Cold*，英国小说家约翰·勒·卡雷的代表作之一）[①]、《绿山墙的安妮》（*Anne of Green Gables*，加拿大作家露西·莫德·蒙哥马利所著的成长小说）、《蝇王》（*Lord of the Flies*，英国作家、诺贝尔文学奖获得者威廉·戈尔丁的代表作）、《相助》（*The Help*，美国作家凯瑟琳·斯托科特所著的畅销小说，后翻拍为同名电影）和《飘》（*Gone with the Wind*）。似乎在某些情况下，人无法根据书的内容做出判断。

有时，就连印刷商也会参与进来。1905 年，詹姆斯·乔伊斯（James Joyce）首次将《都柏林人》（*Dubliners*）的手稿提交给出版商，并很快找到了一家名叫格兰特·理查兹（Grant

---

① 一位拒绝了《冷战谍魂》的编辑对约翰·勒·卡雷（John le Carré）说，他“没有当作家的前途”。卡雷以写作为生近 60 年，2019 年，也就是他 2020 年去世前不久，他出版了最后一部小说《战场特工》（*Agent Running in the Field*）。

Richards）的出版商。但这家出版机构的印刷商拒绝印刷其中一个故事——《两个浪子》（*Two Gallants*），称它淫秽。最终，格兰特·理查兹站在了自家的印刷商一边，乔伊斯只得将书稿重新提交给其他出版商。1909年，莫塞尔与罗伯茨公司（Maunsel & Roberts）接手了它，结果却遭到同样的情形。乔伊斯问能不能把印好的部分还给自己。印刷商虽然态度通融，但到底还是拒绝了，还立刻将其烧毁。不过，乔伊斯设法保存了一套印刷样稿。1914年，格兰特·理查兹同意使用这些页样，最终出版了这本书。本次承印的印刷商是哪一家，没有留下记录，但乔伊斯只能庆幸，这一回他们总算没有选择将其毁掉。

这告诉我们，通往出版的道路兴许漫长而充满艰辛（远比你想象的要艰辛得多），一路上有位专家陪伴在你身边，可以提供巨大的支持。以事后的眼光看，我们很容易批评那些拒绝了畅销书的编辑和出版社，但出版预算是有限的，也许他们只是从其他作者的经纪人手里看到了更好的稿件。如果卡明斯和乔伊斯有经纪人代理，他们说不定能把更多的时间用在写作上，而不是花时间设计晦涩的报复性排版，跟谨慎正经的印刷商争吵。这就难怪，即使是如今这个自助出版迅猛发展的时代，在每一位有抱负的作者的待办事项清单上，"找个好的经纪人"始终位列第二（排第一的当然是"写出这本书”)。经纪人几乎是少不了的角色。

废稿堆之王

输入“废稿堆”，搜索引擎谷歌会很有说服力地扩展你的查询，提供如下建议。其中包括：“如何避免……”“如何摆脱……”，以及最夸张的——“如何逃离”。对一个有抱负的作者来说，永远困在废稿堆里是最糟糕的结果。“废稿堆”是一个集合名词，指出版商直接从作者那里收到的各种不请自来的询问信和稿件。希拉里·曼特尔（Hilary Mantel，英国历史作家，其作品《狼厅》《提堂》两次获得布克奖）成功地从废稿堆里逃了出来。斯蒂芬妮·梅尔（Stephenie Meyer）也是如此。

多年来，出版商雇用读者审阅废稿堆里堆积的稿件，评估是否要把其中的某一份交给真人编辑审阅。但随着时间的推移，出版商意识到，更经济的做法是解雇这些受薪读者，单纯依靠经纪人来进行最初的审阅工作。如今，最大的出版商已不再接受任何无约投稿。不妨说，它们自己也逃离了废稿堆。

然而，废稿堆靠着小型独立出版商和经纪人继续存活，后者更乐意投入时间和资源，将之作为发掘新人才的途径。[1]不可避免地，废稿堆被外包给了互联网上的蜂巢思维，比如 Youwriteon 等网站。在这些网站上，新作者可以从同行那里获得作品的初步反馈，接着，评分最高者还可得到一群出版专业人士的反馈。最终，这一流程会选出一本“年度书籍”，其中许多都成功出版了。

“时间：未来。关于原子弹在殖民地爆炸的荒谬而无趣的幻想。一群孩子在新几内亚附近的丛林登陆。垃圾、沉闷，毫无意义。”

这段不太会引人注意的概要，来自费伯出版社（Faber & Faber）的专业废稿读者，它潦草地写在一份稿件的边角上。稿件的标题是《来自内心的陌生人》，显然稿件里有一篇冗长而无聊的序言，谈及核战争，没有任何人物，读者认为它“荒谬而无趣”，或许并不奇怪。（不过我仍然想读读看，这样

① 也可能找不到。“是希望杀死了你。”一家小型出版社的编辑在面对废稿堆时这样说，“每次走近它，你都相信会找到一颗未经雕琢的钻石，也相信自己会是那个具有敏锐洞察力和品位的人，独具慧眼地发现其他人所错过的原始天赋。这将成就你的事业！接着，你会看到大量稿件，介乎于沉闷得无法发表，到真正令人不安之间。有一次，我从废稿堆里看到一篇略有希望的投稿，论述关于法国政治。我查了查作者的资料，发现他们因为勒死女友而正蹲在牢里。我想，如今每个有理智的作者都知道，你的确需要一位经纪人，所以他们可能会把精力集中到这方面。”

的人只有我吗？）

挽救这份手稿的是刚到费伯出版社的查尔斯·蒙特斯（Charles Monteith），他正准备搭乘火车前往牛津。出于偶然，他从废稿堆里拿起那几页纸，准备在旅途中阅读。到旅行结束时，他确信自己想要出版这本书。他说服作者威廉·戈尔丁（William Golding）删掉序言，做了一些其他的改进，并更改了书名。戈尔丁最初所写的序言已经散佚，所以我们谁也不知道，蒙特斯在那趟火车旅行中忍受了多少蹩脚的文字才进入故事的核心——它日后成为《蝇王》。这本书目前已售出1000多万册，并两度被翻拍成电影。西蒙和猪仔没能离开小岛，但至少他们的故事成功地逃离了废稿堆。

继续查询

和 #writingcommunity 标签下的所有人一样，我需要查询多位经纪人。我当然这么做了。克里斯·威尔比洛夫（Chris Wellbelove）是经纪公司艾特肯·亚历山大（Aitken Alexander）的主管，代理过入围布克奖的作者黛西·约翰逊（Daisy Johnson）和《秘密律师》（*The Secret Barrister*）一书。我请克里斯向我简单介绍一下他日常的工作和生活。

“做经纪人最大的好处就是工作多种多样。我会花很多时间与我代表的作者讨论他们正在进行的项目或出版过程的各个方面，比如他们可能收到什么样的编辑说明，或者营销宣传计划、销售数据一类的。我们还跟编辑和发行团队保持定期联系，不过，联系的多少，往往取决于我们正处在发行过程中的哪一环节；出版前后我们的联系更加紧密。我还会花时间跟内部的同事讨论我可能要出版的书，或者我们正在销售的书。我会跟潜在的新客户见面，跟编辑开会，编辑是我们的销售对象。我会把书稿卖给英国和美国的出版商，所以我要随时了解每个地区的情况，知道具体的编辑在寻找什么样的稿件。”

“多种多样”似乎说得有点轻描淡写。跟我和卡洛琳娜的对话一样，我有一种感觉，他们像是轻松地耍着杂技，用很多根杆子转着很多只盘子。来吧，克里斯。一定有什么东西能影响经纪人老僧入定般的平静吧？

“我工作中最棘手的部分是管理预期——不只是作者的预期，也包括我自己的预期。任何项目在启动之初，各方人士（作者、经纪人和出版商）都有着雄心壮志，但毫无疑问，总有些书做得好，有些书做得没那么好，发布坏消息是经纪人的工作内容之一。另一件我觉得很有挑战性的事情是如何兼顾——我有两份作者名单，一份是虚构类作品作者，一份是非虚构类作品作者，我随时都忙着操持若干本不同的书，不得不在虚构类作品和非虚构类作品之间切换。”

啊，多线程工作。但是克里斯在寻找什么样的文字呢？外面的 #amquery 太多了，经纪人很难穿过所有的噪声，专注于自己感兴趣的文字。

“一开始，我对自己想要代理的东西有非常具体的设想，但很快，我发现这类书并不多，所以，我必须找一种方法来扩展自己的兴趣领域，不必在承担项目时吹毛求疵。我感兴趣的东西必然会变来变去，但主要受我所读或所看的东西、世界事件和市场的影响。很多时候，会出现一些值得我仔细掂量的设想，我会找一些作家或专家来讨论，同时，我会尽量保持开放的心态——当然，要在我非常宽泛的整体兴趣范围之内。我名单上的非虚构类作品多于虚构类作品，我认为互联网提供了很多机会。话虽如此，我并不倾向于代理直接从网络上来的书籍——《秘密律师》是我的客户，拥有最大的在线知名度，但我是在他们的推特上只有 3000 名粉丝时，通过对方早期的几篇博客文章找到他们的，而且，我向他们提出了一个非常具体的构思。”

《秘密律师》出版于 2018 年，是一部非虚构类的轰动作品。这本书已经卖出了 25 万多册，而书和博客的作者仍然不为人知。有人猜测这位秘密律师是基尔·斯塔默（Keir Starmer），但早期一篇博客文章提到过作者蓄须，表明不可能是他。2019年，本书成功后，作者蒙面接受了采访，并评论说：“不能公开庆祝自己的书获得成功，这感觉很奇怪，毕竟，刑事律师都是疯狂的自大狂。但我内心的另一半又觉得，我最大的成功来自一件没人发现的事，这太好玩了。”

“对我而言，”克里斯说，“互联网主要是一种资源，我会花很多时间寻找有着有趣想法的人，或者正在做有趣事情的人。就非虚构类作品而言，我感觉自己工作的很大一部分是帮助那些在某个主题上比我懂得多的人，把他们的想法翻译给广大读者。我对很多主题都感兴趣，但并非任何一个主题下的专家，对那些想在周末逛逛书店买几本最新非虚构类畅销作品的读者来说，我就是他们很好的‘替身’。”

“在虚构类作品方面，我的很多作品是通过创意写作课程或推荐收到的，但互联网无疑为我打开了更大的局面。有过在期刊或网络上发表文章的记录，可以让你的文章排在投稿堆前面的位置。对虚构类投稿，我最看重的是写作中的能量、独特的声音和勃勃的雄心。这最为接近纯粹的阅读——我最初阅读时并不考虑市场，随时乐于被文字征服。对于非虚构类作品，我往往对作者，对他们的专业知识和构思更感兴趣。跟这类作者打交道时，我发现，如果书的设想不太对头，写作往往需要花费大量的精力，所以我喜欢从头开始给出建议，试图找到一种进入其主题的方式，让普通读者也能够理解可能很复杂的概念。这份工作还有个奇怪的地方，我们的大部分时间都用在了几年之后才会出版的书上。”

在这一点上，克里斯说得很对。关于出版，你应该知道的一件事是，它的移动速度跟冰川差不多。把作者花在手稿上的时间加起来，经过构思、提案、卖给出版社、写书、重写、再写、编辑、审稿、排版、校对、定稿、印刷、装订和最后运给零售商的数月甚至数年周期，你可以看到，出版真的是一场漫长的游戏。玛格丽特·米切尔（Margaret Mitchell）光是写《飘》就用了 10 年时间。想想看，她的经纪人得有多大的耐心（如果她有经纪人）。

第 4 章　保留与删除：编辑

先把它写到纸上，接着我们再看看该怎么处理。

——麦克斯韦·珀金斯

我站在第一次写书的作者角度，可以肯定地说，麦克斯韦·珀金斯的上述建议仍然是正确的。他在美国斯克里布纳（Scribner）出版公司做了 36 年的编辑。我不知道是不是所有的作家都跟我有着同样的感受，反正，我从撰写本书中学到的经验是：要想在写作方面取得任何进步，唯一的方法就是写。把文字写到纸上，只有这样你才知道该怎么处理——怎样让你的文字变得更好，更适合呈现给读者。

但写下文字之后，又该做些什么呢？它们需要编辑。英文的“edit”（编辑）一词来源于拉丁语“*edere*”，意思是“拿出”或“提出”。如果只能用 2 个（或 3 个）词来概括编辑的工作，你大概会选上述两个词来触及问题的核心。按照珀金斯的说法，“编辑不为一本书添油加醋。他充其量是作者的帮衬。永远不要觉得自己很重要，因为编辑最多是释放能量。他什么也不创造”。

我认为，“释放能量”符合这样一种理念：编辑“拿出”一组文字，帮忙将它们组合到一起，呈现给最重要的人——读者。值得注意的是，“编辑”是有着许多不同含义的出版界术语：从编纂文集，打散手稿的结构并重新组合，到修改文字，检查每句话里的错字错义，都可以称作“编辑”。此外还有策划编辑，他们是文学界的狩猎族，他们的工作是紧跟当前趋势和销售情况，了解市场动向，搜寻并出版能吸引读者的作品。

策划编辑是作者和读者之间的重要桥梁，他们会先着手寻找有潜力的提案和作者，从经纪人处买下版权，监督其作品出版。道布尔戴出版社主编肯尼·麦考密克将策划编辑的工作描述为“知道要出版什么，如何得到它，以及如何帮助它获得最大的读者群”。一目了然。

麦克斯韦·珀金斯的职业生涯，是从发掘、支持斯科特·菲茨杰拉德开始的，后来，他又为了出版欧内斯特·海明威的作品，大力说服自己当时的雇主斯克里布纳出版公司。不仅如此，他还设法说服作家托马斯·沃尔夫（Thomas

Wolfe）[①] 删去其小说中的文字。众所周知，沃尔夫对自己写的每句话都看得很重，他提交的一份手稿超过了 100 万字。人们都说沃尔夫的成功大部分要归功于珀金斯的编辑工作，这让沃尔夫心有怨言，两人亦因此分道扬镳。但在临终前，沃尔夫写信给珀金斯，承认后者在自己的作品出版方面发挥了重要作用。

到 1947 年珀金斯去世时，他已经在这个公认的美国编辑黄金时代成了美国文学史上最著名的编辑。正如麦考密克所说，珀金斯以多种方式支持自己的作者："如果需要帮助，他就帮他们安排书的结构；构思标题，构思情节；他当过心理学家、失恋顾问、婚姻顾问、职业经理人、借款人。在他之前，很少有编辑为稿件做过这么多工作，但他始终恪守自己的信条：'书属于作者。'"

珀金斯与埃兹拉·庞德（Ezra Pound）是同时代人。1933 年，《时代》杂志将庞德描述为"一只特立独行的猫，不受管

① 请勿将托马斯·沃尔夫与汤姆·沃尔夫——《虚荣的篝火》（*The Bonfre of the Vanities*）一书作者——弄混，托马斯·沃尔夫是 20 世纪初一位有影响力的美国小说家。他的第一部小说《天使，望故乡》（*Look Homeward, Angel*，1929）按时间记录了他家乡北卡罗来纳州阿什维尔许多家人和朋友的生活。这部小说招来了极为强烈的反响，沃尔夫甚至决定 8 年内不再回去。他的下一部小说《时间和河流》（*Of Time and the River*，1935）在出版时同样遭到阿什维尔居民的反对：这一次，小说不再记叙他们，让他们大感沮丧。

教，对孩子来说极不安全”。1914年，庞德协助詹姆斯·乔伊斯[①]（James Joyce）连载《一个青年艺术家的肖像》（*The Portrait of An Artist as a Young Man*）。1915年，庞德说服《诗歌》杂志出版艾略特（Eliot）的《普鲁弗洛克的情歌》（*The Love Song of J. Alfred Prufrock*）。他对艾略特作品最为人所知的贡献是编辑和修订了最终出版于1922年的《荒原》（*The Waste Land*）。

据诗评家玛乔丽·佩洛夫（Marjorie Perloff）说："庞德和艾略特一页一页、一个字一个字地修改这首诗（《荒原》），不是尝试挽救结构，而是从做作的废墟里回收真实的句子和段落。"艾略特自己也说过："我有时也想要完成同样的助产[②]任务。我知道，我必须警惕的一种诱惑，就是试图用我自己的方式重写别人的诗，如果我想写那首诗的话。庞德从来不这样做，他首先试图理解人们打算做什么，然后努力帮助人们用自己的方式去做。"有人问艾略特，编辑是否只能算是失败

① 乔伊斯形容庞德是"热情、豪爽和乐于助人的奇迹"；格特鲁德·斯泰因（Gertrude Stein）对他的评价就没那么高了，说他是"一个乡村讲解员，如果你是一个村子，那就太好了，但如果你不是，那就不太妙"。

② 此处的"助产"一词，英文是"maieutic"，不算一个常用词。本书作者说："我看到这句话时，根本还没听说过这个词。"它是苏格拉底创造的，意思是通过推理和对话提炼新观点。苏格拉底的母亲是一名接生婆，而这个词来自希腊语中的"*maieutikos*"（助产）。苏格拉底说得对——编辑是文字诞生的助产士。

的作家，他回答说："也许吧，但大多数作家也一样。"

庞德和艾略特合作的《荒原》，最初版本大约有800行，两人把它删减了一半。据信原作已湮没在历史长河中。艾略特说："那份带有他蓝色铅笔痕迹的手稿或打印稿的命运，就我所知，成了文学界一个永远解不开的小谜团。"但他不知道，那份手稿其实就在他朋友约翰·奎因（John Quinn）的文件里。1968年，手稿重见天日，上面留下了庞德、艾略特和艾略特第一任妻子薇薇安·海格·伍德·艾略特（Vivienne Haigh-Wood Eliot）的手写笔记。

庞德最常在手稿上用铅笔写的字样是拉丁语"*stet*"[①]和德语"*echt*"，前者的意思是"成立"（保留），后者的意思是"真正的、真实的"。身为编辑，庞德的工作是识别那些"真正的"文字（也就是说，"真正的"就应当"成立"），并去掉那些听起来有误的文字：判断成立与不成立。残酷地说，这意味着有些文字刚出生就要遭到扼杀——所有优秀的编辑必然都乐于这么做，尤其是在作者不忍心的时候。"编辑们喜欢删减。"我的编辑告诉我，尽管我在修改的过程中会不断增加字数，罔顾她的反对。

---

① "*stet*"就是后文将要提到的"obelism"。这个词的意思是在手稿的空白处做注解。在本书的后面，我们会遇到更多的"obelism"。

挽救结构

所有的文字都需要有结构，否则就没有意义。结构适用于从句、句子、段落，以及整本书。书的每一章是否合乎逻辑地衔接前一章？读者能不能跟上论证，不必暂停、回翻前文、翻检资料，也不会因为困惑和沮丧而直接放弃？对句子和段落也要提出同样的问题——合乎逻辑的结构需要涵盖文字衔接的每一个单位。

如果你写的是虚构类作品，那么情节是否需要遵循一个故事的结构？它是否在必要时带来了悬念和意外？身为写作者，你可能觉得自己的结构和论点完全合理——但几乎无一例外，你需要有其他人用新的眼光来检验你的文字。你跟自己的文字靠得太近，太清楚自己在写什么时，很难透过文字看到结构。

这就是结构编辑（麦克斯韦·珀金斯便以此闻名）发挥作用的地方。我请作家兼结构编辑卢克·布朗（Luke Brown）向我讲解它是如何运作的。

“作者认为自己在做什么跟读者认为他们在做什么，这两者之间存在一种内在的张力。我的工作是让内容对读者呈现出可衡量的改善，并保护作者免受书评人的影响。读者想知道什么？情节是否遵循叙事弧线？矛盾冲突的加剧，是否令人满意？是否存在解决之道（从主人公的角度看，改变或是不改变）？如果没有，为什么没有？没有经验的作者有一种倾向，为了填补空间而填补空间。要认识到最重要的一点是，在文字的世界里，少就是多，简洁就是慷慨。切斯特顿（Chesterton）说过，艺术由限制组成。每幅画最美的部分是画框。”

“有些我反反复复遇到的问题，”卢克接着说，“是缺乏清晰度，作者不知道自己想说什么，对读者真正想要什么缺乏想象力。经验不够丰富的作家大多在头脑中有一个理想读者，但毫无疑问，这个人并不存在。读者和作者之间需要有一种沟通的契约。站在结构编辑或行文编辑的角度来说，随着时间的推移，你会发展出一连串的规则：你要锻炼自己对语言和清晰度方面的眼光。编辑工作的部分乐趣，来自倾听文本的音乐如何运作——你需要对语言很敏感。不应该浪费文字，每句话都应该有意义。”

我喜欢读者和作者达成契约这个想法：从作者方面来说，他们力争使用最好的文字唤起情感反应，以能理解的方式组织它们；而从读者方面来说，他们打开思想，让这种反应得以发生。我的编辑这样看待自己的角色：“我常常把自己想成这本书的‘第一读者’。我所扮演的编辑角色，是为了帮助作者讲述他们想要讲的故事（或传递信息），更好地触达读者。

我需要同时站在两种立场上，既能看出作者想说什么，也能看到读者需要听到什么，才能被书的内容吸引，有所启发。”

文字就是这样变好的：作者和读者得以各司其职，各展所长。中间的编辑能够看到“隐藏在灌木丛中”的结构，为读者扫清道路，好让读者轻松地沿着故事的小径前进。

提出正确的问题

“我的第一份工作是为伦敦一位著名的文学经纪人做助理。她在各方面都特立独行。她从不给作者提供详细的笔记，而是邀请他们来自己的办公室，坐在一张古董扶手椅上，花上几个小时共同谈论手稿——她觉得什么地方好，什么地方不好。有点像是把人物召唤到房间里，把他们当成作者构思的完完整整的人来对待，向作者指出其缺陷或漏洞。所以，我在编辑这一行上的第一课是说，而不是写。用支持的态度提出正确的问题，倾听答案，接着提出更多的问题。总结一下：做编辑的时候，你没有答案，如果作者也没有，不要试图提出解决方案，只要提出正确的问题，他们自己就能找到答案。”

这段描述来自小说编辑汉娜，她解释了自己如何在一篇手稿的启程阶段进行结构编辑。她在这里提到的“向作者指出其缺陷或漏洞”是编辑的精髓。你和文字靠得太近了，几乎不可能把自己放到读者的位置：对你来说一目了然的东西，对读者来说可能是完全不透明的。

“进行这类对话之后，我的第一步可能是进行‘结构’编辑。对我来说，这通常意味着撰写一封信，概述我认为稿件中有哪些需要注意的地方。同时，再次以问题为框架，邀请作者自己寻找解决方案。作者返回的新草稿说不定仍然存在一些需要调整的问题，我们会来来回回多次讨论、修改。最后才是行文编辑，基本上是挑出文章里不太好的地方，或是作者容易犯的小错误。”

从概览到逐行

从上述关于编辑如何工作的讨论中，很难具体锁定它在实践中到底是什么意思。同事西蒙向我解释了他如何处理非虚构类稿件。

“和所有编辑一样，阅读时，我会不断地思考清晰度问题，寻思潜在读者的期望，以及所需的先备知识水平。我们通常都是根据表达能力和独创性来选择作者，但出乎意料的是，有时他们还是会陷入可怕的混乱。”

有一点让我眼前一亮：西蒙首先就想到了读者。这合乎情理：写一些只为了满足作者自己的东西，有什么意义可言呢？文字的生命，来自找到读者，而优秀的编辑，知道读者可能想要什么，以及如何实现。卢克曾说，他会帮助作者想象读者想要什么，并帮助作者意识到理想的读者根本不存在。两人的看法在此互为呼应。

在与另一位编辑舒艾卜谈起他如何与作者合作时，他给我看了一封他写给某作者的初稿复信。除详细分解书中每一章节，说明需要做些什么工作之外，他还指出了有必要加以改进的总体结构主题：扩展故事叙述，考问偏见，营造紧迫感，最终解决问题，让读者感到心满意足。

作者为读者假设已经了解某种程度的知识，所有与我交谈过的编辑都对此感到担忧。这最终可能会让读者感到沮丧和失望。作者是向导，必须提供安全的抓手，让读者能够轻松地在文本中旅行。

元素与愿景的结合

对舒艾卜来说，结构编辑就是“把故事叙述的各个方面铆合起来，将书的各个组成元素——声音、人物刻画、节奏、对话等——与核心愿景相结合”。这个简洁的解释听起来直截了当，但我认为，如果面对的是自己的书，作者很难成功地将这两种要素结合到一起。你与文本亲密接触，全身心地沉浸在所写内容当中，这就意味着你不可能客观地退后一步，评估自己是否成功地统一了书的组成元素与核心愿景。作家们绞尽脑汁地斟酌着要让哪些文字活下去（从而完成向读者传达自己意思的任务），一想到要掐灭它们的火花，根本不给它们踏上古腾堡星系之旅的机会，难免心存痛苦。这就是为什么所有的作家，无论多么成功、多么有经验，都受益于与编辑的合作。

翻阅舒艾卜逐句编辑的一些段落后，我逐渐明白，结构编辑实际上是对文本进行考问，确保它经得起推敲。“我不理解这句话”（我的编辑也这么对我说过）；“这句写得更具体些”；“此处需要例子”；“这太笼统了”；“我大感震撼”（很遗憾，我的编辑没有这么对我说过）。我还可以继续说下去，但这里不妨说得简单些：编辑从各个角度对每一个单词、句子、段落和论点做了彻底的检验，哪里发现了不足，就会做出标记，要求作者加以改进。

当然，每一名作者、每一份稿件都不一样，这让编辑工作显得更为严苛。香农是儿童出版的策划编辑，她解释说：“不同的稿件需要的工作量不同，但策划编辑就是要做好准备，和作者一起，对尽可能多的稿件进行修改。一些作者或许希望你就如何解决情节问题提出建议，而另一些作者则希望你强调挑战，让他们自己去解决问题。接下来，你可能需要进行语句编辑，逐行逐句地检查重复的文字、文章的节奏、连续性等。”尽管这也属于文字编辑的工作范围，但优秀的策划编辑同样会这么做。

那么，就让我们再来看看下一种编辑——文字编辑。

第二部分

文字如何变好

1952年,《曼彻斯特卫报》在评论阿加莎·克里斯蒂（Agatha Christie）的剧作《捕鼠器》时，评论家说,“巧合不合理地在情节上扩展”；事实上,《捕鼠器》的确有许多出了名的情节漏洞，最明显的地方是，屈洛特警官明明已经知道了凶手的身份，却没有逮捕他，而是纵容他继续行凶。《哈利·波特》《五十度灰》《指环王》《朝圣者》和《哈克贝利·费恩历险记》等许多著名的小说都存在情节漏洞。

尽管大多数小说家动笔前会非常仔细地勾勒情节，但要在脑海中记住多个角色、场景和时间线，并在故事的正确位置以合理的方式向读者揭示，保持悬念，是一件很棘手的事情。这就是结构编辑和文字编辑能真正对文字的力量产生影响的地方。

香农在上一部分已经指出，策划编辑会关注并检查稿件在整体性上是否合理，接下来，他们会依靠文字编辑用“筛子”对文字进行筛选，确保故事结构中没有漏洞。优秀的文字编辑会严格检查，好让事先不知情的读者在进入你的世界时，觉得一切合情合理。

文字编辑萨拉说:“我是所谓的‘第二眼’，我的作用是以全新的视角审视稿件，看到作者和策划编辑因阅读次数过多而看不到的盲点。所以，在小说中，我会检查情节是否成立，是否已尽可能地发挥了良好作用；而在非虚构类作品中，则是非专业的外行人能否理解论证的线索，是否被叙事所牵引。”

“在小说中，时间上的不一致可能是作者故意设定的陷阱，但我已经学会了谨慎地做笔记：天气、花期、某人怀孕的进展、历史事件、代表特定年份的歌曲和电影。我最讨厌的是泛泛而谈的‘历史背景设定’，比如，‘那是在60年代，所有的女孩都穿着迷你裙，披头士乐队占据着热门歌曲排行榜……’”

“有时候，编辑还会做大刀阔斧的修改：我曾经处理过一本历史小说，有人告诉我应该删掉三分之一。我照做了，并把稿件寄给作者，他马上抓狂地给我打来了电话。策划编辑没有告诉作者是他们让我进行删减的。过了一个星期，作者再度打来电话，说尽管删减颇多，但没有什么遗漏，人物形象变得更清晰了，情节、叙事动力和能量都更为紧凑结实。当然，要做到这一切，你需要做出大量委婉的保证：作者必须始终觉得这仍是自己写的书。”

我问另一位文字编辑莱斯利，稿件中出现结构问题会怎么处理。她解释说：“根据书的类型，虚构类作品还是非虚构类作品，面向大众市场还是学术受众，我会留意情节错误、事实错误、前后一致性、时间线中的漏洞，等等。我是隐形的修补匠。我曾处理过一本小说，书中有个人物正在艰难地怀孕，并在结尾的一个紧张场景下早产。这时，根据对季节流逝的详细描述可以推断出，这位母亲已经怀孕18个月了。这种结构性的情节疏忽，就是你要时刻警惕的东西。”

第 5 章 “作者是你的天敌”：文字编辑

文字一经诞生，我们如何使它们变得更好？文字是那么多，而且，只要古腾堡星系存在，其数量就无时无刻不在增加。文字出自作者之手，经由经纪人和编辑发现、追逐和培养，受到一些帮助，排成句子（语法的基本单位），随后有望进入段落、章节，直至最终成为一本书。不过，这一切都始于句子。要成为有意义的一句话，它必须包含一个完整的想法。没有意义，就不是句子。

等你超越了句子层面，为了让文字有意义，它们还需要正确、清晰、连贯和一致。这叫作文字编辑的“4c”（指 correct、clear、coherent 和 consistent）。这是让良好文字变得更好的基石，也是所有作者及其共事同人一起努力追求的目标。

正确性

“我在动手撰写第一本书的时候，想要写的是一本探究事实基础性质、我们又如何把事实变成故事的书。我知道，为了达到这样的目的，我必须弄清每一个可以验证的事实。你越是想提出奥妙的大问题，越需要打好坚如磐石的基础。”

这是艾玛·科普利·艾森伯格（Emma Copley Eisenberg）撰写的关于《第三个彩虹女孩：阿巴拉契亚一场双重谋杀的漫长一生》（*The Third Rainbow Girl: The Long Life of a Double Murder in Appalachia*）一书事实核查过程的文字。为什么事实正确性核查这么重要呢？如果某件事本身就是失实的，那么它就没有意义（也不可能有意义）。那么，谁负责确保基本事实的正确性呢？从历史上看，从事这份工作的人是一位女性。艾玛·科普利·艾森伯格向我介绍了一本她称之为“这方面权威的书籍”：莎拉·哈里森·史密斯（Sarah Harrison Smith）的《事实核查员圣经：落实正确性指南》。哈里森·史密斯在前言中讨论了美国杂志事实核查的悠久历史：它始于1923年的《时代》杂志。她引用了《时代》杂志编辑爱德华·肯尼迪（Edward Kennedy）的一份备忘录：

> 核查……有人认为这是一份枯燥乏味的职业，但这种看法极其错误。任何一个聪明的姑娘，只要真正投身于处理核查问题，就能度过一段非常愉快的时光，让整个星期充满快乐的瞬间和难忘的场合。核查时要记住的最

重要的一点是，作者是你的天敌。他想看看自己有多少次能顺利脱身。

读到这里，我信马由缰地想，那位名叫爱德华·肯尼迪的《时代》杂志编辑，跟约翰·肯尼迪的弟弟爱德华·肯尼迪是同一个人吗？我不知道，所以我上网做了一番事实核查。但我其实根本无法证实到底是不是：事实核查不是件容易事。在为《伦敦书评》撰写的一篇关于事实核查的文章中，克里斯蒂安·洛伦岑（Christian Lorentzen）引用了这封信，但没有注明发件人是一位“编辑”；我在任何地方都没找到绝对证实这一点的证据。然而，不管是谁说的，在他们的世界里，每当涉及文字，就存在明确的分工。男人创造文字，女人核查文字。一如洛伦岑的描述，事实核查员“生来就是一只快乐的替罪羊，让淘气的作者循规蹈矩，把编辑跟嚼文嚼字、爱较真挑刺、发现地名拼写错误能快活整整一个星期的匿名读者隔绝开来”。

哈里森·史密斯解释说，事实核查员应该对稿件做以下工作：检查阅读准确性；判断哪些东西需要核查；调查事实；评估来源；核查引文；了解法律责任；警惕抄袭——就改进文字而言，这恐怕是一项比“纠正地名拼写错误”更复杂和重要的工作。

哈里森·史密斯罗列的事项，显示了事实核查员、作者和出版商的高度责任感，在某些情况下，出错可能会引发法律问题。但检验我们文字的事实准确性，是让文字变得更好的一条关键途径。如果我们无法相信自己所读到的文字在事实上是正确的，那我们还能相信些什么？哈里森·史密斯引用了《纽约客》前事实核查主管萨拉·利平科特（Sara Lippincott）的话："少许怀疑精神……是可取的，但如果人被一遍又一遍地灌输错误信息，它最终会变成犬儒主义，那完全是另一回事了。我们会失去信心。我们彻底不再倾听彼此的意见。记者就将陷入灭绝或遭到无视的危险境地。"

正确性并不意味着文字编辑能够看到每一个事实、每一个数字、每一句陈述时，立即知道它对不对。但这的确意味着他们将意识到自己应该核查些什么、怎样核查。优秀的文字编辑会知道某件事是对还是错，如果不知道，他们会核查确认。当然，这里的技巧在于知道自己不知道什么——"已知的未知"。

因此，对文字编辑来说，正确性实际上意味着"增强意识"。也就是说，既要注意那些需要对照资料来确认正误的大事，也要注意小事——第 83 页使用的缩写方式要与第 623 页的同一缩写保持一致，或者注意到"JPMorgan"在第 5 章到第 12 章变成了"JP Morgan"。我共事过的编辑，都是各种琐碎知识的专家，一般都拥有出色的常识和记忆力，但没有人能无所不知。

一旦你成为文字编辑，任何经验、考试、培训、问答游戏、琐碎追求、痴迷、醉酒（或清醒）的交谈，都不会是浪费。多年间不经意地堆积起来的知识碎片，最终将找到用处。在编辑一本书时，能够将环法自行车赛上第四位穿黄衫的英国人的名字从“David Miller”（错误）订正为“David Millar”（正确），这样的满足感，我猜英语里大概没有哪个词可以形容，但真的应该有。

有时，情况正如一位文字编辑向我所做的解释，正确性本身可能比避免尴尬或法律问题更重要。“我参与编辑的一本医学词典把地西泮最大剂量的小数点放到了错误的位置——把它提高了10倍！必须加一份勘误表……”

在接受《大西洋月刊》采访时，克雷格·西尔弗曼（Craig Silverman）描述了自己在写一本关于媒体准确性的书《为失误懊恼》（*Regret the Error*）时的情形：“我做了一项不严谨的调查，询问人们，‘在书籍、杂志和报纸中，你认为哪一种媒体在事实核查方面最严谨？’大多数人的回答是‘书籍’。”西尔弗曼解释说：“很多读者认为，内容既然以书本的形式出版，一定经过了比杂志、报纸或网站更严格的事实核查过程，但事实并非如此。”在采访中，他把这归因于书籍的实体特性："它的墨水和重量赋予它一种有别于其他媒体的意义。"

那么，为什么书籍并未获得应有的事实核查呢？部分原因是，人们一般都假设作者是其所写内容的专家，比负责此书的编辑或文字编辑更了解这个主题，所以，他们才会写这方面的书。（另一个原因是，杂志上发表的文章，版权所有人通常是杂志而非作者，所以准确性一类的事情自然就由杂志负责了。）因此，有一种观点认为，求助于书籍进行事实核查，要比求助于网络上的信息来源（人们往往对此有所怀疑）更稳妥。但实情并非如此——在非虚构类书籍中，事实核查是少数情况而非常态，这意味着，你很可能仍然找到了一个没有经过严格检验的信息来源，并在无意中进一步传播了这些错误。

核查事实的最好方法是查阅原始来源——但这当然需要时间和金钱，而这些钱出版商并不愿意花。这样的限制意味着，文字准确性的最终责任必须由其创造者承担。哈里森·史密斯说："事实核查员、作者和编辑的合作，应该类似于神圣的三位一体（作者就像上帝），所有的赞扬都归功于三者的共同努力。"

流沙

“每当作者动手撰写一本书，他们就和读者签订了一份合同。如果这本书是虚构类作品，合同约定会很模糊，基本的意思是，‘请将你的时间和耐心给我，我会给你讲一个故事’。在我的小说合同中，我承诺力争向读者展示一种他们从未有过的看待世界的方式。非虚构类作品的合同则更为精确。作者说：‘我在尽我所能告诉你我所认为的真相。这是一份不应轻易违背的合同，这也是为什么我不认同（尤其是那些）为了满足叙事目的而欣然篡改事实的回忆录作者。违背合同，读者就不知道该信任谁了。’”

这是作家阿米纳塔·福娜（Aminatta Forna）在一次采访中提到的虚构与非虚构写作之间的细微差别。这条边线，如今愈加存在争议的边界，双方都有越界行为。杜鲁门·卡波特在 1966 年出版《冷血》时，投入了大量的研究，做了 8000 页的笔记。但菲利普·汤普金斯（Philip Tompkins）在为《时尚先生》撰写的一篇关于这本书的文章中这样写道：“简而言之，卡波特完成了一部艺术作品。他用独有的方式精彩地讲述了一个极其恐怖的故事。尽管自我宣传工作很出色，他还是犯了一个战术和道德上的错误，在短期内会对他造成伤害。他坚称书中的‘每一个字’都是真的，这让他在那些打算认真审视这种笼统说法的读者面前显得不堪一击。”

出版后没多久，便有人称卡波特在书中虚构了一些对话和场景，但《冷血》一经出版就畅销，如今更被视为原创的“非虚构小说”和现代经典。

随着诺曼·梅勒（Norman Mailer）的《刽子手之歌》（*The Executioner's Song*，1979）和约翰·伯兰特（John Berendt）的《午夜善恶园》（*Midnight in the Garden of Good and Evil*，1994）等“非虚构小说”的成功，读者们面临着一个新的挑战：判断绝对真实性是不是真的比故事引人入胜更重要。但实际上，许多读者想要的是两者兼得。作家兼评论家杰夫·戴尔（Geoff Dyer）说：“内容是虚构的，还是事实可靠的，可以很合理地被视为虚构类作品和非虚构类作品的区别。”但我们越来越想阅读建立在真实基础上的故事，于是采用了小说的写法。

戴尔解释说：“在一个风格通常侧重于功能性的领域，非虚构类书籍会因‘写得好’获得赞扬，就好像那是个可有可无的额外部分，就像一辆可靠的汽车上的选配装饰件。无论主题是吸引人的还是令人反感的，虚构类作品的竞技场上显然对风格有更高的期待，有时会引人注目地加以展示，偶尔也不吝奖励。因此，在我的阅读生涯中，小说几乎提供了我所需的全部营养和趣味。它们很有趣，还让我了解了心理学、行为学和伦理学。可接下来，渐渐地，越来越多的小说达不到这样的水平了，或者说，其无法再满足我的需求。非虚构类作品开始填补更多的空白，而随着它的出现，我远离虚构类作品的步伐加速了。”

虚构上瘾

在虚构的小说作品中，读者已经习惯了不可靠的叙述者——事实上，这类人物的忠诚度令人生疑，往往会增加我们阅读的乐趣。但要是作者不可靠（用福娜的话来说，这些作者改变事实，“以符合其叙述目的”），我们对他们的话会怎么看呢？这种文学“骗局”有着悠久的历史，从古希腊的俄诺马克里托斯（他收集、伪造神谕和诗歌），到所谓的“希特勒日记”，再到詹姆斯·弗雷（James Frey）——他 2003 年出版了惨情[①]回忆录《百万碎片》（*A Million Little Pieces*），2006 年被曝基本不实。一位评论家评论弗雷这本销量百万册的作品说，这种“虚构上瘾”最终被新闻调查揭开了面纱。《百万

---

① 惨情风格似乎很吸引骗子。2008 年，玛格丽特·琼斯（Margaret Jones）广受好评的回忆录《爱与后果》（*Love and Consequences*）被曝出于杜撰。作者写道，自己是一半白人和一半印第安血统，从小就被人收养，后来沦为黑帮“血族”（Bloods）的毒品贩子。本书出版后，她的妹妹揭穿她其实出身于中产阶级家庭，出版商被迫召回所有图书。

碎片》曾遭17家出版商退稿，才最终找到了出头之路。这17次退稿，都是作者以小说形式投稿的。“最开始我说，‘我希望它能以小说形式出版，这样我就用不着纠结这些了。我不想把它拆开，讨论改了些什么地方，为什么改动’。事情的改变有各种各样的原因：追求效果，对他人表示尊重，其他人想保持匿名，让故事正常推进。”弗雷说。

弗雷的书，上市销售时是包装成小说、回忆录还是纪实作品，这有什么关系吗？读者对他文字的喜爱程度，会因为分类方式的不确定性而有所下降吗？我们是不是对书籍上的标签赋予了太多意义呢？说到底，这些标签无非代表了我们想从书里得到的一样东西，那就是故事。

“对许多人来说，弗雷和他的小说意味深长。”劳拉·巴顿（Laura Barton）在接受《卫报》采访时写道，“不仅因为他的书卖了数百万本，奥普拉·温弗瑞为它洒下眼泪，还因为这是一个战胜逆境的故事，它给了人们希望。[①] 弗雷仍然坚持他书中的大部分内容是真实的……弗雷的大脑在酒精里浸泡过，裂痕累累，说不定，他对事情的记忆确实与事情发生的

---

① 对自行车运动员、从癌症中康复的兰斯·阿姆斯特朗（Lance Armstrong）2000年出版的自传《与自行车无关》（*It's Not About the Bike*），你也可以提出同样的观点。2013年，阿姆斯特朗承认在职业运动员生涯中曾大量服用兴奋剂，这使得《与自行车无关》的部分内容更显虚构。他选择的词语是否玷污了他给癌症患者带来的希望？

方式不同。毕竟，他生活的很大一部分的确像一个醉酒之夜，模模糊糊地记得，但又不那么清晰。他说，拆开许多回忆录，你会发现真相与虚构躺在一起。‘有些人认为回忆录应该以纯粹的新闻标准来衡量。’他说，‘有些人不这么看。显然我不这么看。我的目标从来都不是以完全符合新闻标准的态度创造或写出我的生活。它始终是文学作品。我认为应该在一定程度上允许这么做。’他主张，所有讲故事的人都会文过饰非。‘为了有效地讲述一个故事，你需要加工信息……我想，如果故事总是完全按照真实发生的情况来讲，大多数故事都会非常无聊。’”

清晰

当作者和内部编辑对文本进行了几轮结构上的调整，他们可能会因为和文本离得太近，看不到哪里写得笨拙、重复、措辞别扭或者不清晰了。如果连你的文字编辑（你最早的，也是最不偏不倚的读者和审稿人）都无法理解你想表达的东西，读者又会怎么样呢？这就是文字编辑存在的意义：微调文本，直到它在书页上唱歌。清晰意味着去掉任何多余的单词和短语，澄清由于词序错误或者误用单词导致的歧义。

关于文字编辑，莎拉是这样说的：“我的工作对象是面向普通读者而不是学术读者的书籍，按照我的理解，我的任务是做个普通读者，如果我不理解某些东西，其他读者也会感到困惑。所以，如果有什么地方解释得差劲或含混不清，又或是有什么地方存在遗漏，那就必须指出来。我认为你必须有信心把你不懂的地方说出来，而不是假设作者会认为你很愚蠢，无法胜任这项任务——一般来说，他们能明白我的立场。”

清晰的概念切中了“让文字变好”的核心。良好的文字是清晰的文字，它们表达出一个人的想法，让另一个人也能理解。文字编辑会帮忙检查整个句子的结构。把文字修改得更清晰，涉及与作者交涉时需要具备一定程度的技巧和敏感度（当然，文字编辑的大部分工作都需要这一点）。莱斯利向我解释说：“有很多方法可以让建议更容易被接受：可以说‘是不是应该这样’，而不是‘肯定应该这样’；‘我认为那样’效果比‘人人都知道该那样’更好。不要直截了当地说为什么需要修改某个地方，而是多做解释，这么做显得礼貌。如果作者对语法的把握有偏差，如果他们的句子根本没有意义，你解释清楚为什么有必要修改，他们也就更容易答应修改。每个作者会有些不同，有些作者永远不会对你有好感（反过来说也一样，你永远不会对一些作者产生好感），但尽早发电子邮件，表达你对与他们合作的期待，一定不会有坏处。在某种程度上，如今所有的事情都通过电子邮件来处理，这真叫人感到惭愧。过去，与作者见面并一起审阅手稿是很有趣的体验。当面交谈更容易避免误解。现在只剩下看起来很可怕的跟踪更改和评论框了。”

“有时你需要坚定，有时你需要灵活，但如果你带着团队精神工作，总是更有可能成功。幽默感很有帮助——就像在生活的大多数领域一样。你总是可以在事后跟朋友一起笑一笑，不管是作者让你感到不愉快，还是你自己对某事做出了错误判断，你都可以一笑了之。人无完人。”

连贯

连贯意味着读者能够理解一个词语和下一个词语之间的联系，并帮助他们按作者希望的方式将书页上的文字、观点和论证联系起来。简单地说，它意味着“表达清晰”，确保文本中没有让读者困惑的空白。下面是文本不连贯和连贯的例子[①]：

> 不连贯：狗是很久以前人们驯化而来的犬科动物。狗的祖先是狼，它们以各种方式帮助人们。养狗的原因

① www.enago.com/academy/coherence-academic-wridng-tips-strategies/

有很多，最重要的是陪伴。

连贯：狗是很久以前人们主要出于实用而驯化的犬科动物。虽然狗是狼的后代，但它们很温顺，可以在家中饲养。因为狗很温顺，人们会出于各种原因养狗，比如陪伴。

一段话里讨论的观点，需要从主题句出发，并根据逻辑进行安排。但莎拉告诉我，在做这一切的过程中，“最重要的是与作者的风格产生共鸣：要有能力用作者自己能辨认得出来的方式，对文本进行删减、重新措辞和改写。每一份手稿就像一个填字游戏，要想破解它，你必须先弄清楚设计字谜的人采用的风格。另一个类比是，一份手稿是一幅高度像素化的图片，观察构成大图的各个小元素，你可以理解作者在做什么，并利用这些积木来阐明整体”。

前后一致

文字编辑远不只是阅读文本，找出奇怪的错别字那么简单。文字编辑必须有能力做出一连串的决定，在浏览文本时坚持下去，始终如一地执行这些决定。如今，大多数文字编辑都是在 word 文件上处理，这可以让事情变得稍微简单一些。许多人在幕后工作时，最初会关闭跟踪修订功能。这样，他们可以让作者知道自己做了些什么，又无须用跟踪修订来轰炸作者。当然，并不是所有的“前后保持一致”问题都像刚才给出的例子那样容易处理。你可能想把一位美国作家在全文中使用的“harbor”一词都改成“harbour”，但你肯定不想把“Pearl Harbor”改成“Pearl Harbour”——这是一个专有名词，所以不应该改。[1]文字编辑务必注意，哪怕是在进行一些看似简单的修改，也要当心例外情况。

许多文字编辑会在编辑时起草一份样式表，可以直接把自己所用的样式罗列出来，也可以按 A—Z 的字母顺序，把每个需要确定样式的单词写下来。样式表不仅可以自己参考（请记住，文字编辑可能需要几个星期或几个月的时间；同一名文字编辑可能同时为不同客户的多本书工作，每个客户都有自己的样式。所以，在某些情况下，文字编辑需要提醒自己几个星期前做过什么样的决定），还可以发送给作者讨论或批准，之后还可以在校样阶段[2]发给校对员，好让后者发现漏

① “harbor”和“harbour”都是“港口”的意思，前者为美国拼写，后者为英国拼写。“Pearl Harbor”指的是美国珍珠港。——译者注。

② 文字往往沿着这样一条路付诸出版。先是作者用 word 文档（或类似的其他可用文字编辑程序）打出来（通常，这叫作“手稿”，虽说已经没有人再用手写了）。经过审读和文字编辑之后，稿件交付排版程序进行排版，其格式和印刷书籍一样。这就叫作“校样”。

过了自己这一关的错误。样式表是一种确保特定作品保持前后一致的方法——没有哪个文字编辑能把自己对每个单词所做的每个决定都记在脑子里。

关于单词拼写、文字写法的"正确"方式，有很多书籍，网上也有激烈的争论，但只要我的文字编辑选择了一种样式并坚持到底，我就心满意足了。我雇用他们就是为了做出决定并坚持到底，最优秀的文字编辑会热心做出这些决定，然后告诉我他们做了些什么。

稿件交友机构

我年纪还小的时候，最喜欢去的地方是图书馆，但我最好的朋友J和我并不想借书出去读。相反，我们想尽可能久地坐在图书管理员面前，望着她用手指在一排排柔软的索引卡中查找每名会员的借阅证，看得心醉神迷。没有什么比图书管理员的借阅证木盒更能让我回到5岁时偶尔会出现的那种快乐虚无的状态了。令人难以置信的是，"图书馆的声音"是网上搜索量最多的ASMR[①]"令人陶醉的睡眠声音"。我没有想过为什么有人希望自己的睡眠声音"令人陶醉"，而是在

① ASMR是"autonomous sensory meridian response"的缩写，自发性感官经络反应。我5岁的时候并不知道这一点。

网上浏览了一些关于“图书馆的声音”的描述。其中之一是“翻页的声音、低语声、写字声”；另一个特点是“图书馆前台的可爱声音，有很多防尘套的沙沙声，这里和那里的打字声，偶尔还有一些几不可闻的低语声”。

我们部门有一个古老的蓝色卡片索引盒，里面有自由校对员、文字编辑和索引员的姓名和联系方式。虽然数据库和电子表格早就把它彻底淘汰了，但我们仍然留着它作为纪念和宽慰。我曾想过把自己翻找这个蓝盒子的声音录下来，低声念出里面的文字，把这段表演放到视频网站上赚钱。事实上，“翻页、低语、写作”是我走上出版之路时，正合乎我ASMR念头的写照。

我想，蓝盒子这样的老式遗物仍然存在，一定会让我们的文字编辑们大感震惊，但谁能抵挡得了这里面蕴含的对前数字时代自由编辑人事管理的历史洞察呢？我拿出的第一张卡片上莫名其妙地写着，“当心：粗体字和连字号规则间距”（他们用了太多吗？他们没有注意到吗？他们不知道自己在说什么？），接下来的一张是“喜欢经典”。谁不喜欢呢？经典之所以是经典，不就是这个原因。下一张是“会匆忙赶着做任何事”（任何事？）。只要你能把“任何事”都送到萨里（卡片里涉及的这位自由职业者居住的地方），大概是吧。在这一语境下，这位自由职业者卡片上的“匆忙赶着”其实是件正面的事。在出版行业，闹钟永远会在星期五下午5点刺耳地响起来，总是有人要你去完成一些不可能完成的任务：找一位懂波兰语的编辑，不介意把每章50个脚注转换成连贯的尾注；能立即开始为稿件工作，因为工作的最后期限只剩10天了；顺便说一句，作者在国外，10天里有4天不能查看电子邮件。

接下来的卡片上写着一位“会说葡萄牙语、西班牙语和法语”的自由职业者，他能处理“传记、犯罪、旅行、政治”（全都是好东西）。卡片最后写道：“没太多诗意。”多少诗意算太多？我很想知道。应该不少，至少值得专门加条下划线来强调。最后，我拿出一张索引员的卡片，上面写着：“拉丁语、古/现代希腊语、德语、法语、语言学、考古学、历史、旅行、传记、国防/情报研究、烹饪、针线活。”情报研究、烹饪和针线活？说实话，照我看来，涉及范围这么广，真是棒极了——我想，只要能把内容归进这些类别之一，我大概可以说服她接受任何一份老式索引工作。在游说的时候，我可以让一本书听起来像是旅行书，实在不行，我会努力找找它跟针线活之间的微妙联系。

所有这些都说明，要想找到合适的编辑来为一本书工作，需要耐心、技巧和运气。如果运气好，我可能会收到一份策划编辑发来的稿件，并附上需要哪类编辑的简要说明。我要试着把简要说明和我现有的文字编辑匹配起来。如果对方提醒我稿件很快就要出版，这有帮助，但不见得总是有帮助。我想要用的编辑可能正在度假、预约满了，或是对我的稿件不感兴趣。没错，如果觉得自己没有时间或者没有兴趣把事情做好，自由文字编辑有时会拒绝工作。一些超级明星级别的文字编辑可以对合作者挑挑拣拣，又或者，编辑因为过去的一些惨痛经历在自己的心灵上留下了不可磨灭的印记，拒绝某个作者或主题。

把一份稿件分配给合适的编辑，有时感觉是一项不可能完成的任务。所有优秀的文字编辑都很忙，不是即将前往法国南部，就是不乐意为了数万字关于30年战争的内容忙活，要么是瞧不上一本关于治疗石的简短插图小册子。再不然，这里有一位第一次写书的紧张作者，你知道他需要一个共情能力强的编辑，不会用令人语塞的评论吓唬他，也不会让他对自己的写作失去信心。从理论上讲，任何优秀的编辑应该都能够处理任何类型的文本，只不过他们可能不喜欢，但这不是重点。大多数编辑自然都愿意拿着优厚的时薪报酬，编辑下一本布克奖得主或著名历史学家的著作，但有时你也不得不答应在很短的时间内，与一位难缠的作者合作编辑一本关于统计的书。

因此，将合适的编辑与作者搭配起来，更像是一种直觉技能。有点像相亲，通常是异地恋。关键在于，一旦成功的团队搭建起来，就绝不要再去添乱。当然，大部分艰苦的工作恰恰在于搭建团队。刚开始做这类工作，你基本上要依靠同事来了解手边掌握的各个自由职业者的优缺点；要把这些资源部署到你正着手处理的书上，有时你会觉得需要一张黑白战争电影里空军参谋长使用的立体地图。不过，从文字编辑在文本上所做的关键工作，以及作者和编辑之间的密切关系这两点来看，选择合适的编辑仍然是我处理一本书时所做的最重要的决定。

海明威测试

把“感觉”运用到文字上，是让文字变好的最重要的一种方法。但是，在这个数字时代，人类运用到文字上的感觉越来越少。在有的地方，有些人逐渐认为保持文字的正确、清晰、连贯和一致无须再借助人类的眼睛。把“感觉”外包给拼写检查程序或者其他计算机程序，速度更快、成本更低。但正是因为如今网上发布的大量文本根本没有经过编辑，可用的内容不计其数，这就意味着要想脱颖而出，精心编辑过的文本至关重要。为此，你确实需要用到人。哪怕计算机可以自动标记出不合理的单词，它仍然缺少真正的、活生生的文字编辑人员所能带来的点睛之笔。

最近，BuzzFeed 在其网站发布了一篇文章，题目是《这个测试能告诉你，你为 BuzzFeed 新闻进行的文字编辑做得怎么样》。这样的挑战我无法拒绝，尤其是 BuzzFeed 有一项政策，即所谓的“低优先级”帖子可不进行任何文字编辑就发布。为便于你参考，8 道题里，我答对了 6 道。显然，许多在线出版物已经对如今的内容生产速度做出了回应，那就是先发表文章，只有当有人报告内容需要编辑时才进行编辑，或者根据文章的流量进行编辑，这一过程叫作“回溯式编辑”。因此，文字必须首先证明自己的价值，才能得到让它们变得更好所必需的关注。

有些人认为，20 年后，文字编辑将不复存在。已经出现了一些程序（我自己就在网上找到了一款），承诺“根据真正的读者想要看到的东西，给出逐步改进稿件的建议；生成更简洁的对话，删除不必要的补白；通过完善你的节奏让读者保持兴趣；甚至通过点击一个按钮，微调你写作的情绪基调；对你的书保持信心不动摇，把忧虑抛诸脑后”。要是真这么简单，那就太好了。

有一款应用程序叫作“海明威编辑器”，自称可以让你的写作“大胆而清晰”。你把文字粘贴进去，它会突出显示它认为太长太复杂的句子，它认为太长的单词、副词和“虚弱的短语”，以及它认为应该加强的被动语态。接着，它将给你的文本进行“可读性”评分。很自然地，我用自己写的一段话和海明威本人所写的一段话做了对比：

“一切优秀的书籍，都有一个共同点，它们比真正发生过的更真实，读完后你会觉得书中描述的一切就发生在你身上，你已经亲身体验过好与坏，狂喜、悔恨和悲伤，人和地方以及天气。如果你能达到这样的境界，让人们产生这样的感觉，那么，你就是个作家了。”

我们各自做得怎么样呢？海明威的段落可读性获得了“12 分”，显然，这仅仅意味着“还行”，他的目标应该是 9 分。我写的那段得了 6 分。按照“海明威编辑器”的评价，我是一个比海明威更“可读”的作家。这就表明……从所有重要的方面看，机器真的无法改进文字。机器可以告诉我们，这里那里需要句号，一句话缺少动词，或是句子里有个词语重复了 3 次，但文字正是我们用来表达最复杂而深刻想法的工具——“狂喜、悔恨和悲伤”。为了让文字在读者看来是“好”的，我们需要用人类的思维筛选它们，确保它们有意义，提取其精华。计算机可以学习文字的规则，但无法识别出写作者会在什么时候为追求效果打破规则——而这，恰恰是自讲故事诞生以来，作家们一直在做的事情。文字可以单纯地用于传递信息，但它们的作用远不止于此。史蒂芬·平克（Steven Pinker）在 2015 年出版的《风格感觉》（*The Sense of Style*）一书中提醒我们，优秀的编辑是一门艺术，而不是一门科学："尽管糟糕的写作一直伴随着我们，但规则运用的正确与否，只是问题的一小部分。任何称职的文字编辑都能把一篇浮夸、晦涩、充满语法错误的文章变成一篇浮夸、晦涩、没有语法错误的文章。语法规则很值得掌握，但与清晰、风格、连贯和体贴读者的原则相比，它们显得苍白无力。"

第 6 章　文本中的“斑点”：语法和标点符号

“如果我打破所有的标点规则，让文字表达我想要表达的意思，却把它们乱七八糟地串在一起，没人能理解我……读者希望我们的页面跟他们从前看过的差不多。为什么？因为他们自己也有艰巨的工作要做，需要从我们这里获得一切可能的帮助。”

这段话仍然出自库尔特·冯内古特，取自他 1980 年所写的《如何有风格地写作》（*How to Write with Style*）。语法规则和标点符号有时看起来很麻烦，但它们是作者帮读者理解文字的一条途径。必须意识到，一旦读者同意阅读我们的文字，我们就应尽一切努力帮助他们享受这一体验。

本书的这一部分是与改善阅读体验相关的两件事情：页面上不显眼，我们称之为标点符号的小标记（这里的不显眼指的是，一切进展顺利，它们以正确的方式用在了正确的地方）；我们如何使用语法，将词语排列成句子来创造意义。虽然结构、意义等宏观上的东西是改良文字的方法之一，但在文字的世界里，小小的细节也至关重要。事实上，相对于它们的大小，文本中的这些“斑点”和我们构造句子的方式，能够透露出很多东西。文字可以传达情绪、感觉和意义，但前提是你得把它们按照一种对读者来说有意义且熟悉的方式组合到一起，就像冯内古特提醒我们的那样，“跟他们从前看过的差不多”。

没有语法，文字毫无意义——它们需要标点符号的微妙帮助，增添更多的奥妙之处。标点符号揭示了文字之间的关系，传达了我们想要在句子中传达的情绪，并在读者阅读时提供喘息的空间——停顿。说到底，所有的文字都要依靠标点符号和语法的支撑，才能变得更好。

“就像电或者灵魂，语法是看不见的。可一旦它出现在一组文字之中，它就有了生命——思想可以向其他思想表达自己。”这是托比·里德尔（Thoby Riddle）在《了不起的盖茨比：一本可视化语法书》中对语法的描述。还有什么比这更重要的呢？这正是文字神秘之美的一环：一种完全看不见的力量——语法，使它们的意义远远超过各部分的总和。只要你把一个名词和一个动词放在一起，你就创造了意义。“耶稣哭了”是《圣经》中最短的一节，也是语法发挥魔力的一个简明例子。动词“哭了”与名词“耶稣”连用，表示耶稣是一个活生生的人，他流下了身体意义上的真正的眼泪。名词加动词是创造意义的基石，是文字生命的火花。

节奏部分

希腊语把语法译为“文字的艺术”——我们的确应该这么看待它：它是一种艺术形式，没有它，我们的字与词就无法充分发挥其潜力。

我在语法方面听凭本能的指引。有一半的时候，我不知道某件事为什么是对的或错的，我只知道它是对的或错的。实际上，这很正常。语法是一种出于直觉的内化技能——我们很小的时候就通过听周围的人讲话，学习母语的语法规则。这种内化的技能通过阅读得到巩固。阅读时，你会吸收句子的自然节奏和步伐，以及它使用的语法和标点符号。一行构造得当的文字嗡嗡哼唱，语法和标点符号提供节奏。

可要是语法和标点符号出现错误，读者会被毫不礼貌地从座位上掀起来——它会造成混乱，有时比语法正确更有效甚或更令人难忘。还记得尼尔·阿姆斯特朗 1969 年第一次踏上月球时说出的那句名言吗？阿姆斯特朗说：“这是个人的一小步，却是人类的一大步。”这句话在语法上是错误的，因为“人”和“人类”的意思相同——它们都抽象地表示全人类，而不是某一个具体的人。阿姆斯特朗一直坚持说，他说的是“一个人”（虽说关键的“一个”从录音中听不到）——要让这句话有意义，加入“一个”就够了。毫无疑问，那时候，他脑子里除了语义还有别的事情。

那么，为什么语法会成为这么困难的事情呢？如果它是一种与生俱来的东西，我们不用学就能会，为什么在我们写作的时候，总觉得这么困难呢？为什么人们经常因为不知道语法规则而感到羞愧、尴尬？史蒂芬·平克解释说：“真正的问题在于，写作跟说话不一样，它是一种不自然的行为。写作时，作者没有一个跟自己有着相同背景的对话伙伴，能在作者说不出道理时皱起眉头，打断他，要他澄清。故此，良好的写作取决于作者对普通读者的假想能力，并对后者已经知道的东西和其如何实时阐释文字的流动感同身受。写作，首先是一个认知心理学课题。”

这就是为什么阅读和写作的练习（终身接触这两者）有助于我们理解语法如何运作。我们练习得越多，就越容易栩栩如生地想象出普通读者，并为之写作。“文字的实时流动”和托比·里德尔的“思想可以向其他思想表达自己”都是我们希望捕捉到的短暂感受。这个要求颇为苛刻，难怪它会让人感到不知所措。语法的核心存在一种紧张关系：它具有无限的灵活性，根植于我们的大脑当中，它是使我们成为人类的一部分，然而，数百年来，我们一直在尝试将它简化为一套限制性规则。还是恰如平克所说:“语言学家和词汇学家早就知道,许多所谓的用法规则实际上是迷信。它们起源于古怪的原因,违背了英语的语法逻辑,贬低了清晰和风格,数百年来一贯受最优秀的作家所蔑视……用法规则的解释应审慎,要注意它们的历史出处、与英语语法的一致性、正式程度,以及对清晰和优雅的影响。”他的书起名《风格感觉》想必并非出于偶然——语法这种东西,感觉起来像是有着一套严格的等级规则,可一旦涉及实时的文字流动,却完全事关感知和敏感性了。

连字符之战

连字符(hyphen)一词来自古希腊语,当时空格的应用还不普遍,它的意思是在两个字母之间标记一个类似领结的符号(∪),表明它们属于同一个单词,也用于分隔一个单词的音节。你可以用它来连接复合形容词中的单词,以表明这是一个独立的形容词。连字符经常被人使用错误,因为人们很容易把连字符与连接号或破折号弄混——但它们是完全不同的符号。

下面有一个文字编辑写的故事,事关落入误解连字符用法的陷阱。“有一次,我正在编辑一本非常棒的历史书,作者是剑桥大学的一名学者。这本书内容丰富，扣人心弦。我把编辑过的手稿还给他，还在邮件中说，我非常喜欢这本书。他写了封回信，抄送给策划编辑和出版总监，说我去掉连字符的做法‘毁了’他的书。后来，他稍微反悔了一下，告诉我可以去掉‘especially’（尤其是）后面的连字符，但不能去掉‘specially’（具体而言）后面的连字符，要不就是反过来——总之，他看到了区别，虽说我没有看出来。考虑到我的工作归根结底是让作者满意，所以这些连字符会按照要求加上或者删掉。”

除非你知道，如果一个词兼具副词、形容词两种词性，就没有必要使用连字符，否则你理解不了这个故事。比方说，虽然你可以用连字符连接“short-story writer”（短篇小说作家），以明确是小说短而非作者矮，但你不会用连字符连接“mildly unhinged author”（直译是“略微精神错乱的作者”），因为没有“mildly author”（略微的作者）这种说法。

所有这一切都是为了说明：连字符可能微不足道，但它蕴含着极大的力量。它可以改变一句话的意思——事实上，它可以增加或减少意义本身。1962 年 7 月 22 日，美国宇航局浪费了 8000 万美元，因为“水手 1 号”火箭飞行不到 5 分钟就爆炸了。[①] 美国宇航局的一名程序员在火箭所依赖的复杂代码中漏掉了连字符，向火箭输入了错误的信息，最终致其坠毁。就跟在空间探索里一样，在句子当中，连字符既可以成就也可以破坏你的任务。

1989 年 12 月，捷克斯洛伐克推翻了其亲苏政权，因为整个过程推进得极为和平，这场革命很快得名为“天鹅绒革命”。可为什么仅仅几个星期之后，占人口大多数的捷克人就与占少数的斯洛伐克人“开战”了呢？开战原因在于他们对国家的新名字[②]发生了争论。在共产主义时期，它名叫捷克斯洛伐克社会主义共和国。1990 年 3 月底，新当选的总统、剧

---

① 用美国宇航局的话说，这枚火箭失去了所有转向，因为担心它可能坠毁在有人居住的地区或航道上，“射程安全员”对其做了“破坏性中止”。你知道美国宇航局有自己的在线行文风格指南吗？这是它对写作的描述：“英语是西方文明的瑰宝。不管是要写最简单还是最复杂的文章，英语都为优雅的行文提供了充足的参考资源。优秀的作家会拜读其他优秀作家的作品……如果写作遇到困难，问题通常出在思维上……历史作家不仅是在为今天写作，也是在为明天写作。他们应该避免使用新潮语言，以免在未来的读者中过时。”

② 原文此处用了“*casus belli*”一词。作者对此解释说：“我总是觉得使用拉丁短语对读者的要求有点高，但因其简明高效，又很难完全放弃它们。直接用‘开战原因’，就没有同样的感觉了。关于拉丁语和单词，目前我最喜欢的拉丁短语是‘*vox nihili*’，它可以指一个模棱两可的短语、一种含糊的情绪，也可以指由于输入错误而产生的单词，比如唐纳德·特朗普曾在推文里用过的‘covfefe’——特朗普曾在一条推文中把‘coverage’（报道）错写成了‘covfefe’。”

作家瓦茨拉夫·哈维尔（Václav Havel）提议，国名中应去掉“社会主义”一词。到这一步为止，一切很简单。然而，下一个问题是如何确保捷克人和斯洛伐克人都对这个新名称感到满意。结果，斯洛伐克人一点也不满意。他们从来没有享受过独立，他们受匈牙利人统治太久，他们觉得在历史上一直被捷克人看不起。现在，他们要求获得平等对待，只要在他们自己的国名中简单地加上一个连字符，就可以消除自卑感。所以，如果你去斯洛伐克的首都布拉迪斯拉发，新联邦的名字写作“捷克-斯洛伐克”。但如果你在布拉格，这个新兴的国家被称为“捷克斯洛伐克”。

1990年3月29日，议会通过了连字符方案。但让事情变得更复杂的是，双方都把这个利害攸关的标点符号称为破折号（*pomlčka*），尽管斯洛伐克人实际上要求的是连字符（*spojovník*）。连字符（或破折号）的用与不用，不仅没有解决问题，反而加剧了种族矛盾。所以，3个星期后，也就是1990年4月，议会再次进行尝试。这一次，他们把名字改为捷克和斯洛伐克联邦共和国，完全避免了连字符，并通过了一项法律，列出了每种语言的完整名称，并且发音相同。但两个民族仍然觉得不平等，最终，双方决定完全分开。1993年元旦，所谓的“天鹅绒离婚”最终敲定，一个国家变成了两个：捷克共和国和斯洛伐克共和国。

当然，所谓的“连字符之战”并不是一场真正的战争。[①]但它确实让人们注意到两国之间的根本分歧，其中许多都可以追溯到奥匈帝国时期。一如捷克人和斯洛伐克人所发现的，奥匈帝国也早已知道，从地理和世界和平的角度来看，连字符通常不是好消息。

连接号和破折号

标点符号是读者和作者之间履行合同的一种方式。它可以用来发起邀请——鼓励读者进入故事，填补我们想要用语言激发的想象力跳跃。虽说人们很容易把标点符号想成障碍，但有一些标点符号，例如省略号和横线符号的留白，在为读者创造空间和强调方面很重要。

在英语里，横线符号有两种类型：短的叫连接号（en-dash），长的叫破折号（em-dash）。传统上，连接号所占的宽度和大写“N”相同，用印刷商的俚语叫“Nut”（坚果）。它可以用来将数字范围的两端连接在一起（如第 45—48 页；1978—1982 年），或展示两件事之间的关系，如 mother—

① 事实上，与南斯拉夫或苏联不同，捷克斯洛伐克是唯一一个完全和平解体的前东欧国家。

daughter alliance（母女联盟）。[1]它也可以用来代替括号或成对的逗号来标记从句或短语的“嵌套”。作者很容易在应该使用连接号的时候错误地用成连字符，纠正这种常见的错误，就是文字编辑的生计。

破折号则是这样的“——”。在英语里，按传统，它的宽度和字母“M”相同，所以也叫“mutton”（羊肉）。到目前为止，我还不太清楚连接号和破折号为什么分别叫作“nut”和“mutton”，也许是因为“nut”以“n”开头，“mutton”以“m”开头，同时“mutton”的长度是“nut”的两倍。

美式和英式标点符号之间有一个重量级区别：在英国，大多数出版社和出版物使用“空格”连接号规则（连接号前后都有空格），而在美国则使用的是“封闭”破折号规则（一个封闭的破折号紧挨着一个单词的末尾和另一个单词的开头，不允许有空格）。许多英国读者在第一次看到破折号时，会觉得它们在页面上挺别扭——我就是这样，因为在我看来，这

① 小威廉·斯特伦克（William Strunk Jr）和E.B.怀特（E. B. White）在《风格要素》（*The Elements of Style*）一书中，曾用这个例子来说明为什么在应该使用破折号的时候使用连字符是个坏主意：1942年，Chattanooga News和Chattanooga Free Press两份刊物合并后，愚蠢地改名为Chattanooga News-Free Press，它与Chattanooga News–Free Press的含义截然不同。（前者会让人产生歧义，以为是“新闻免费杂志”，后者才是“新闻与自由杂志”。——译者注。）

个封闭的破折号好像把两个单词紧紧地连在一起，形成了一个奇怪的复合词。不仅如此，我看到它们还会产生一种恐慌感，我呼吸的空间去哪儿了？出版社内部风格手册通常会说明出版社或报纸是使用连接号还是破折号，以及应该有空格还是无空格。

连接号和破折号也用来表示说话被打断。我的文字编辑打断我解释说，“我个人的风格是打断讲话时用连接号‘Whatever-’，打断文字时用粗线‘Whatev—’（说话淡出用省略号，‘Whatever...’）”。明白标点符号是如何改变前面每个“Whatever”的语气了吧？Whatever。

破折号还可以掩盖可能需要遮挡的信息。你可能在简·奥斯汀[①]或查尔斯·狄更斯的作品中遇到过这种情况，时代更近些的例子还有保罗·马纳福特的辩护律师的法庭文件。[②]使用破折号来遮挡某些内容，意味着作者更乐于回避批评重要或知名的人物——不指名道姓，而是在破折号后面含

① 原文举例说，在《傲慢与偏见》中，“Bennet sisters are enthralled by the men of the ‘—— shire’ Regiment”，中文破折号并无此种用法，一般会将此处的破折号译为“某某”，即“班纳特姐妹被某郡军团的男人们迷住了”。

② 马纳福特的律师未能彻底遮挡想要隐藏的文本：文件中用了黑条进行“遮挡”，但如果你将这些黑条高亮显示，并将文本复制粘贴到一份新文件中，你就能看到遮挡部分的内容。他们还是应该坚持简·奥斯汀的做法。

蓄地暗示他们。

"把你引向一个难以回答的问题……"

我很喜欢"省略号"（ellipsis）一词的起源故事。它来自一个希腊语单词，意思是"遗漏"或"不足"。在生活中，我们不都有过"力有未逮"的时候，能够用6个点来总结我们的失败，多么有用。更形象的是，省略号可叫作"suspension point"（直译为"暂停点"），根据维基百科的说法，它"还可以激发一种忧郁或渴望的感觉……"①

如果省略号表示某人或某件事渐趋沉寂，这被称为"aposiopesis"（直译为"顿绝"）。因此，你可以使用一组省略号或破折号来表示"激情、恐惧、愤怒、兴奋或谦虚"压倒了你。②2015年网络杂志 *Slate* 上刊登了一篇文章，凯蒂·沃尔德曼（Katy Waldman）写道："6个点从短语的结尾延伸出来，就像岩脊延伸进周遭的寂静。它们把不同可能性带来的兴奋和犹豫不决的恐惧混合到一起。谁能说，在那些不起眼

① 其实，维基百科的词条里，并没有出现这句话句尾的省略号。我是自己加上的，想看看能不能真的让人产生一种忧郁的感觉。我想是能的。你的感觉如何呢？

② 同样是出自维基百科。

的垫脚石的右边，潜伏着什么祸害，又有什么样的景色在闪烁呢？谁能说那儿到底有没有什么东西呢？”

省略号邀请读者根据自己认为作者想要表达的内容来得出结论，这样一来，读者会被吸引到叙述中——这是作者和读者之间契约的一部分。它是一种神秘而非典型的标点符号，让我们分享自己对所读内容的想法，而不像其他标点符号那样，告诉我们想些什么。句号不允许有任何歧义。而省略号鼓励我们用自己的想法来填补沉默……

《英国文学中的省略号》（*Ellipsis in English Literature*：*Signs of Omission*）一书的作者安妮·托纳（Anne Toner）指出，戏剧一开始付诸印刷，省略号就出现了，因为戏剧“以最集中的方式与口语联系在一起”。然而，托纳说，在小说中，作者试图“捕捉英语对话所特有的那种不明确性……这总是通过典故和未完的句子来进行的”。

省略号难道是有史以来最英式的标点符号吗？

省略号和破折号通常用来传达最复杂、最微妙的情绪。省略号还改变了我们阅读的节奏——它要求我们暂停。“把你引向一个难以回答的问题……”艾略特在《普鲁弗洛克的情歌》中写道。这里的省略号有助于我们感受这个问题的严重性，同时强迫我们放慢脚步，花些时间思考它可能是什么。

维基百科的词条说：“关于如何在印刷材料中呈现省略

号，众说纷纭。”这么说真是太轻描淡写了，我已经记不清和同事们在这个话题上展开了多少次激烈的讨论。从本质上来说，问题是这样的：你的省略号，是几个点中间隔着不换行空格[1]，像这样“. . . . . .”，还是省略空格，把点挤在一起，像这样“……”？与许多激烈的争论一样，它之所以这么重要，就是因为它利害关系不大。它真有什么要紧的吗？嗯，总的来说，没什么大不了的。但对我来说很重要。如果我的省略号在每个点之间没有隔着均匀的空间，我会感到非常不舒服。第二种方式感觉太……太压抑了，会导致幽闭恐惧症。点与点之间没有了间隔，“暂停点”就没有暂停感了。为了给人一种想法飘向远方的感觉，我认为你也需要让省略号在页面上渐飘渐远。如果你必须使用无间隔版本，那么一定要保证前后如一。最糟糕的情况就是同一文档中混合使用有间距和无间距的省略号了。它让我头疼难耐。

斜体和粗体

“在所有没有客观意义的印刷惯例中，斜体的使用令人

① 不换行空格，也叫作“硬空格”。也就是说，在数字排版和文字处理中，你可以用这种空格防止出现自动换行。本例中，你不希望省略号的点在一行中分开。省略号的点必须始终在一起。

最为困惑。”琳内·特拉斯（Lynne Truss）在《吃，笋和叶》（*Eats, Shoots and Leaves*）一书中说。斜体和其他强调文本的方式不仅事关美学，也是用字体影响意义的方式。这些强调词语的方式与上下文相关——它们要求作者在使用时，能让读者有效理解；否则，就像特拉斯说的，它们就成了谜语。需要注意的是，它们不是写作蹩脚的借口：它们当然能简明地向读者突出显示某些东西，但不要把所有的工作都交给它们，而是要用更好、更准确的词语来帮助它们。

那么，为什么我们要使用斜体（以及其他的惯例：粗体、小写字母、彩色字母[①]和文字间距）呢？这是因为人的眼睛喜欢正文中有亮点。任何改变文字块“黑度”的东西都会吸引眼球——这就是所谓的“不扎眼的强调”。

大约在1500年，斜体字（italics）首次在意大利使用（也因此得名），其最初是为便携式小书节省空间。斜体字以手写体为基础，这就是它向右倾斜的原因。它应该用于以下场合：

◎ 强调（包括在小说中，暗示一个人物的内心想法，她做起了白日梦，“*我是个畅销书作家……*”）。

◎ 独立的作品名称（书籍、报纸、期刊、绘画、戏剧、

① 本书是单色印刷，这里没法用彩色，请运用你的想象力。

电影等）。出现在更大作品中的作品（短篇小说、诗歌、歌曲）应该采用白正体并加引号（这是英文的印刷规范）。如果由于某种原因，整个句子都采用了斜体字，那么你只需将上述规则颠倒过来，通常用斜体设置的任何内容都应该设为白正体。

◎ 船舶名称。别忘了卫星，比如斯普特尼克1号（*sputnik 1*）[①]。

◎ 外来词或短语，除非它们已完全被英语采纳——比如，fiancée（未婚妻）和 restaurateur（餐馆老板）虽然本身都是外来语，但无须用斜体。

◎ 代数符号。

1913年，意大利诗人、未来主义运动的发起人菲利波·托马索·马里内蒂（Filippo Tommaso Marinetti）发表了一份宣言，标题为《语法的毁灭——无线想象——自由的文字》（*Destruction of Syntax—Radio Imagination—Words-in-Freedom*）。在“排版革命”一节中，他写道：

本书必然是未来主义思想的未来主义表达。不仅如

① “sputnik”的本意是“与某人在同一条路上”。所以，“*sputnik 1*”就是与我们一起徜徉在太阳系中的同路人。

> 此。我的革命是针对页面的所谓排版和谐，相对于流动和回流，风格的跳跃和爆发贯穿整个页面。为此，我们会在同一页上使用三四种不同颜色的墨水，必要时还会使用多达20种不同的印刷字体。例如，斜体表示一连串迅速或类似的感觉，黑体表示强烈的拟声词，等等。印刷术的革新和多色字母，意味着我可以增强文字的表现力。

用斜体或加粗方式就可以“增强文字的表现力”——这个想法我很喜欢。斜体字看起来确实又快又急，不是吗？从外表上来看，它们真的像是冲出页面边缘，挤进你的脑海，说出需要说的话。斜体字看起来总是像在赶最后一班回家的火车。

马里内蒂继续说：“我并不想借助怀旧主义[①]的优雅和矫揉造作来暗示一种感觉，我想狠狠地抓住它们，把它们扔到读者的脸上。”

粗体字文本确实就像是扔到人脸上一样，这就是为什么它经常被用来突出关键词——眼睛可以向下扫视页面，立即识别出重要的单词。字母全部大写，首字下沉，或从衬线字

---

① 此处原文是 *passéist*，意思是对过去的过度重视。

体切换到无衬线字体，都可以实现类似的效果。当然，你也可以让整句话全部用大写，但电子邮件礼仪告诉我们，这比抓起一个字狠狠地扔到读者脸上更粗鲁。

说起来也许令人费解，但我本人是个斜体字爱好者，我感到困惑的是，为什么有那么多出版物不使用斜体字来标注书籍、电影、艺术作品和船只[1]的名字。以下是《卫报》在其风格指南中对这一主题的表述：

> 书籍、电影等的标题使用白正体;《评论家》和《观察者》两本杂志是仅有的例外，在特殊情况下，它们获准忽略萧伯纳的整体合理建议。
>
> 例 1. I was reading the Merchant of Venice.
>
> 例 2. I was reading the ‘Merchant of Venice’.
>
> 例 3. I was reading the *Merchant of Venice*.
>
> 以上 3 句英语原文都是一个意思：我正在读《威尼斯商人》。要是有人看不出例 1 是最好的，同时也是最

① 请记住，尽管我坚定地认为船只（包括宇宙飞船）名称应该用斜体字，但所有前缀（HMS、USS）都应该用白正体。我能想到的唯一例外是，你正在评论《皮纳福号军舰》（*HMS Pinafore*）里的一支曲子，此处的“*HMS*”是这出轻歌剧剧名的一部分。如果你真的想用你的斜体字技巧让人们惊叹，你可以更进一步，连战舰的等级也使用斜体，如 *Lion-class battlecruiser*（狮级战列舰），*Nimitz-class aircraft carrier*（尼米兹级航母）。

充分、最合理的形式，那他就只配去印刷或写寻狗广告、五金商店的商品目录——文学不是他能涉足的。

外语单词和短语使用斜体（括号内附白正体译文）；诗名和学名也用斜体。

一份风格指南，推荐对外来词或短语使用斜体，却不建议让读者知道事物的正确名称，此外，又允许自己旗下的两份刊物奉行不同规则，破坏自己的规矩——这叫我感到颇为不解。特拉斯说得对，“一些英国报纸，尤其是《卫报》，已经放弃对标题采用斜体，在我看来，这让读者的生活变得更加困难，又没有带来任何好处作为补偿”。我完全同意。请把“不扎眼的强调”还给我。斜体的存在是为了帮助读者——直接又直观地表明作者想要强调的东西。[①]

感叹号

1956 年，鲍比·费舍尔（Bobby Fischer）和唐纳德·伯恩（Donald Byrne）在纽约的罗森瓦尔德纪念锦标赛上下了一局国际象棋。13 岁的神童费舍尔赢得了这局棋。这场比赛

① 我在这方面有着无可救药的强迫症；就连在即时通信软件的对话框里，我都会在有必要的地方用“斜体”和“加粗”来表示。

日后被称为“世纪之赛”，部分原因是费舍尔年纪小，部分原因是他的棋风大胆。费舍尔在一次战略进攻中弃掉了自己的“后”，棋谱记录员给了这步棋“！！”作为奖励，在国际象棋符号中，它代表“高招”的意思。其他国际象棋注释符号包括：“？？”代表“大败招”，“？”代表“失误”，“？！”代表“疑招”，“！？”代表“趣招”。小小两个符号的顺序颠倒，可以让你的招数从“存疑”变成“有趣”，这一点我很喜欢：十分微妙，却又多么有效！

国际象棋记录员试图限制“！”和“？”的使用，虽然偶尔会用“！！！”来奖励极为精彩的一招，但普遍认为，“！！！”和“？？？”是多余的，用“！！”和“？？”就已经提供了足够的回旋余地。或许，我们都应该试着限制一下感叹号的使用。毕竟，“！！！”和“？？？”的冲击力，又能比“！！”和“？？”强多少呢？！

国际象棋中使用的问号和感叹号混合体，叫作“问叹号”——一种既提出问题又表达相应态度（兴奋、怀疑）的形式。问叹号是1962年一个名叫马丁·斯佩克特的广告高管构思出来的。他认为，如果文案有一个符号来标记设问句，广告会更好看。到20世纪60年代末，一些打字机增加了“问叹”键，尽管大多数现代字体都不支持这个功能。“问叹”键会把标点符号重叠到一起，就像这样：“‽”。令人高兴的是，在我看来，这像是发生了一场小小的标点爆炸。

构成问叹号的这些标点，背后有什么样的故事呢？我们都知道它们长什么样，但愿[①]我们都知道应该少用“！”。在这一点上，不妨听取斯科特·菲茨杰拉德的意见：“删掉所有这些感叹号……感叹号就像被自己的笑话逗笑一样。”有人替我们研究过菲茨杰拉德对“！”的使用情况。他在4部小说中，每10万个单词中使用3356个。使用“！”最少的是美国犯罪小说家埃尔莫尔·伦纳德（Elmore Leonard），在45部小说中，每10万个单词中仅使用了49个。紧随其后的是欧内斯特·海明威，每10万个单词中使用了59个（10部小说）。而在另一端，詹姆斯·乔伊斯（James Joyce）对感叹号爱不释手（我们稍后会看到，这是他似乎能够忍受的少数标点符号之一），在他的3部小说中，每10万个单词中使用了1105个。所有这些分析均出自本·布拉特（Ben Blatt）所写的《纳

---

① 此处的“但愿”原文是“hopefully”。这是个会让人对其用法大感懊恼的词。传统上，它的意思是“秉持希望的态度”——例如，“但愿他们顺利穿过了森林”。现在它经常被用来表示“真希望……”（就像我在上文的用法）。在线牛津英语词典指出，“hopefully”是一个相当奇怪的修饰全句的副词：其他很多修饰全句的副词，如sadly，regrettably和clearly，可改述为it is sad/regrettable/ clear that……但hopefully不能这么做。尽管如此，hopefully这个词在英语中显然已经成为一种“正确”的样板了，尽管这种说法所依据的论据并不是特别有力。在正式语境中，最好是意识到这一点。但愿你们能原谅我的啰唆。

博科夫最喜欢的词》(*Nabokov's Favourite Word is Mauve*),这是一座文学数据处理的宝库。

感叹号的起源故事很迷人:它源自拉丁语中表示“欢愉”的感叹词—— *io*。随着时间的推移,“i”朝着“o”上方移动,“o”变得越来越小,最后缩小到只有一个点。从 15 世纪开始,感叹号就被称为“钦佩的符号”,指的是它来自拉丁语中一个表示惊奇感的词。但几百年的演变,它从一个表示惊奇感的符号,沦落到以现在的诸多俗称来指代:“尖叫号”(screamer、shriek)、“喘息号”(gasper)、“砰号”(slammer)、“惊愕号”(startler)、“嘣号”(bang)和“乒号”(pling)①。

人们现在会带着怀疑的眼光看待感叹号:感叹号在短信和网络中泛滥成灾,虽然它仍被用于强调,但已不再用来表示钦佩。朱莉·贝克(Julie Beck)在《大西洋月刊》上写道,过去一个感叹号就足够了(毕竟,感叹号本身就是感叹的意思,所以为什么你需要一个以上呢),而在互联网上,“通常一个感叹号都不够。再也不够了。数字通信正在经历‘感叹号膨胀’。如果一封商业邮件里每个句子都用感叹号,那么表达真正的激动就需要 2 个,或 3 个,或 4 个,甚至更多”。

直到 20 世纪 70 年代,感叹号在键盘上都还没有独立的

① 最后一个词用于“英联邦黑客术语”里,也就是美国以外说英语的黑客使用的行话——大概是带有标准英式腔的。

键。要打出感叹号，你必须先输入句号，然后退格，最后再打撇号。我敢打赌，在 QWERTY 键盘上加入专用键之前，使用感叹号要少得多，因为需要连续按下 3 个不同的键才能打出一个“！”。

贝克说，在新闻学院上学时，老师告诉她，在整个职业生涯中，你只能使用一个感叹号，所以你应该明智地使用它。想想阿瑟·柯南·道尔（Arthur Conan Doyle）在《巴斯克维尔的猎犬》（*The Hound of the Baskervilles*）第二章的结尾是怎么用的：“福尔摩斯先生，是个巨大猎犬的爪印！”——这是文学作品扣人心弦的悬念之一。如今，他必须在句子末尾输入“！！！！！”①，才能引起我们的关注了。

在《这就是我，句号》（*This is Me, Full Stop*）一书中，菲利普·考威尔（Philip Cowell）和卡慈·希尔德布兰（Caz Hildebrand）称感叹号为“语法的自拍”，这或许可以解释它在 21 世纪的过度流行。研究在线交流的格雷琴·麦卡洛克（Gretchen Mcculloch）表示，在网络世界，我们彼此之间无法借助肢体语言、语气和面部表情来进行判断，感叹号现在不再用于表达激烈的情绪，而是用来证明我们的真诚。“5 个

① 1951 年，剧作家乔·奥顿（Joe Orton）搬进了情人基思·哈利维尔（Keith Halliwell）的公寓，他日记的前三篇是这么写的：“好！”；“好！！”；“好！！！”。在这里，所有这些感叹号的累积效果相当……好。

感叹号，是精神失常的明确标志。”特里·普莱切特（Terry Pratchett）说道，“看看如今这个符号在电子邮件、短信和网络上的过度使用，兴许会让你怀疑我们的集体神智是否正常。”[1]

反问

1966 年，法国作家埃尔韦·巴赞（Herve Bazin）写了一本名为“*Plumons l'Oiseau*”（“让我们拔鸟毛吧”——我不知道为什么叫这个名字）的书，并提出了 6 种新的标点符号（或语调点）：

讽刺号——

爱情号——

信念号——

---

① 请多为德文郡韦斯特沃德霍！（“Westward Ho!”，这是不列颠群岛上唯一一个带感叹号的地名，为的是纪念查尔斯·金斯莱以附近为背景的同名小说）小镇的居民想一想，多为魁北克圣路易迪阿！阿！（Saint-Louis-du Ha! Ha!）小镇的居民想一想。1986 年，俄亥俄州汉密尔顿市的议员们为了增加城市知名度，将该市改名为“汉密尔顿！”。可悲的是，美国地名委员会忽略了这个感叹号，而“汉密尔顿！”只好又改回旧名“汉密尔顿”。

权威号——

欢呼号——

怀疑号——

表达讽刺或挖苦的最佳方式是巴赞的第一个标点符号，自 1580 年代以来（甚至兴许是自人类第一次发现讽刺和挖苦以来），作家和读者就一直在讨论。你可以想象，新近脱盲识字的人很快就意识到，光靠文字和图片还不够——你怎么能在洞穴壁画上表达讽刺？

16 世纪 80 年代，印刷商亨利·德纳姆率先提出了“反问号”，这是一个颠倒的问号，用来表示反问。虽然这个符号到 17 世纪就消失了，但 1668 年，英国圣公会牧师兼作家约翰·威尔金斯（John Wilkins）提议，用倒置的感叹号来表示文章中的讽刺意味。[①]1841 年，比利时报纸出版商马塞林·约巴德提出了一种“讽刺号”，是一个带小尾巴的超大箭头形状。约巴德认为这个标记可以横着放，或者颠倒过来，表示“恼火号、愤怒号、犹豫号”。如今，许多网络用户使用

① 你可以在西班牙语中看到倒置的问号和感叹号。它的作用是放在句子开头，让读者对接下来的感叹或问题做好准备。按照西班牙语的语法，陈述句和疑问句的措辞是一样的，所以，如果不用倒置的标点，你就不知道别人是在问你“¿你喜欢学习标点符号（吗）？”还是在告诉你，“你喜欢学习标点符号”。

封闭的 <sarcasm> 或 </s> 来表示讽刺的评论。我也很喜欢汤姆·德赖伯格的设想，他认为讽刺性的话语应该用斜体字印刷，只不过跟传统斜体字的倾斜方向相反——向左斜。[①]

询问

琳内·特拉斯将 8 世纪的疑问句标点描述为“一道闪电，从左向右击穿”。我喜欢这个描述——虽然我们可能认为标点符号是静止的、固定的，但特拉斯的描述赋予了它们能量和目的。它是活的——而且还会击穿。疑问句的标点最终演变成了问号。在《这就是我，句号》中，作者引用了一个未经证实但令人愉快的理论，即问号最初是由一名僧人想到的，他模仿了猫尾巴的形状（估计猫咪是在表示质疑）。它最初可能是用于句末，让读者知道自己正在读一个问题，应该相应地改变语气，以便听众能清楚地知道。[②]特拉斯指出，直到

① 德赖伯格本身就是一个相当“反着斜”的角色，他是同性恋者、记者、政治家、圣公会高级牧师，可能还是军情五处的线人和苏联间谍。读到他身上的这些自相矛盾之处，我觉得，他的传记应该完全用反向斜体字印刷。

② 美国作家格特鲁德·斯泰因（Gertrude Stein）曾说：“问号单独使用、用来给牛打烙印时完全没问题……但与写作联系起来，它是完全彻底地了无生趣了……从书面形式而言，任何一个识字的人都知道什么时候一个问题就是一个问题。因此，我要问你们，为什么要用问号？”什么人是用问号给牛打烙印的？

19 世纪，这个符号才以这个极为干瘪沉闷的名字——“问号”为人所知。它的别名，“询问号”（interrogation point）、“查询号”或“eroteme”则更具诱惑力。

页面上的“苍蝇屎”

“我很久以前就放弃了引号。我发现我不需要它们，它们是页面上的苍蝇屎。”多克托罗写道。弗拉基米尔·普京（Vladimir Putin）是另一位信奉极简主义的人。布鲁金斯学会（Brookings Institute）的两名学者分析了普京的高级学位论文（由圣彼得堡矿业学院颁发）后指出，218 页的正文，有 16 页是抄袭的，没有脚注，也没加引号。

詹姆斯·乔伊斯（James Joyce）的《尤利西斯》最后一章有 2.4 万多字（差不多 40 张印刷页面），但只有一个逗号和两个句号。从很多方面看，这是乔伊斯厌恶标点符号的巅峰：他在自己的任何一本书中都从不使用引号（他称之为“变态逗号”），而是用破折号表示一个人在说话。

这些遭部分作家极力回避的小标记，背后有些什么故事呢？在本书第 8 章中，我们将会见到亚历山大图书馆馆长阿里斯塔克斯（Aristarchus），并了解他怎样创造了星号，但他还率先使用了尖角引号 >（diple），用它来突出显示值得注意的文本。然而，单靠尖角引号还不够，阿里斯塔克斯需要另一种符号，因为虽然一行字或短语可能值得注意，但他说不定并不同意。怎么办呢？他想出了一种叫作“diple perivemene”的东西，以表明他在什么地方发现了一些值得注意的东西，但不一定认同它。基思·休斯顿（Keith Houston）在《秘密的字符：标点、符号与其他印刷标志的隐秘生活》（*Shady Characters: The Secret Life of Punctuation, Symbols and Other Typographical Marks*）一书中做出解释：“作者们称赞、评论和攻击彼此的作品，随心所欲地引用《圣经》来支持自己的论点——还有什么符号比熟悉的尖角引号更适合标记这些最值得注意的文本呢？”

到了5世纪，哲罗姆（St Jerome）因为信仰不一致而受到他曾经的朋友、神学家鲁菲努斯斥责，尖角引号和双尖角引号也应征作战。“为了不让我从其他地方插入本书的文字给读者造成混淆，如果它们出自我之手，我使用尖角引号；如果它们来自我的对手，我使用双尖角引号。”鲁菲努斯在《反哲罗姆护教书》（*Apology Against Jerome*）中写道。

18世纪，随着小说的兴起，“尖角引号家族”进入主流社会。作家们需要一种方式来表示笔下人物的直接和间接引语，而尖角引号经过几个世纪的演变，变成了引号，这也意味着这是一种正在寻找用武之地的标点符号——而在小说中，它找到了栖身之所。

这时，边缘的尖角引号成了引号，用于打开和关闭引用的话。但用单引号还是双引号呢？

直到19世纪初，一切还随作家喜好：有时双引号和单引号会像说话人那样，在文本中交替出现；有时它们变来变去，以区分直接引语和间接引语。最终，大多数印刷商决定使用双引号，但到了19世纪中期的某个时候，乖戾的英国人开始只用单引号——这就把我们带到了今天，相同的分歧延续在大西洋两岸的书籍中。

这方面的问题，在网络上变得更加混乱，因为网络评论员普遍不喜欢只用一种风格，而是喜欢混合使用引号。这种混合用法是使用单引号表示“反讽”和“直接引用”，使用双引号表示“对话”。哈佛大学英语教授玛乔丽·加伯（Marjorie Garber）写道，如今的引号“既传达绝对的真实性和准确性……又能传达真实性存疑、讽刺或怀疑”。可信的来源用引号表示，不可信、可疑的来源也可以用引号表示。这样的局面意味着，在一个全球化的世界里，局面就是一团乱麻。记者安德鲁·海瑟尔（Andrew Heisel）写道：“单引号里的词语，到底是作为‘词’来使用，还是表示讽刺，或者引用别人的话？引号里的一句套话，是为了强调，还是因为你觉得它很蠢？”

智能和哑巴

有时候，在校对封面或某些营销资料时，我想知道自己怎样修改最为隐蔽，也就是只有我才会注意到或认为有必要，而大多数读者甚至都不会意识到的调整：省略号间距为 1；确保斜体标题中的所有格“s”为正体（比如，是 *Guardian'*s，而不是 *Guardian's*）；还有一项改动，是保证所有以“r”结尾的斜体字在末尾有一个很窄的间隔，以免跟后面的标点符号撞到一起……

不过，要说我做过的最微小、最不起眼的修改，应该要数把 ' 变成 ‘，或是偶尔把 " 变成 “。差别非常微妙。这里的直引号实际上叫作哑引号；弯引号叫“智能引号”或者“印刷引号”。智能引号看起来像是有档次的小 66 和 99；直引号，看上去的确像是……“哑了火”。要理解为什么存在直引号和弯引号，我们需要回到 1893 年。在当年《速记员》杂志上的一篇文章里，舍曼·马克·科马克（Sherman Mac Cormack）写道：“在过去的一段时间里，打字机制造商都采用直引号，因为句子的开头和结尾可以使用相同的字符，这样就省了一个键。”

因此，打字机使用直引号只是为了节省几个键，一些现代键盘也效仿了这一做法。直引号是网络默认的符号，因为它们是安全的（跨平台编码问题意味着它们可以比漂亮的弯引号更好地在复制粘贴的世界中生存下去）。格伦·弗莱什曼（Glenn Fleishmann）在《大西洋月刊》上写道："如果打字机风格的直引号出现在本该是漂亮印刷引号出现的地方，这些不起眼的符号就会变成我的眼中钉。"

连环杀手逗号

逗号是从哪里来的？逗号（comma）一词在希腊语中的意思是"切下的一块"，它的出现，据信是拜占庭的阿里斯托芬——不断在标点符号史上出现的亚历山大图书馆馆长——的功劳。跟许多标点符号一样，它出现在大声朗读司空见惯的时代。为了达到最大的戏剧效果，演员在阅读文本时，需要知道自己在表演时，在什么时候呼吸、怎样呼吸——一行台词需要呼吸多少次，一段较长的文本需要呼吸多少次。为了告诉他们，阿里斯托芬的系统会把一个点放置在句子里的不同高度。

美式英语和英式英语在标点符号的每个方面都存在差异。英国作家马丁·埃米斯（Martin Amis）在2000年出版的自传《经历》（*Experience*）中写道，他1995年出版的小说《信息》（*The Information*）收到了美国版校样："真不敢相信美国版的

《信息》校样。一大白蚁堆[①]的进口逗号，每一个都像裁纸刀般扎向我的灵魂。”你已经看过格特鲁德·斯泰因对问号的看法，想来不会为她对逗号的看法感到惊讶：“逗号是奴性的没有自己的生命它们的存在就是为了实用……一个逗号可以帮你拿起外套帮你穿上鞋子妨碍你尽主动生活的本分……使用逗号自取其辱。”读到斯泰因的句子，你很难不在心里加上逗号，如果你读到她对分号的想法，那就更是如此：“它们（分号）比逗号更有力量更有气势更做作但仍然是逗号。在它们的内心深处深深扎根着逗号的本质。”

的确，美式英语有时看起来就像是页面上的一大白蚁堆的逗号——更糟糕的是，这些逗号还都出现在错误的地方。在《德莱耶英语指南》（*Dreyer's English*）中，本杰明·德莱耶巧妙地解释了美式英语以逗号来分隔列表中出现在“和”或者“或”之前最后两个条目的用法，例如，“这种逗号可以叫作连续逗号、连环逗号、牛津逗号，或哈佛逗号”。

《德莱耶英语指南》厚达278页，从其他方面看，行文优雅、内容丰富、语气平和而有趣，只有在说到连续逗号的时候，作者变得……固执起来：“无论你想叫它什么，用它就好。对这一点我不想多说，也不愿跟人讨论。只有‘不信神的野

① 白蚁堆（termitary）这个词，我查了字典才知道，指的是白蚁占据的蚁穴。

蛮人'才会摒弃连续逗号。"

所以，在美式英语中，连续逗号是一件重要的事情。德莱耶说，"我在美国图书出版界遇到的每个人都用它"。——也许是这样，但我在英国图书出版界遇到的每个人都是"不信神的野蛮人"。从英国人的视角来看，连续逗号的问题在于，我们没有使用它的习惯，因此哪怕跟它隔着一公里远，也觉得它很扎眼。另一个问题是，它既能解决句子中的歧义，也可以引发歧义——这意味着它是一头很难掌控的野兽。一如所有关于深奥语法问题的最佳阐释，最好的例子来自一个杜撰的例子，出自一本书的献词，据说是这样写的："献给我的父母，安·兰德和上帝。"①（此处原文是："to my parents, Ayn Rand and God."）我同意，如果在"and"前面没有逗号，安·兰德和上帝会显得像是作者的父母，在这种情况下，我们应该允许连续逗号发挥应有的作用。但在英式英语中，我们应该只用连续逗号来消除歧义——此外，别无其他任何原因，哪怕我们喜欢用它。

---

① 这句话可能是出自贝文希（Bevensee）在《电磁慢波系统》（*Electromagnetic Slow Wave Systems*）中的献词。它是这么写的："本书献给我的父母，安·兰德和上帝的荣耀。"不过，这根本不是连续逗号的例子，更不是连续逗号制造歧义的例子。

吊死在逗号上

1916年8月，在一次备受关注的叛国罪审判之后，爱尔兰人罗杰·凯斯门特（Roger Casement）被送上了绞刑架。凯斯门特的辩护建立在一个逗号之上，确切地说，是一个缺失的逗号。英国在1351年颁布的《叛国法》似乎只适用于在本国领土上进行的活动，凯斯门特的活动虽然毫无疑问是叛国，却是在德国进行的。然而，法院判定，尽管1351年法案的原文里没有标点，但在“如果一个人在他的国土上对我们的国王发动战争，或在他的国土上效忠我们国王的敌人，在他的国土上，或在其他地方给他们援助和安慰”这句话中，应该有第三个逗号。

这一微小而又重大的阐释，意味着这个短语现在适用于行为发生的任何地方，而不仅仅是国王的敌人所在的地方。该判决让凯斯门特禁不住提笔写道：“愿上帝保佑，别让这些老古董用一个逗号把人吊死，用一个分号把人掐死。”

时间更近的2017年（但这件事没那么引人关注），缅因州就卡车司机加班的集体诉讼，最终因一个逗号落下帷幕。《纽约时报》这样解释：

关于逗号的争论通常无关紧要，但这一回，它对卡车司机意义重大。请注意以下的州法律中没有牛津逗号（也叫连续逗号），它说加班规则不适用于以下情况：

> 罐装、加工、保鲜、冷冻、干燥、销售、储存、运输包装或分发：（1）农产品；（2）肉制品和鱼制品；（3）易腐食品。
>
> 这一法条是打算排除以上三类物品的运输包装或分发，还是说排除运输或分发包装？（原文是“packing for shipment or distribution of”。这是一个存在歧义的句子，它可以译为“运输包装或分发”，也可以译为“运输或分发包装”。）
>
> 配送司机负责分发易腐食品，但他们并不亲自包装。这些司机是否受到该法条的约束（这条法律让他们每年少得了数千美元的津贴），完全取决于法官在判决中如何理解这句话。

下级法院做出了不利于卡车司机的裁决，但上诉法院推翻了这一裁决。上诉法院认为，该法条中没有牛津逗号，造成了足够的不确定性，从而推翻了最初的判决。这一次，牛津逗号和缅因州卡车司机赢得了胜利。

看过了这么多法律案件、争议和跨大西洋的争斗之后，我找到了处理连续逗号的最好建议，出自琳内·特拉斯在

《吃，笋和叶》[1]中所写："有人喜欢使用牛津逗号[2]，也有人不喜欢，我想说的是，喝酒的时候永远不要跟这些人掺和。"大多数时候，海洋把我们分隔开来，也是挺好的一件事。

① 本杰明·德莱耶给出了一个可以省略连续逗号的例子，也许会让人感到更加糊涂。他认为，在"Eats, Shoots, & Leaves"当中，逗号与 & 连在一起，显得不雅观。所以在这种情况下，他觉得可以写成"Eats, Shoots & Leaves"。连语法权威都意见不一，难怪我们处在如今这样糊里糊涂的局面里呢。

② 虽然你可能认为"吸血鬼周末"（Vampire Weekend）乐队属于前一类人，毕竟，他们 2008 年的单曲就叫《牛津逗号》，但你错了。词曲作者埃兹拉·柯尼格（Ezra Koenig）解释说，这首歌"与其说是关于牛津逗号，不如说是关于'管它那么多'"。在写这一章时，我发现自己越来越多地采取了这样的立场。

第 7 章　夏洛特·勃朗特的战书：拼写

A priest, a rabbit and a minister walk into a bar. The rabbit says: 'I might be a typo.'

一名天主教牧师、一只兔子和一名英国国教牧师走进酒吧。兔子说："我兴许是个打字错误。"[①]

校对员乏味的任务之一是检查一本书的结尾部分。注释、资料来源、参考书目……面对一页又一页少有惊喜的非原创内容，保持清醒可谓一种煎熬。但这些部分又正需要检查时高度集中注意力。所以，每当我看到校对员在自己正在看的书的注释部分写下一条旁注，其中包括一个欢快的铅笔感叹号，我就知道，她麻木的脑筋和眼睛，无意中发现了一些东

① 这是个双关语笑话，但译成中文，就丧失了双关的笑点。以通常的理解来看，在笑话的前半句，两种牧师之间，如果是"另一种不同的神职人员"似乎比"一只兔子"更为合理。故此，"rabbit"可能是"rabbi"的打字错误，"rabbi"是犹太教的拉比。——译者注。

西，值得使用这个激动尖叫的标点符号。

引发她写下评论的，是“夏洛特·勃朗特致乔治·亨利·刘易斯的战书”这句话。夏洛特·勃朗特的战书（Fight Letters）！想象一下这样的场景：夏洛特·勃朗特写信给乔治·亨利·刘易斯（他是玛丽·安·埃文斯——也就是名动天下的乔治·艾略特——的同居伴侣），要和他在后院来一轮裸拳较量，因为刘易斯声称简·奥斯汀（Jane Austen）和亨利·菲尔丁（Henry Fielding）是了不起的英语小说家。勃朗特不同意，她说，身为作家，奥斯汀不够深刻，只是“精明且善于观察”。在战书中，勃朗特接着说，《傲慢与偏见》就像一张照片，照的是一座“精心围起来的、人工种植的花园，边界整齐，花朵精致——但看上去没有一丝一毫的明亮生机”。这的确是决斗式的批评，需要脱下手套，裸拳相加。

一个打字错误——排字工犯了一个简单的错误（本例中是把“E”错误地输入成了“F”，前文的“Fight Letters”应当是“Eight Letters”，“战书”原来是“八封信”）——暗示了另一个多姿多彩的世界。正确书名当然应该是《夏洛特·勃朗特致乔治·亨利·刘易斯的八封信》[1]，我的校对员在空白处轻

① 据说刘易斯是个“诙谐轻佻的法式风男子”，所以他很可能会颇为喜欢这场收到女作家威胁信的奇幻世界之旅。

描淡写地指出，“不太有意思！”打字错误（typo）与错别字（misspelling）不同，错别字的定义是“无知的错误”，即写字的人不知道这个字的正确写法，而打字错误是书在印刷中出的错。但这些错误是怎样发生在我们的文字身上的呢？它们有什么大不了的吗？

按照马克·吐温的说法，“英语字母表完全是疯的，它几乎不能准确地拼写出英语里的任何一个单词”。

站在读者的角度，我们对一本书首要且不言而喻的期待是，书里的文字写得正确无误。为了我们的阅读乐趣，一本书得以印刷并由读者购买，但在这之前，我们会假设已经有人仔细校对过它，删除了所有写得不正确的字。我们最初或许会为注意到一处打字错误而感到高兴，但要是我们接二连三地在文本中发现错误，恐怕就会失去信心了。如果作者和出版社连一些基本的事情（比如把字写对）都懒得做，那么我们为什么要相信他们的话，认为这本书值得投入时间和关注呢？对读者来说，拼写是一块试金石：如果拼写正确，你可以原谅很多其他的事情。如果连字都没写对，作者就没有尽他们的义务，这会带来一种难以克服的背叛感。我们理当在书中迷失自我，而不是因为一个恼人的错误突然回归现实，文字错误会让我们尝试找出问题所在，游离故事本身。

但由谁来决定什么是正确的拼写呢？我们必须有一套全民一致同意的正确拼写标准，才能注意到某个字写得不对，偏离了标准。正如大多数与文字和语言相关的事情，这实际上并不像听起来那么简单。看看莎士比亚在埃文河畔斯特拉特福的墓志铭吧：

> 朋友（frend），看在耶稣的分儿上，
> 请勿挖掘此处的墓葬。
> 容得此碑者，受到祝福，
> 移我骸骨者，遭到诅咒。

除了许下诺言，要是你胆敢移他骸骨，定会遭到诅咒。在现代读者看来，它似乎还包括一处拼写错误。再看看简·奥斯汀少时的一部作品，题为《爱情与友谊》（*Love and Freindship*）。我曾经为此书的一个版本工作过，我可以告诉你，没法纠正本书封面上一目了然的拼写错误，简直是一场文字校对诱发的强迫症噩梦。为了克制住自己不动笔，我只好把手塞到屁股下压着。当然，对为莎士比亚刻墓志铭的工人和15岁的奥斯汀来说，“friend”的这些变体拼写是完全可以接受的。

让我来简要介绍一下英语的拼写是怎样变成雷区的。首

先，我们曾被说法语的诺曼人统治了300年。随着诺曼人的统治结束，英语逐渐成为主导语言。早期的英语作家，如杰弗里·乔叟（Geoffrey Chaucer），在拼写标准化方面做得很不错，但这些努力一直受到法庭书记员的破坏，后者坚持按照法语词源拼写单词。1476年，威廉·卡克斯顿（William Caxton）把第一台印刷机带到伦敦，你或许以为这有助于推动拼写标准的建立，只可惜卡克斯顿带着印刷机来到伦敦时，已经在欧洲生活了30年。他对英语的掌握不太牢靠，而且他的助手是一群比利时修道士，他们的英语水平比他还差。由于个别印刷商形成了独特的风格，排字工人又喜欢把单词排印得比本来的要长一些，这就造成了更多的偏差。排字工人的工资是按行数计酬的，那么，他们为何不采用更灵活的拼写方法助自己一臂之力呢？

如果你拿起一本威廉·廷代尔（William Tyndale）翻译的《新约》，你大概会认为里面的单词已经踏上了拼写标准化的旅程。亨利八世将用英语印刷《圣经》定为法律，而印刷机的全部意义就在于你可以大量印刷一部作品的标准版本。即便如此，早期的印刷排字员在正确地“键入”文本方面仍面临着许多挑战——虽说的确有了印刷机，但单词的拼写和标点符号方面尚未达成一致，更何况，文本必须靠阅读手写稿件来构建，偏差和失误大有可为之机。实际的印刷工作是在英国以外的欧洲地区完成的，通常遵循荷兰正字法——这就是为什么《圣经》里会出现 ghost、ghospel 和 ghossip 这样的拼写。我们保留了 ghost、gherkin 和 aghast 中不发音的荷兰语“h”，但在 ghospel 和 ghossip 里没有保留。

从 16 世纪开始，学者们试图将单词与希腊语或拉丁语的词根联系起来，情况变得更加复杂。它甚至帮了倒忙，让拼写与单词读法的距离越来越远，越来越难以正确拼写，比如，“sissors”变成了“scissors”，“ake”变成了“ache”——到了这时候，拼写成了一件令人头疼的麻烦事。

从源头推导出来的词语

要想让文字变得更好，需要遵循某种约定俗成的拼写方式，把它们写下来，供任何感兴趣的人查询，写入词典。英国的第一部现代词典是 1755 年出版的塞缪尔·约翰逊（Samuel Johnson）的《英语大词典》（*A Dictionary of the English Language*），它的扉页上印着“从源头推导出来的词语”。约翰逊在词典的序言中指出，英语“丰富充裕而无秩序，活力无穷而无规则……无论我把视线转向哪里……总有困惑需要解开，总有混乱需要加以规范”。

在约翰逊之前，词典都是用法语、西班牙语或拉丁语编撰的，并附英语定义。“在混乱时代，我们必须求助于古罗马的权宜之计，选择一个独裁者。根据这一原则，我投票支持约翰逊先生担任这一了不起的艰巨职位。”菲利普·斯坦霍普（Philip Stanhope）写道。尽管约翰逊从未将自己视为独裁者，但从他的词典在词汇及其拼写方面产生的庞大影响力来看，这么形容算得上恰如其分。但正如斯坦霍普所推测，词典编纂的混乱和花样百出的拼写，意味着需要有一个意志坚定的人来做出决定，从源头推导出词语，以便所有人都能知道字母出现的顺序。但对于拼写这个棘手的问题，就连约翰逊也并非永不失手——“上坡”他选择了“uphill”，但“下坡”他用“downhil”；“灌输”是“instill”，“蒸馏”却用“distil”，诸如此类，不一而足。这意味着词典并不前后一致，但至少它提出了观点，便于其他文字专家倚仗这一印刷的权威。约翰逊受到过很多批评，但这本词典口碑极佳，后来的所有词典都效法了它的眼界、结构和风格。

舌头打结

在美国，地位相当于约翰逊的人是诺亚·韦伯斯特（Noah Webster）。他对美式英语单词的拼写方式产生了持久的影响，他的三卷本《英语语言语法规则》（*The Grammar*

Institute of the English Language）分为拼写卷、语法卷和阅读卷。到 19 世纪末，“拼写”一卷卖出了 9000 万册，由于封面的颜色，它被称为“蓝皮”拼写卷。韦伯斯特的目标是将“我们的母语”从“吵闹而迂腐的英语语法和发音”中拯救出来。他认为，英国贵族腐蚀了英语，他反对学习英语语法需要掌握拉丁语和希腊语的观点。相反，他坚定地认为这门语言必须由人民来控制。

韦伯斯特做过教师，他认为按读音拼写对孩子们来说更容易学习。渐渐地，他开始改变自己蓝皮书里的拼写形式，把“centre”（中心）变成“center”，“colour”（颜色）变成“color”。韦伯斯特试图改变拼写的单词很多，但不是每一个都流传下来。他尝试过把“tongue”（舌头）变成“tung”，“soup”（汤）变成“soop”，“sponge”（海绵）变成“spunge”，“ache”（疼痛）变成原来的“ake”，但都没有成功。尽管这些新的拼写方式并不是他发明的（对某些例子而言，相应的拼写方式本就存在——就连莎士比亚在《第一本对开本》中也以使用“color”和“center”为多），但因为他的词典大受欢迎、流传甚广，在很大程度上，他所选择的拼写方式胜过了其他拼写方式。

韦伯斯特的词典推广了一种“联邦语言”，普及了“美式”拼写方式。韦伯斯特等词典编纂人员实现的一大工作成果是，拼写比赛在美国越来越受欢迎。美国的孩子们受到鼓励，在非正式的课堂竞赛中学习标准化拼写方法。第一届全美拼写比赛于1925年举办，至今仍年年举办。[①] 即使到了今天，韦伯斯特的词典仍然是美国最受欢迎、最具影响力的"拼写词典"。

"所有书都存在这样的遗憾"

詹姆斯·雪利（James Shirley）1633年的剧本《笼中鸟》（*The Bird in a Cage*）的出版商发表了一则免责声明："你遇到的许多其他错误（尽管大部分并非文字上的），你自己无法可靠地阐释为作者判断失误，因为所有书都存在这样的遗憾。"

毫无疑问，所有的书——所有的文字——都有可能出现错误。无论你是一个多么成功、多么备受赞誉的作家，失误都可能在任何时候、在任何一个字上出现。我们都知道，有些词语我们自己不会拼写，所以，想让文字变得更好，你需要一整个团队来仔细核对。有很多单词就是很难——它们不按发音拼写，也不遵守规则。

按照收录了20多亿个单词的牛津英语语料库（Oxford

① 第一届拼写比赛的冠军是一个名叫弗兰克·诺伊豪泽的11岁男孩，他成功拼写出了"gladiolus"（剑兰花），取得胜利。

English Corpus）的数据，以下单词经常出现拼写错误：assassination（刺杀）、bizarre（奇葩）、embarrass（尴尬）、fluorescent（荧光）、idiosyncrasy（特质）、millennium（千年）、occasion（场合）、tongue（舌头）和 weird（怪异）。这只是人们经常出问题的部分常见词汇，它甚至根本没有触及从其他语言或从科学、技术和医学术语中借用的词汇，比如 Actinobacillus（放线杆菌）、Dexamethasone（地塞米松）、Pasteurellaceae（巴斯德氏菌科）。

我们能做些什么来避免单词受拼写错误困扰呢？靠眼睛。尽可能多的眼睛。看到一个单词的人越多，就越有可能至少有一个人眼前一亮，大喊一声："停！这里出错了！"

在《爱书人之喜：一个普通读者的告白》（*Ex Libris: Confessions of a Common Reader*）一书中，安妮·法迪曼（Anne Fadiman）将她所谓的"校对脾性"描述为"是一种范围更广、有若干相互关联症状的综合征的一部分，'找错狂躁症'就是症状之一"。换句话说，如果你的脾性如此，你就无法不指出面前出现的错误，无论何时何地。一如法迪曼所说，从事文字工作的人"往往善于发现那些与众不同的事物——稀有的蝴蝶、珍贵的贝壳"。人们大多以为一个寻常单词的拼写肯定没错，你需要练习才能推翻默认的假设，但你阅读时越仔细，就越容易发现那些与众不同的事物。

那么，这就是文字编辑和校对员的作用。检查和纠正拼写是他们的基本工作。他们需要对拼写有自信，知道什么时候需要核对，而不是假设它没错。文字编辑应当有能力找出文稿中的大部分拼写错误或错别字。但他们可能没法全部找出来，我们已经看到，人类的眼睛爱偷懒。除此以外，人类不是机器，会累，会走神，会漏掉一些东西。这很正常。这就是为什么让文字变得更好的重担要由编辑、作者和校对员共同承担。至于机器，但愿本书能说明，要想让文字变得更好，人和笔不可替代。不，更正一下——人和修改液不可替代。

保持文字清晰

如今，几乎所有的新上市图书都是根据一份编辑过的整洁 word 文件来排版的。排版员只要按照要求导入页面样式即可。这意味着，与过去相比，能找到的键入失误（拼写错误）少多了。从传统的文本键入转变成数字排版，意味着我们告别了排字机带来的错误。但是，再版发行的老书，由于没有数字文件，仍然需要键盘输入。最近，我就校对了这样一本书，它的英文译本首次出版是在 1924 年，我们要为新版重新设定现有文本。虽然你在为一本人人都希望尽量少看到错误的书忙活，但作为校对员，你还是情不自禁地希望在自己的阅读过程中发现一些有趣的错误，好让你保持警觉。要不然，患上“找错狂躁症”又有什么意义呢？如果没有什么可以纠正的地方，你怎么能证明自己有理由拿工钱？你感觉一定有什么危险的东西潜藏在水面下，某个地方必定有错误，但是到底在哪儿呢？

我正在校对的那本书包含了一连串让人心满意足的键入错误：糟糕的中断、整句话被漏掉和打字错误。它还包含一些文字识别错误。排字员通常会根据光学字符识别系统扫描的旧文本来进行排版设置，而扫描识别过程会带来一些特定类型的错误：把原本的“burn”识别成了“bum”，“not”识别成了“hot”。光学识别系统常常会弄混小写的“n”和“m”，想一想原因，倒也合乎情理：计算机扫描软件毕竟不是人类，无法借助上下文。正是因为人类能够借助上下文，活体眼睛才始终好过电子眼睛。

顺便说一句，在莎士比亚的《辛白林》中，伊摩琴（Imogen）公主的名字可能是“Innogen”的错误拼写。莎士比亚在《无事生非》（*Much Ado About Nothing*）的早期版本中已经写过一个名叫“Innogen”的角色，虽然“Innogen”可能是一个常见的凯尔特名字，意思是“年轻的女孩”，但“Imogen”这个名字直到莎士比亚写《辛白林》时才存在。说不定，是他早期的文字在“光学（人眼）识别”的过程中出了错，而他喜欢出错无意带来的这个结果。

错别字猎手

让文字变得更好是一项需要双重保障的艰巨任务。当文字编辑完成了任务，就轮到校对员登场了。校对的历史和印刷一样古老，校对员最初的工作很简单：检查排字工（排版人员）的工作。文字编辑要和作者密切配合，改进和完善文本的各个方面，将其制作成校样；而校对员传统上只是指出排字人员工作中可能导致错误的地方。他们是打字错误的猎手。

当我进入出版行业工作的时候，排版人员仍然要人工将文本输入数字排版系统。这就是说，我们会发送给他们一份经过文字编辑的手稿“硬拷贝”（纸质实体打印稿），他们会逐行阅读并输入文本。可以想象，排版人员很容易在编辑后的文本里引入更多的错误。① 这些错误，就是校对员要注意的地方。这也是为什么校对员历来会在校样上用红笔或蓝笔标出更正。红色的更正意味着排字人员在排版过程中引入了

---

① 这个例子是一名自由校对员告诉我的，“Get thee behind me, Stan”。这种打字错误，如果你找出来，就能让文字和生活都变得更好。

错误，蓝色的更正意味着拟议的更正可能在更早的阶段就应该有人发现（由文字编辑和作者发现），并非排版人员的责任。这种区别很重要，因为红色的更正可以交给排版人员处理，蓝色的则不行。[1]在《文字编辑实用指南》（*Copy-editing: A Practical Guide*）中，凯伦·贾德（Karen Judd）说，校对员只负责找出印刷错误或实际错误，而不是普通的细节错误。细节错误应该在文字编辑阶段解决，部分原因是补救校样上出现的问题比在手稿上解决问题要昂贵得多。我喜欢这样描述文字编辑和校对员之间的区别："如果文字编辑是负责保护文本不受蹩脚写作影响的看门人，那么校对员则是在门票上盖戳认可的人。"[2]当然，一如文学生活中的几乎所有事情，有些作家不喜欢校对，尤其是马克·吐温。"昨天，我的出版商写信说，印刷厂的校对员正在为我改进标点符号，我打电报过去要求毙了他，连祈祷时间都不给他留。"

"首先，上帝创造了白痴，为了练手。接着，他创造了校对员。"

这话还是马克·吐温说的。我刚开始从事出版工作时，必须学会的第一件事就是委托自由校对员。我对校对员是干

---

① 印刷人员也有自己的更正颜色：绿色。

② 此句引文出自 *Copyediting and Proofreading for Dummies*，作者是 Suzanne Gilad。

什么的只有个模模糊糊的概念。校对，听上去一目了然，但它到底是做什么的呢？首先要说明的是，校对分为两类：对照文本和盲校。我没写错，的确是盲校。在我们之前提到的自由职业者简介索引卡上，有些人的名字旁边有个令人费解的符号——“盲校”。甚至是“偏爱盲校”。偏爱盲校？校对员？难道说，有什么我不知道的盲人校对员协会吗？的确有，但不是我们理解的那种“盲人”。恰恰相反，它指的是这类校对员看校样是“盲目的”——没有任何东西可以对照阅读。与之相对的是“对照文本”的校对员，他们“对照”最初排印的文本进行校对。有趣的是，虽然这些校对员做的是同样的工作，但校对方式的差异意味着他们经常发现不同类型的错误。对照文本的校对员会检查排版员是不是在排版过程中走神了，漏掉了一个词、一行字、一段话，甚至偶尔会漏掉一到两页。他们在校样上对照该句子的排印版本阅读每句话，并标出两者之间的所有差异。盲校员的行为更类似你我在看书时可能会做的事情：他们可能会察觉一处错误，他们会询问，但他们没有办法判断它是排字员带来的，还是编辑时的疏忽，又或者实际上它根本不是错误，而是作者的本意。但这并不重要——他们只要把它标记出来即可。越来越多地，出版商只依靠一名校对员进行校对了，因为这显然更便宜，但它意味着成品书的错误率将慢慢上升，部分原因在于，为一本书工作的每一双眼睛都在出力以降低文本的错误率，此外也因为盲校和对照文本两种校对方式不同。

我想，前面引用的马克·吐温的话，有点半开玩笑的性质。我的一位作者曾这样描述看到校对员为自己的书工作时的情形：“在近30年的写作生涯中，我从未见过类似这样的情形。说实话，有一两次，我发现他竟然可以根据最含混不清的原始资料，深入一个特定的细节，真是有点可怕。毫无疑问，他绝对核对了一切。同样，在他面前，我感到了自己的渺小，我意识到自己有多么粗心，哪怕我曾以为自己一丝不苟。”不是每个作者都把校对员看成白痴。

普鲁斯特的贴条

“展开手稿，构成了他漫长一生的工作。”有人这样形容马塞尔·普鲁斯特（Marcel Proust）如何写作。在撰写《追忆似水年华》期间，普鲁斯特用的是批发购买的廉价作业本。他会在纸的边缘粘上他称之为“贴条”的东西，这是一种松散的小纸片，可以在手稿上随意粘贴、取下和移动。补充的、离题的、未完成的构思——他甚至可以把贴条贴到校样上。“展开手稿”是一个可爱的想法，让人联想到静悄悄的出版办公室，里面满是沉思的编辑，静悄悄地读着稿件，全神贯注——当然，也不时有人做出一处绝妙的改动，令他心满意足。

“一如港口迎接水手，最后一行字也在迎接抄写员。”在一个悠长的日子，一名中世纪的僧侣在誊写和校对室这样写道。普鲁斯特的贴条，无论多么浪漫，都是一堆只有他自己才能理解的乱糟糟的东西，如果你曾参与过手稿的誊写，你肯定会从着手第一页工作的那一刻起，就在寻找最后一行的安全港湾。

校对员需要一种方式来传达对校样的建议修改，而不必诉诸粘在手稿上的小纸条。这就是为什么我们有校对符号，为每一个参与文本修改工作的人提供通用的标准。自中世纪以来，页边空白处一直是一处有用的协作空间，用来指示文本中插入、删除和替换的位置。一般来说，校对员发现的任何错误都会标记两次：一次在正文部分，一次在页边空白处，与正文保持一致。如果错误在一句话的前半部分，标记就位于左边的空白处；如果是在后半句，标记就在右边的空白处。这样一来，排字员就可以扫视页边空白处，迅速发现改动符号，然后从密密麻麻的文字中找出正确的位置。标准的校对符号应该“清晰可辨，便于记忆，快速且容易复制”。第一套公认的校对符号“标准”制定于1976年，2005年更新。你很容易就能从网上找到标准校对符号，你会发现它们是由缩写和符号混合组成（“ital”表示斜体；“sp”表示拼写）。

用心拍摄

关于校对员的职责，各方看法很多。我们可能都同意，他们应该检查拼写、标点符号和语法，并确保遵循了文字编辑提供的样式表，以及出版社固有的印刷样式。他们还应该交叉核对文本中引用的插图、艺术品、注释等。他们应该确保校样格式一致。校对员不负责核实事实或重写文本——这些都应在编辑阶段处理。当然，这并不意味着校对员会忽略一些他们认为可能是错误的东西，不尝试改进一个笨拙的句子。虽然他们的工作并不是把这些东西找出来，但大多数人会这么做。这就是“找错狂躁症”的运作方式，他们情不自禁。

校对之后又会发生些什么呢？所有的校样——作者的、校对的、任何利益相关方的——都有可能回到文字编辑那里进行整理（如果不是由文字编辑做，那就是编辑经理或类似人员——像我这样的人）。在这个阶段，有人查看校对员的校样（“主”校样）、作者的校样、编辑的校样、译者的校样，还有所有其他相关方的校样（到底有多少利益相关方真是说不准——虽然相关的实在也没有多少“利益”），并将所有批语、建议、更正和重写提炼为一套“已核”校样。我开始从事编辑工作时,“整理校样”对我来说是代替正餐的一顿轻食便饭，但对文字编辑来说,“整理校样”则是必须以书面形式面对所有你做过的决定或未能做出的决定，当然，还可能有一种更糟糕的情况，那就是，有些决定你做过却未能坚持执行下去。对文字编辑来说，面对自己的错误，是件很难接受的事情。

令人担忧的是，编辑工作的这一阶段实际上是危险的阶段之一，因为这时经常会犯错，出现打字错误。原因有这样几个：到了这时候，所有的事情都要在时间压力下完成。[①] 这种压力适用于作者、内部编辑团队，当然还有排字员。第二个原因是，在这个阶段，排字员没有整齐、干净的电子文本可用，他必须处理由校对员标记并由文字编辑或负责整理校对的人添加的手写更正。无论参与此事的每个人多么努力，

① 有时，文件会被标上“全局修改”——这是给排字员的指示，请他们将某处修改应用到“全局”——整个校样上。这实际上是一个非常方便的指示——如果你意识到编辑过程中出了岔子，或者刚决定使用一个单词的特定写法，你无须把该单词每次出现的位置都单独标注出来，而是可以简单地发出一个命令，让排字员自动搜索并替换。同事 B 曾告诉我，这种做法偶尔会带来很大的问题。她正在着手处理的一套校样里，有人决定将“pants”（裤子）一词从头到尾改为“trousers”（大概最初的版本使用了美式词汇）。排字员尽职地遵循了这一指示，结果文本里的“participant”（参与者）全都变成了“particitrousers”。

多么小心翼翼地力求准确，最终都要由排字员英勇地“挺身而出”，尝试厘清校样上的遗留问题。有时，尽管每个人都尽了最大的努力，排字员看到的却是一团乱。最后，排字员会提交一套修正过的修订样张，将自己的工作再次交付检查，然后得到作者的批准（还有人记得他们吗？）。

大多数大型出版机构现在使用的排字员不在英国（他们通常来自印度），因此还存在一道额外的语言障碍。考虑到校对符号是通用的，这本应无关紧要，但如果涉及破译笔迹，这恐怕会是个问题。我手写的字迹真的不太好，虽说我尽量写得工整清楚，但有时，你要在一本 800 页的书上手工标记数百处更正，字迹便潦草起来。接下来，排字员必须理解你潦草的字迹，这就是为什么在这一文本准备阶段，常常会有较高的错误率。更糟糕的是，随着你逐一走过每个阶段，看文本的人会越来越少。起初，文字编辑和作者一起工作，接着是作者和校对员，然后是文字编辑或编辑经理。但到了最后阶段，你可能只有一个人（通常就是我）为第 6 轮更正把关，而且头顶上时钟嘀嗒作响。这就是错误有时会堂而皇之地被印刷出来的原因：这个阶段出现的错误，不一定会有其他人发现。下次要是你在书中发现一个看起来很明显的错误，以上说明兴许能解释它的来历。

校样和修订的可爱之处在于，它们是文字如何变好的最终实体记录。看到一本书从未经编辑的手稿变成干净的、经过编辑的文本，再到页码校样、修订等，很叫人觉得圆满。这就像把作者的原话放进一个筛子——在每个阶段，文字都得到进一步筛选提炼，变得越来越好，直到最后剩下的全是好词，文从字顺，书写正确，帮助作者向读者说出他们想说的东西。

天堂彼面

有一本书，在斯科特·伯格（Scott Berg）口中，“像一面旗帜般展开了整个时代”，而在文学评论家埃德蒙·威尔逊（Edmund Wilson）口中则是“有史以来出版的最不识字的一本书”。《人间天堂》（*This Side of Paradise*）的第一次印刷从题词页开始就错误百出。[①] 斯科特·菲茨杰拉德出了名的爱瞎写字。

> 关于斯科特·菲茨杰拉德不识字的问题，人们已经说了很多，而《人间天堂》的问题最为严重，值得单列出来说一说。菲茨杰拉德在普林斯顿漫不经心的岁月，

① 第一次印刷的献词是“To Sigorney Fay”，后更正为“To Sigourney Fay”。

> 加上他心气不定[①]的阅读，造就了一个只受过部分教育的年轻作家。尽管他逐渐提高了英语听力，但在整个职业生涯中，他的拼写仍然极为蹩脚。[②]

1920年夏天，《纽约论坛报》专栏作家富兰克林·亚当斯（Franklin Adams）发明了一款客厅游戏，以为《人间天堂》找错为基础。“第一次印刷草率到不可原谅……责任必须由作者和出版商共同承担。”

《了不起的盖茨比》出版于1925年，比《人间天堂》晚5年。这本书同样以从封面开始就到处都是拼写错误和打字错误而出名，把两者这么比较或许不太公平。画家弗朗西斯·库加特（Francis Cugat）为第一版所设计的著名封面上，出现了一个小写的“j”，代表杰伊·盖茨比（Jay Gatsby），导致这本书在送出之前不得不手动修改。第一版第一次印刷时的这个错误，意味着此书封面是“20世纪图书藏品里最昂贵的一页纸”——正是因为这个错误，第一版的成本从4位数上升到了6位数。这就是错误带来的恶果：它们可能不会成

① 此处的“心气不定”，原文为“vagarious”，作者说：“这个词我自己都查了字典，按照网络版《柯林斯字典》的说法，这是个‘罕见字’。意为不规律的，不稳定的，或游荡飘忽的。”

② 这段话摘自 Matthew J. Bruccoli, ‘A Collation of F. Scott Fitzgerald’s *This Side of Paradise’, Studies in Bibliography*, vol. 9 (1957)。

为好的文字，但在某些情况下，它们肯定会增加价值。一处打字错误，有时可能最终变成一件好事——当然，这取决于你如何衡量什么东西“更好”。

在《了不起的盖茨比》第一版的第205页，梅耶·沃尔夫西恩的秘书告诉尼克·卡拉威，她对年轻人试图强行闯入办公室“sick in tired”（正确的写法或许是“sick and tired”）。这种错别字很难发现。书中总共只有5处错误——放到5万字的范围内，错误率并不算太高。菲茨杰拉德在写作生涯之初无意中给自己留下个“拼写糟糕”的名声，这会不会暗示着，在后来的作品中，哪怕只出现了少量的错误，也会有人专门挑出来大肆宣扬？归根结底，菲茨杰拉德的拼写能力并未有损他在商业和文学上的成功。他的英语听力和讲故事的能力，弥补了他在拼写方面的不足。错误总是能找到办法偷溜出来，但作为读者，如果我们认可所读内容的优点，这也许就没有那么重要。玛丽·诺里斯（Mary Norris）在《逗号女王的自白：编辑的自我修养》（*Between You & Me: Confessions of a Comma Queen*）一书中说：“当然，在你纠正别人的错误时，请心怀善意，希望后来的作家也能同样心怀善意，纠正你的错误。”①

① 玛丽·诺里斯的献词来自《脚注的艺术》，由 Francis A. Burkle-Young 和 Saundra Rose Maley 合著。

压迫的蛋黄

找任何自由撰稿编辑或校对员，问问他们在职业生涯中遇到过什么样的“绝妙的”错别字，你一定会发现一些精品。在某种程度上，这些错误在编辑或校对阶段就有人发现并处理，还没来得及进入读者的世界就得以纠正，可以算得上是“一种悲剧”（虽说对作者来说可能不是）。拼写错误的单词是带来不幸，还是让人哑然失笑，两者之间仅有一线之隔，这通常取决于你和这个单词的关系：你是这个单词的创造者，还是接受者。撰写本书期间，同行们把一些选出来的精彩内容发给了我，包括：一个探险家偶然碰到了“yawning abyss”（巨大深渊），不知怎么却变成了“yawning abbess”（打哈欠的女院长）；还有短语“under the yolk of Mussolini”（译为“在墨索里尼的蛋黄下”，此处“yolk”当为“yoke”，译为“在墨索里尼的束缚下”）。这类单词叫作同音异形词，也就是说，两个单词的拼写方式不同、词义不同，但发音相同（如 abbess/abyss，yoke/yolk）。此外还有同形异义词，指的是拼写相同但发音不同的单词（如 row 和 row，或 lead 和 lead。通常，“row”是“行、排、划船”之意，另一个“row”则是“争吵、吵闹”之意；lead 一般指“领导”，也有时候是“铅”的意思）。同音异义词可同时包含上述两种情况。

我小时候曾一度把“homonyms”（同音异形词）、“homophones”（同形异义词）和“Houyhnhnms”弄混了，“Houyhnhnms”是乔纳森·斯威夫特（Jonathan Swift）在《格列佛游记》一书中虚构出来的一种高智力马。那本书一定是校对员的噩梦，里面有各种拼写恐怖的单词：Luggnagg、Glubbdubdrib、Struldbruggs和Balnibarbi。我曾经编辑过一篇关于罗马皇帝埃拉伽巴路斯（Elagabalus，爱德华·吉本形容他是一个“带着失控的愤怒，沉溺于最粗俗的快乐”的人）的文章；据说，埃拉伽巴路斯在公开的婚礼上嫁给了一个名叫佐蒂科斯（Zoticu）的男子（说得委婉些，这在当时颇不寻常），最终在一场他亲祖母谋划的阴谋中遭到刺杀；我想，我还从来没在一个名字的拼写上遇到过这么大的困难。

无论你对这类词怎么看，我都想请你试试看：读到“under the yolk of Mussolini”，却不会联想到一款墨索里尼风格的蛋黄[①]；你还可以试试，读到在南极横贯山脉的偏远冰川

① 再看看凯伦·哈珀（Karen Harper）的《女王的家庭教师》（*The Queen's Governess*，2010）中的这句话，“In the weak light of dawn, I tugged on the gown and sleeves I' d discarded like a wonton last night to fall into John' s arms”。真是秀色可餐的馄饨呀。（这句话直译为：“在黎明的微弱光线下，我穿上礼服，戴上长手套。昨晚，我像个馄饨般脱下了它们，投入约翰的怀抱。”此处的馄饨“wonton”应为“wanton”，后者的意思是“放荡女子”。——译者注。）

上碰到了一位“yawning abbess”（打着哈欠的女修道院院长），那会是怎样一番感觉呢？

希特勒之地

我职业生涯的大部分时间都花在了严肃的长篇非虚构类作品上。不可避免地，有一个名字一次又一次地出现：阿道夫·希特勒（Adolf Hitler），我曾写过关于他的书（他总归在欧洲历史上占有一席之地）；在翻阅其他 20 世纪的作品时，他也经常在其中扮演令人不愉快的客串角色。事情是这样的：一种模式开始出现。一旦你把一本书送去印刷，你就必须花些时间等着预印本来到你桌上，于是，接下来的 6 个星期，你便沉浸在“希特勒之地”。

我接触过的大多数经手希特勒书籍的策划编辑都常爱问我，我们有没有可能出版一本关于希特勒的书，又不让一个无赖“希勒特”（Hilter）溜进来。如果你打算出版一本 800 页的关于希特勒的书，这个手滑打出来的小小换位错别字很容易出现。“手滑”是它的正式名称——凡是用过 QWERTY 标准键盘的人，不管是输入“Hitler”还是“Hilter”，手指在键盘上的移动都很自然。在输入“Hilter”时，我的大脑甚至根本意识不到自己的拼写有问题（但如果其他单词输入错误，我有时就能察觉）。说到底，“Hitler”和“Hilter”这两个词，字母的数量一样，在键盘上的位置也差不多。我怀疑奇怪的“Hilter”之所以会溜进来，是因为这类错误很容易犯，哪怕是眼睛尖的编辑也很难发现——“itl”和“ilt”看上去几乎没有区别。

无可否认，在你可以对希特勒提出的所有批评中，“他能用一个错别字轻松地搞砸页面”一定属于级别不高的那种。如今，我会努力记住对文本的电子手稿全文搜索，清除所有潜伏的“Hilter”，[①]但基本上，一如编织波斯地毯的人，可能会故意在地毯里留下一个错误，[②]偶然碰上“Hilter”没有什么害处，它还提醒我们所有人：我们都是普通人，都会犯下（也都能找出）拼写错误。

原子级打字错误

从历史角度来看，我们知道，第二次世界大战之后，人

---

① 我喜欢把这个过程称作“过滤 Hilter”。我想，德国下萨克森州的希勒特镇可能会采取相反的做法，在有关自己的印刷制品里把“Hitler”全都给过滤掉。

② 伊斯兰教徒相信，只有真主才能创造完美之物，因此，编织一条完美的地毯，就是对真主的冒犯。我从来没有试过用这种观点来安抚因为出错而生气的作者，但总有一天我大概会试试看。

类进入了原子时代。错别字也是如此：“Hilter”之后出现了“unclear”（说不清）时代。不，打错了，是“nuclear”（核）时代。“unclear”和“nuclear”同样也是换位错误（与“Hitler”和“Hilter”一样，单词里两个字母交换到了错误的位置），但也是一类名为“原子级打字错误”的例子。“原子级”的意思是，这些打字错误很小，却让词义产生了重大差异。“pubic”（耻骨的）和“public”（公共的），“fight”（战斗）和“eight”（数字 8），均属此类。

它们不仅将句意整个改变，造成严重破坏，而且拼写检查器还发现不了——出错的单词是完全站得住脚的单词，只不过跟上下文不符。所以，你启动这种令人不舒服又无法控制的打字错误连锁反应的概率大增。

原子级打字错误的余波

1962 年，美国在内华达州进行了一次浅层地下核试验。此次试验的官方名字是“Storax Sedan”，造成了美国最大的人造陨石坑，它带来了两方面的放射性余波：在名为“犁铧行动”（Operation Plowshare）的一系列核试验给美国人口造成的辐射总量中，它占了近 7%；2005 年，它还导致了美国与苏丹（Sudan）的外交事件。

2005年3月11日，BBC发表了一篇文章，名为《打字错误导致核恐慌》。“苏丹政府本周受到严重打击，它在美国国会网站上看到美国人在该国进行了核试验。”文章接着说，“但实际上发生的事情远比这更平淡，来自加州的众议院民主党议员埃伦·陶谢尔（Ellen Tauscher）以‘Sedan’爆炸威力，说明核试验导致了过量辐射余波。”“Sedan”一词在国会记录中被错误地写成了“Sudan”。苏丹外交部长听说美国在该国进行了这些迄今为止未知的核试验，大感震惊，他在喀土穆向美国官员提出了这一问题。得知这只是一个单纯的打字错误后，外交部长称自己“松了一口气”，但他说，“我们已经在着手进行调查，直到我们彻底弄清这件事”。从各种意义上说，这都是原子级的打字错误。

“别犯任何错误”

英国和美国位于不同大陆，却使用相同的文字和语言，少许的拼写差异，只是问题的小小苗头。此外，还有语法、拼写和词汇方面的分歧需要应对，有时可能会招致意想不到的结果。2003年，《观察家报》要求外籍前台助理妮可·莫布雷打印一封电子邮件，唯一的指示是“别犯任何错误”。接下来发生的事情，莫布雷在2019年接受采访时说，“我在备忘录中小心翼翼地打字，我不知道文件是什么，也不知道它的来源，我把所有的美式拼写‘错误’都改成了英式英语。‘recognize’改成‘recognise’（认出），‘emphasize’改成‘emphasise’（强调），‘favorable’改成‘favourable’（有利的），我以为自己是在帮忙，结果这成了一场灾难”。

《观察家报》要莫布雷打印的是一份泄露的美国备忘录副本，2003 年 3 月 2 日登上了报纸的头条新闻——《揭秘：美国为赢得伊拉克战争投票使用的肮脏伎俩》，标题下面就是莫布雷打印的备忘录。但由于莫布雷将备忘录中的美式拼写和用法“错误”改成了英式，[①]它的出处立即受到质疑。如果所有的拼写都是英式英语，这怎么可能是从美国泄露出来的备忘录？莫布雷说：“怀疑的声浪四起。是伪造的吗？一些本打算报道《观察家报》新闻的媒体取消了采访，因为他们怀疑备忘录的真实性。我们决定，‘读编往来’栏目应发表一篇特别报道，回应数以千计读者的投诉。许多投诉的读者是美国人，他们称我们是‘撒谎的英国佬’，声称报道的作者是骗局的受害者，该电子邮件是‘假情报’运动的一部分。”

2019 年的电影《官方机密》讲述了莫布雷的故事和接下来发生的事情，她犯的错误只是她所处环境要她做的事情

---

① 莫布雷“合乎情理”地遵循着《观察家报》的风格准则。

之一。

我最熟悉的出版社风格是，对“organize”（组织）和“realize”（意识到）一类的单词，使用“-ize”的拼写。在我大部分的职业生涯里，我将这样的规则应用到出现在办公桌上的文字上。我记不清有多少次人们告诉我，“-ize”式拼写是错误的，因为它们是美式拼写。[①] 事实上，早在15世纪，英式拼写就开始使用“-ize”，这也就是说，17世纪第一批从英国来到美国的定居者在船上装满了狗、绵羊、山羊、家禽，还带上了“-ize”拼写方式，而且，他们将“-ize”坚持用到了现在，这就是现在人们认为这是美式写法的原因。

诸如“organize”和“realize”等单词，词尾的“-ize”直接来自希腊词根“-izo”，而“-ise”来自法语词根“-iser”——后一种写法出现得比前者要晚近一个世纪。钦定版《圣经》和莎士比亚全篇都使用“-ize”式写法，“-ize”也是所谓“牛津拼写法”的一部分，因为牛津大学出版社和

---

① 2009年《守卫国土：军情五处正史》（*The Defence of the Realm: The Authorized History of MI5*）出版时，“authorized”（授权）的“-ize”式写法，引起了很大争议。军情五处自己的网站在提到这本书时，坚持使用“-ise”式拼写。在美国版中，他们调整了写法以“守卫国土”。大概，这是一招转移视线的权宜之计，不必为了厘清“守卫”到底应该写成“defence”（英式写法）还是“defense”（美式写法）而元气大伤。

《牛津英语词典》都采用这种写法。[①]不过，人们一贯搞不清哪些写法是正确的，哪些是错误的，倒也并不奇怪——事实上，这取决于你在哪里，以及你在为谁写作。北约、世界卫生组织、联合国教科文组织、联合国、《大英百科全书》、剑桥大学出版社和《自然》杂志都普遍使用牛津拼写法。但大多数英国报纸使用“-ise”，这或许是因为报纸读者认为“-ize”是一种美式写法，所以这么写符合其期望。《泰晤士报》一直使用“-ize”，直到1992年才改为“-ise”。自然，有些读者想知道这是为什么——于是，当时的首席修订编辑（Chief Revise Editor[②]）理查德·迪克森（Richard Dixon）与一位读者做了这样的书信交流：

读者问：

我最近翻开《泰晤士报》，注意到某些动词采用了出人意料的写法。《牛津英语词典》上的单词拼写为“colonize”和“modernize”，《泰晤士报》则将这些单词拼写为“colonise”和“modernise”。《泰晤士报》是什么时

---

① 但如果单词的词尾不是源自希腊语后缀“-izo”，牛津（还有其他所有地方）就不用“-ize”——这就是我们有了“analyse”（分析）、“prise”（奖赏）和“chastise”（惩罚）等写法的原因。

② “revise”（修订）的词源是拉丁语和法语，所以，它不应该变成“revize”。

候改变写法的？为什么呢？

编辑答疑：

在“-ize”与“-ise”这场大辩论里，《泰晤士报》选择了简单，而不是卖弄学识……本报的规则是，凡是词源学专家认为源自古希腊语且后缀中带有 zeta 的动词，在英语中都应处理为“-ize”。但 1992 年的风格指南中，出现了以下条目：“-ise，-isation：在几乎所有情况下都要避免 z 构词。这是火山爆发的地方，常见的用法冲击着古典词源的外壳。这一指导意见将希腊语 zeta 词根结尾按照拉丁语结尾和常见用法的方向进行了修正：apologise, organise, emphasise, televise, circumcise。唯一例外的只有‘capsize’这个词，应该把它保留在希腊式的平静当中。”

“火山爆发”很好地形容了 -ise/-ize 这场辩论。不稳定的流动地表，随时可能在你脚下爆炸。

国王来了

1906 年，H.W. 福勒（H.W. Fowler）和 F.G. 福勒（F. G. Fowler）兄弟在《国王英语》（*The King's English*）一书中写道：“英国语言和美国语言，以及两国的文学，都是好东西；但把它们分开总比混着好。”1997年，金斯利·艾米斯（Kingsley Amis）编撰了他自己版本的《国王英语》，该词典的索引在“美式英语”下列出了如下子词条：accent（口音）；accentuation（重音）；alternate world（或然世界）；-athon;bath（浴室）；billion（十亿）；convince（劝服）；dangling participles（垂悬分词）；elevator（电梯）；Germanisms（德语借用）；‘gorged-snake’ construction（“贪吃蛇”结构）[①]；kids（孩子）；letter-writing（写信）；penultimate（倒数第二音节）；pronunciation（发音）；shall 和 will；should 和 would；show me a good loser（要经得起输）；specialty（专长）；spellings（拼写）和 subjunctive（虚拟语气）；suckling pig（乳猪）[②]；too；vowels（长短元音）。

我希望这一子词条的范围，能说明美国英语和英国英语

---

① 这个精彩的表述，就是艾米斯所说的“一种新闻报道技巧的美国名字”，即在撰写报道时，把不同的事实组合到一起。他虚构了这样一个例子：“26岁的英国人克里斯·曼基维茨（Chris Mankiewitz）被提名为英格兰足球队的队长，下个月对阵鲁里坦尼亚。这位出生于华沙、现已是两个孩子父亲的小伙子，在他最近翻新、价值15万英镑、位于德特福德的家里说，‘我24岁的漂亮金发妻子，还有我，听说这个消息后都欣喜若狂’。”

② 根据艾米斯的说法，“sucking pig”是“尚未断奶的小猪的普通名称”。他认为，“suckling pig”是美式英语，“兴许还很古老，从 sucking 到 suckling，在口感上的收获看似很小，但再小的收获也有帮助，一如不积小流，无以成江海”。

之间可能存在的“异常基础”的广度和深度——或者，至少是艾米斯能找到的“异常基础”的广度和深度。

这为我们带来了文本的“本土化”，许多出版商直到最近都会这么做，也就是将美国版的图书处理后再在英国出版。在世界的联系尚未达到如此紧密的程度之前，英国出版商认为读者需要文本的本土化，以免碰到不熟悉的词汇。英国读者能应付 drugstore（药店）、pacifier（安抚奶嘴）、cookie（饼干）、apartment（公寓）和 vacation（假期）等词汇吗？还有 diaper（尿布）、freeway（高速公路）、zip code（邮政编码）和 railroad（铁路）呢？然而，本土化文本充满了难题——如果作者是美国人，并且选择了这些确切的词汇，那么，将美式英语改为英式英语真的正确吗？你真的可以用一个词代替另一个词而不改变它的意思或含义吗？在这种事情上，你有可能走得太远。

本土化文本，需要付出时间和金钱，尽管过去有不少出版商都会为自己的版本重新设定文本，以便将出版的所有内容本土化，但如今这种情况非常罕见。所有读者对常用词汇的不同变体都接触得更多了——互联网和全球化使得我们越来越不容易为美国（以及海外其他国家）的词汇感到困惑。

电钻般的兴奋

1947年，乔治·奥威尔写了小说《1984》。[1] 伦敦大学学院收藏了奥威尔的手稿笔记本、日记、信件和照片，按照该学院的说法，奥威尔保留的“私人文件很少，手稿就更少了”（事实上，他唯一流传下来的可称为手稿的东西，就是不到一半的《1984》）。1984年，塞克尔与沃伯格出版社出版《1984》的时候，只能复制奥威尔最后一部小说手稿的40%多一点。我之所以知道这一点，是因为我一直在努力寻找一份副本，想看看能不能找到一个特别出名的打字错误的源头，这处错误在我们这一行里已经偷偷流传很久了。如今，《1984》每本售价约为100英镑，我大概要等到它成为畅销书后再买了。

我们感兴趣的打字错误出现在书的结尾处，温斯顿·史

---

① 我最喜欢的奥威尔小说是《叶兰在空中飞舞》（*Keep the Aspidistra Flying*）。这本书里有着堪称文学史上最精彩的宿醉描写。经过一夜的放荡，戈登·康斯托克在警察局的一间牢房里醒来：“戈登从一个漫长而病态的梦中醒来，意识到借阅室的书放错了方向……除每动一下都会感到有轻微的疼痛扎着自己之外，还有一种巨大的钝痛，不是局部的，而是似乎在全身徘徊。”第二好的是金斯利·艾米斯在《幸运儿吉姆》（*Lucky Jim*）中对吉姆·迪克森宿醉的描述：“他的嘴巴被某种夜晚的小生物用作厕所，而后又用作它的陵墓。还是在夜里，他不知怎么地参加了一次越野赛跑，接着又挨了秘密警察一顿老练的殴打。他感觉很糟。”结尾那句简简单单的“他感觉很糟”，完美地说明了文字是如何变好的。

密斯在“寂寞的十五点”[①]坐在栗树咖啡馆。这一章以奥威尔一贯的风格推进——每个词都是无比恰当，每个词都是它应该是的样子，在它应该在的位置。直到你进入下面这一段：“一阵刺耳的喇叭声响了起来。这次是发表公报了！胜利！在消息发布前响起喇叭，总是意味着胜利。咖啡馆里传来一阵电钻般的兴奋[②]。甚至服务员也惊了一下，竖起了耳朵。”

我的书架上有4种不同版本的《1984》，但没有一种保留了这个好上加好的打字错误。我知道，每次我碰到它，我就犯了“脸罪”[③]。当然，温斯顿·史密斯在1984年的工作是整天忙着纠正和重写《泰晤士报》的错误印刷和错误引用，但令我感到伤感的是，这么多年来的某个时候，一双勤奋的编辑之眼把这处疏漏完全改写并提交了上去。

勘误表、正误表和附录

“面对那些要为错误负责的人，我们既心怀同情，也会调侃取笑，因为我们完全知道他们发现错误时会有什么感

① 写得多么好呀——谁不知道“寂寞的十五点”呢？

② 此处原文写的是“electric drill”，实际上应该是“electric thrill”，意思是“电钻般的兴奋”。——译者注。

③ 此词出自《1984》，是大洋国的新话之一，意思是“通过人的面部表情来指认其犯思想罪”。——译者注。

受。”马丁·托斯兰（Martin Toseland）[1]在《类固醇撞地球》（*A Steroid Hit the Earth*）[2]一书的前言中这样写道。以我的经验来看，情况甚至比这还糟，因为如果你从事出版工作，发现错误的通常不是你（我的意思是，找出错误是我的工作，但如果我发现了，我就会采取措施，这才是我工作的意义），而总是策划编辑、作者、同事、评论家、好心的朋友、吵闹的互联网博客作者，要不就是愤怒的公众成员。大多数跟我共事过的人都知道，一本书刚交给我，我会像有点迷信似的，不去查看它们的进度；我会把它们塞进桌子上的文件堆里埋上一个来星期，如果没人来指出什么，我才敢去看看。

如果你像我一样，在出版行业干过这么久，你不可能不遇到一些值得注意的错误，其中一些还是经过自己签字确认的。

那么，万一发生了最糟糕的情况，哪怕安排了文字编辑和打字错误猎手，但错误还是堂而皇之地溜出来，你该怎么办？纠正勘误（尝试把“坏”词变好）最早的一个例子，来

---

① 他收集的其他令人拍案叫绝的错误还包括：“他把头靠在她的头发上。一只黄蜂从他脸上掠过。他吻了它。”出自埃利森·伯德（Alison Bold），《值得珍惜的时刻》（*Moments to Cherish*）。（“他吻了它”的原文是“He kissed it”。错误的可能是“kissed”一词，应为“hissed”，即“他把它吹走了”。）

② “steroid”当为“asteroid”之误写，即“小行星撞地球”。——译者注。

自1613年后人叫作“犹大圣经”（Judas Bible）的一本书。在《马太福音》（26:36）中，一张写着“耶稣”的小纸条，贴在了一行字上。下面，你可以看到另一个“J”字的边缘，小纸条是为了掩盖它而贴的。那里原来印的是犹大（Judas）——而非耶稣（Jesus）——说：“你们坐在这里，等我到那边去祷告。”

钦定版《圣经》中的一些错误太出名了，出错的手抄本如今已因此留名。有一本叫“恶经”，在《十诫》中漏掉了“不”字，指示读者行邪淫；还有一本叫“醋经”，把“The parable of the vineyard”（葡萄园的比喻）写成了“The parable of the vinegar”（醋的比喻），我个人最喜欢的是“印刷工圣经”，它把“Princes have persecuted me without a cause”（首领无故逼迫我）错写成了“Printers have persecuted me without a cause”（印刷工无故逼迫我）。

勘误表也叫作“corrigenda”（用华丽的拉丁语来粉饰你的失误，再没有什么比这更能让你感觉好一些了），传统上，它是在一张纸上列出错误及其更正，插入书中。按《芝加哥格式手册》（*The Chicago Manual of Style*）所说：

> 勘误表绝对不是一本书常见的组成部分。绝不应该用它来纠正单纯的印刷错误（这可以放到以后的印次里纠正），也不应该用它来插入对印刷文本的补充或修改

（这应该放到新版本）。它是一种仅限于极端情况使用的手段，即没能及时发现严重到足以引起误解的错误，无法以正常方式纠正，但此时成书尚未发行。

詹姆斯·乔伊斯（James Joyce）1922年版的《尤利西斯》有一份8页的勘误表。《每日电讯报》的尼古拉斯·布林科（Nicholas Blincoe）援引一位书商的话说，第一版"由7名打字员录入，不是喝醉了酒，就是年纪很大，又与一位盲人作家一同工作"。[①] 就像是嫌这事还不够复杂，乔伊斯的一些"错误"是故意的，印刷人员或编辑错误地加以"纠正"。利奥波德·布卢姆（Leopold Bloom，小说的主人公）发现一份报纸把自己的名字错误地印成了"L. Boom"，法国版对此进行了（无益的）修改。一本带勘误表的《尤利西斯》比不带勘误表的值钱5倍。

现在已经不太常见到带有勘误表的书了。出版商的首次印刷量一般比过去要少，所以，直接把印好的书打成纸浆，更正后重新印刷，从经济费用上看，可能跟附加一份勘

① 由于视力问题，詹姆斯·乔伊斯戴着眼罩，所以，他的大部分写作是在大幅张纸上用红色蜡笔完成的。最近，我的一名校对员从我们正在忙活的一本书里发现，我们把眼罩戴到了乔伊斯的右眼上，但实际上，他通常是左眼戴眼罩。同一名校对员还指出，我们在书中描述一个人物在"吃肥皂"（soap-eating），而不是更常见的"喝汤"（soup-eating）。

误表差不多。但是，这些来自过去的小纸片，呼应了学者亚当·史迈斯（Adam Smyth）所说的“联系”，即一本书的制作与作者思考过程之间的联系。史迈斯专门研究现代文本的不稳定性。这里有一个理解勘误表消极反抗的例子：历史学家丹尼斯·邓肯（Dennis Duncan）在推特上突出引用了一份勘误表，来自玛丽·佩瑟布里奇（Mary Petherbridge）1904 年出版的《索引技术》(*The Technique of Indexing*)。勘误表上的文字是这样写的:“这项研究工作需要拥有一两本好的参考书，可能还需要去趟大英博物馆，从目录中可以找出所有作者录入正确的姓名。”勘误表上写着:“勘误表：第 25 页，第 3 行，‘所有作者’应为‘几乎所有作者’。”

“历史就像羊皮纸”

在《1984》里，温斯顿·史密斯描述道,“全部历史像一张不断刮干净重写的羊皮纸……书籍也一而再、再而三地收回来重写，重新发行时也从来不承认做过什么修改”。

互联网时代带来了对错误的两种截然不同的观点。互联网和电子书可以实时更正、进行编辑，这就意味着，打字错误和其他错误可以很容易地从历史上抹去，只要有需要，就可以“刮干净重写”，直到只剩下正确的版本。与此对立的看法是，网上发布的错误信息和错误是不可能抹去的——不像纸质书，可以收回销毁。《错误的遗憾：媒体的错误如何污染新闻并危及言论自由》(*Regret the Error: How Media Mistakes Pollute the Press and Imperil Free Speech*)一书的作者克雷格·西尔弗曼(Craig Silverman)认为，“只有当更正内容易于获取，并且以一种清楚地传达了错误和正确信息的方式写出来的时候，更正才会发挥作用。在网络世界，更正也必然存在于违规文章的语境之下”。温斯顿·史密斯在“真理部”的工作显然缺少这一语境，那里直接将错误从历史中抹去，不承认从前发生了什么。

犯错是人之常情

1644年，约翰·弥尔顿(John Milton)出版了《论出版自由》(*Areopagitica*)，并在书中反对许可和审查制度。弥尔顿认为，人人都有权利自己通读一本书来判断其品质，而不是让别人替他决定。这甚至适用于被禁止或被认为是异端的书，因为我们可以从自己不认同的书中学习。弥尔顿认为，人人生来都拥有自由意志和良知，因此应该自己决定什么样的文字有价值，而不是听命于学科机构。在印刷时代的早期，读者不仅容忍错误，还期待错误，因为错误提供了文本和读者之间交流对话的可能。艾德丽安·拉法朗丝（Adrienne LaFrance）在《错别字更正史》（*A Corrected History of the Typo*）里说：

> 印刷业的漫长历史里充斥着错误、删改和重写——事实上，这是一个值得庆祝的事实，在某些方面甚至值得效仿。在图书问世之初，作家和读者围绕错误聚在一起，这是他们讨论这部作品的一种手段。当书还是新的时候，人们认为它们是流动的、可以改变的。和我们以为的不同，人们对错误并不扼腕叹息，而是在文本之上、页边空白处和页间的勘误表上涂写更改。

这样的想法我很喜欢，即读者是文本质量的最终裁决者，错误是产生对话、表达意见分歧和交流强烈观点的一种方式。如今，我们往往以为，印刷出来的东西就是正确的。印刷过程本身，为纸张上的每一个字、事实或论点赋予了权威性。就好像只要能印刷出来，我们就会觉得它一定是正确的。拉法朗丝在她的文章中与亚当·史迈斯讨论了早期现代文本中的错误。史迈斯指出，在早期，文字印刷导致了“愚蠢错误的传播”，错误不会像现在这样“被隐藏起来”。他认为，错误提醒我们，“书里出错的瞬间，在生产过程中得以短暂暴露或揭示出来的感觉，这两者存在联系”。我认为，这就是人们喜欢听到这些错误的原因——它们让我们得以一窥出版任何东西的幕后所涉及的艰苦工作，也让我们偶尔看到所有参与者都免不了犯错，这是人之常情。更不用说，错误还能给我们带来欢笑，谁会不喜欢呢？

亚当·史迈斯说：“我们可能认为错误不是一个需要消灭的漏洞，而是不可避免的存在；它甚至不是一件始终令人遗憾的事情，而是写作、印刷、生活的一方面，永远存在。”

第 8 章　脚注病：脚注

“被迫阅读脚注，就像正跟人亲密时却得下楼去开门一样，令人扫兴。”诺埃尔·科沃德（Noël Coward）[①]说。拜托，下一趟楼梯还是值得的。我喜欢脚注。开门后发现门口站着个脚注，我会很高兴地邀请它直接进来取悦我。有趣、调皮、消极反对、启发、跑题、调侃，脚注是你能在一篇文章中找到的最好玩、最热情的东西。更重要的是，只要运用想象力，脚注可以像书里的其他任何元素一样动人或感人。

脚注学

脚注的发明通常归功于理查德·贾格（Richard Jugge），他

① 有人问诺埃尔为什么“Noël”上会有“分音符”（也就是‘e’上的小点），他说：“我没有往‘e’上加点。是语言加的。要不然就不是‘Noël’而是‘Nool’了！”如果没有脚注，文本中还有什么地方能容下这样的趣事呢，诺埃尔？

后来成为伊丽莎白一世的皇家印刷师。[①] 当时，印刷版《圣经》的页边空白处到处堆满注释，向读者说明晦涩的教义，或是对教皇的讽刺，或是指出其他宗教分析人士的错误陈述。贾格很有远见地把这些注释放到书页底部，整齐地排列成第一代脚注。到 1729 年，英国诗人亚历山大·蒲柏（Alexander Pope）出版了《愚物列传》（*The Dunciad Variorum*），脚注不再仅用于为读者提供直接、有用的额外信息，更成为作家嘲笑整个同业的一种方式。[②] 尽管有这样的嘲讽在先，半个世纪后，爱德华·吉本（Edward Gibbon）的六卷本《罗马帝国衰亡史》（*History of the Roman Empire*）仍在 150 万字的文字中加入了大约 8000 个脚注。[③] 大多数脚注学家（数量比你想象的要多）都同意，历史上最长的脚注是约翰·霍奇森牧师（Reverend John Hodgson）于 1840 年写的《诺森伯兰史》

① 遗憾的是，贾格并不是一个令人满意的皇家印刷师，在为教会和政府印制《圣经》的过程中，他的速度慢得令人难以忍受。经过"长时间的听证和委屈的声辩"之后，他显然收到了命令，仅限于印刷《圣经》的四开本和六开本。四开本的幅面，跟我们现在的 A4 纸差不多大；六开本是 A4 纸的四分之一。

② 这里没有足够的篇幅详细研究《愚物列传》一书的脚注（我这边也并没有这个意思；它大概要算我读过的最令人不快的东西）。蒲柏一开始就有此打算，给标题加了个脚注。牛津大学英语教授约翰·穆兰在《卫报》上写道，"诗歌部分满盖着蒲柏的序、注释和附录——这显然是一种模仿学习的手法，模仿了自诩为学者和批评家这一类人的自负"。

③ "由于文件过大，本书下载可能需要更长时间。"亚马逊这样描述本书的电子版。

(*History of Northumberland*)。它长达264页，这的确会让你怀疑它到底是不是真的脚注。也许，是维多利亚时代的排字工享受了一顿伴着醇香美酒的午餐，不小心便把它设置成了这样。

就算脚注有点长，我也觉得饶有趣味。保罗·奥斯特（Paul Auster）的《穷途》(*Hand to Mouth*) 在封底简介中写道，这本书以“文学史上最长的3条脚注：一款纸牌游戏、一部关于棒球的惊悚小说和三出短剧”作为结尾，“所有对保罗·奥斯特感兴趣、对挣扎中的艺术家形象感兴趣、对贫穷本质感兴趣，或是对棒球感兴趣的读者，必读此书”。这显然是更高层次的脚注（“你敬脚注一寸，它就占你一尺”)[①]，我也很佩服这位作家的厚脸皮，他决定用脚注的方式把一部关于棒球的惊悚小说改编成自己的自传。

脚注的使用方法多种多样：插入正文中可能会分散读者注意力的题外话或限定条件；提供引文或出处，支持书中（多为学术书籍）有此需要的主张；作为对读者的旁白[②]或额

① 此话出自弗兰克·沙利文（Frank Sullivan）。

② 以下这段脚注旁白怎么样?“这是正典中唯一提到福尔摩斯眉毛的地方。”（Leslie S. Klinger, ed., *The New Annotated Sherlock Holmes*）顺便说一句，克林格关于福尔摩斯世界的书有近2000页长，重达4.5公斤；书中还报道了另一位福尔摩斯迷罗杰·克拉普（Roger Clapp）的作品，他研究了维多利亚时代铁路时刻表，得出结论：在整个夏洛克著作的语料库中，只有一段火车联程车次是正确的。你看，由于这并不是一本关于夏洛克·福尔摩斯的书，如果不用脚注，我就没法把这一点告诉诸君。

外的路标，方便作者打破第四面墙。在非虚构类作品中使用脚注是惯例（实际上，我希望你们从这一章的阅读中了解到，学术作品使用的多为尾注），但在小说中也可以创造性地使用脚注。在谈到自己的小说《多样的凯瑟琳》（*An Abundance of Katherines*）时，作者约翰·格林（John Green）评论了文本中设置的脚注："它们可以让你秘密创作第二叙事，比方说，如果你正在写一本关于故事是什么、故事是否重要的书，这一点很重要。"

我想，这就是我喜欢小说中脚注的地方——它们可以在文本中添加第二个藏起来却又看得见的故事。科幻小说家特里·普拉切特（Terry Pratchett）的"碟形世界"系列小说广受欢迎有很多原因，其中之一便是它们的脚注平行世界（Reddit 上有很多帖子都在讨论人们最喜欢普拉切特的哪些脚注）。在撰写《好兆头》（*Good Omens*）时，普拉切特和尼尔·盖曼（Neil Gaiman）经常给对方的部分加脚注，使两人能够对自己的作品进行反向对话，并与读者分享。J.G. 巴拉德（J. G. Ballard）的故事《走向精神崩溃的笔记》（*Notes Towards a Mental Breakdown*）只有一句话[①]，每个单词都有一段详细的脚注来讲述故事。"每一个强化情节的注释都模糊了作者与主题

① 这句话是这样写的："一名从布罗德莫精神病院出院的患者，编撰了《走向精神崩溃的笔记》，回忆自己妻子的遇害，他的审判和获释。"

之间的差异，因此，结构上的差异反映了心理上的差异。”[①]

当脚注……不再是脚注

我和作者们多次谈起过脚注，但他们实际上指的是尾注。令人费解的是，这导致了太多的混淆——线索就在名字里，但这种情况经常发生。脚注在页脚，而尾注……在书的末尾，有时在每一章的末尾。这种混淆并不局限于与我共事过的作者。弗拉基米尔·纳博科夫的《微暗的火》(*Pale Fire*)和大卫·福斯特·华莱士的《无尽的玩笑》(*Infinite Jest*)[②]经常被人视为大量使用脚注的例子，但实际上，它们大量使用的是尾注。乔纳森·罗素·克拉克（Jonathan Russell Clark）在博客文章《论注脚的艺术》(*On the Fine Art of the Footnote*)中解释说,《微暗的火》由“虚构人物查尔斯·金博特写的前言(Forword)[③]、虚构人物约翰·谢德写的一首999行诗《微暗的

① Ed Park, ‘On his Distinctive Returns’, *Los Angeles Times*, 11 October 2009.

② 在《无尽的玩笑》中，大卫·福斯特·华莱士使用了400多个尾注。不仅如此，他还将一条尾注作为全书的一整章，强迫读者参与其中。它长达7页，文本通篇都使用脚注的小字号。整整7页。这种技术不仅能让读者与尾注互动，还意味着阅读《无尽的玩笑》时必须使用两张书签。

③ 这里当然应该是“前言”(Foreword)才对；出错的是克拉克，不是纳博科夫。感谢有脚注——要不然，我还能在哪里指出来呢？

火》，接着是金博特写的一段评论构成，我们很快会发现金博特是个疯子，认为自己是一个叫赞巴拉的国家的国王”。

纳博科夫的尾注用法，迫使读者在谢德的诗歌和金博特的评论之间来回切换，给这部虚构类作品的读者带来一种阅读学术参考的体验。然而，后来人们才发现，在《微暗的火》中，纳博科夫只是在对笔记和注释问题进行热身。两年后的 1964 年，他翻译出版了亚历山大·普希金（Alexander Pushkin）的诗歌《尤金·奥涅金》（*Eugene Onegin*）——《纽约时报》在书评栏目里尖锐地评论道：“在篇幅问题上，他的出版商显然没能拦住他。”纳博科夫当然没有受到任何阻碍——他的《尤金·奥涅金》出版了四卷 2000 页，但其中只有 228 页是真正的诗歌。剩下的部分则是注释、评论、说明、诗歌的不同版本和两篇附录。“艺术和科学一样。”纳博科夫在评论中说，“没有细节就没有趣味，而我正是努力想让读者把注意力放到细节上。”翻译之初，他写信给合著的朋友埃德蒙·威尔逊（Edmund Wilson），说这部作品“可以很顺利地与其他乐趣结合起来”。忙活了一年之后，他再次写信给威尔逊：“我……处于崩溃边缘，不适合与人交往。”[①]

① 尽管纳博科夫的《尤金·奥涅金》于 1964 年出版，但直到 20 世纪 70 年代，他还在继续修改这本书，部分原因是为了回应威尔逊在《纽约书评》上发表的一篇批评性评论。

1970年，《洛丽塔注释版》（*The Annotated Lolita*）[①]出版，阿尔弗雷德·阿佩尔为之做注。《纽约时报》上的一篇评论文章论及其中的脚注，形容阿佩尔就像“一名心怀崇拜的纳博科夫主义者”，他“在文本中步履蹒跚，解释在大多数情况下不需要解释的东西。不知不觉中，他留下了如查尔斯·金博特般离奇的印象，后者是个疯狂的注释者，用学术笔记占据了纳博科夫叙事诗《微暗的火》的空间，像寄生虫一样吞噬着它的主人”。我觉得纳博科夫会认同这说法。

死亡的短剑在迫近

向读者发出注脚信号的方法多种多样。可以直接按顺序使用上标编号[②]，有时放在括号内。但如果你可以使用下面这

---

① 《洛丽塔》最初出版于1955年，根据布莱恩·博伊德（Brian Boyd）在《纳博科夫传：美国时期》（*Vladimir Nabokov: The American Years*）一书中的说法，当时的版本“充斥着印刷错误”。正是这本书，让纳博科夫声名大振，尽管一如他后来指出，这或许也是“洛丽塔”这个名字不再流行的原因：“人们似乎不再给自己的女儿起名为洛丽塔，这件怪事说不定是我的原因。自1956年以来，我就听说过人们给年幼的雌性贵宾犬取这个名字，但没有真正的人会取这个名字。”

② 在文本中使用注释指示符时，它应该放在一行内的“上标”位置。也就是说，数字或符号将出现在文本行的基线（每个字母所在的看不见的线）之上。

些漂亮的符号，谁会想要“直接按顺序使用上标编号”呢？

*†‡§‖¶

在我看来，这些符号是你能从一页纸上发现的最迷人、最优雅的装饰品。它们难道不会让你随时随地想添加脚注吗？让我们来多了解了解它们。

小星星

考古学家吉纳维芙·冯·潘辛格（Genevieve von Petzinger）花了5年时间，汇编出一套囊括欧洲370处岩石遗址的几何符号数据库。她发现，在整整3万年的时间里，整个欧洲地区只有32个符号反复出现。考虑到距离和时间因素，使用这套符号词典的人彼此之间是多么隔绝孤立，你会觉得这相当不可思议。在这32个符号中，有一个就是星号，俗称“小星星”。

我们知道，约两千年前，萨莫色雷斯的阿里斯塔克斯是亚历山大图书馆馆长。除了每天照料保存在那里的40万卷纸莎草卷轴，他还抽时间编辑“荷马”的作品。在编辑过程中，他使用了一个叫作“asterisfkos”（※）的符号来标记重复段落。显然，阿里斯塔克斯是一名对待工作严肃认真的自由文字编辑兼校对员，因为他还发明了一些符号用来表示句子放错了地方（“带点半月形”：ↄ），以及各种其他基于月形的符号，用以表示手稿中哪里出了问题。如今，他的名字“aristarch”成了名词，表示某人是个严厉的批评家，这一点大概暗示，他在这些符号的使用上有点太随意了。

短剑号

萨莫色雷斯的阿里斯塔克斯是第一个脚注符号的部署员，但令人感到不解的是，跟第二个脚注符号短剑号联系在一起的，却是他在亚历山大图书馆的前辈。短剑号是一种名为“方尖碑”（obelisk）[①] 符号的变体，由泽诺多托斯（Zenodotus）发明。泽诺多托斯以审查元数据的最初使用（公元前 280 年）而闻名——这意味着，他图书馆里的卷轴底边有标签，列出了作者、标题和主题，读者无须打开整个卷轴，就可以知道它是什么。我们将在本章后面看到，脚注和尾注是现代超文本链接的祖先，泽诺多托斯或许不会为此感到惊讶。

方尖碑符号代表一柄烤叉，或标枪的末端——形象地表明一种可用来“挖出”或“剪掉”多余文字的东西。中世纪

① 方尖碑符号开始时是“-”，接着演变成了“÷”，最后确定为目前匕首状“†”或“‡”形式。

学者哲罗姆巧妙地总结了星号和短剑号之间的区别：“星号让光芒照耀，方尖碑切割和刺穿。”我喜欢这样的思考方式：星号照亮了需要强调的地方，而方尖碑则从字面上挖出我们文字中的错误。我希望文字编辑不要用方尖碑来切割、刺穿我太多的文字。不过，情况也可能会更糟。短剑号有时也叫“死亡短剑”，多用于一个人生卒日期的前面或者后面，以表明此人已经……死了。

双剑号

如果说，名字旁边放一把匕首还不够惊吓的话，你可能会发现名字旁边放着一把双剑，死得更惨。这第 3 个脚注符号显然与真正的短剑有很多共同之处，尽管有一点值得指出，它也可以用于国际象棋，表示“将军”。无论剑号，尤其是双剑号，出现在哪里（除了脚注位置），通常都是坏消息。

分节号、管道号和段落号

对印刷工和排字工经常去的酒吧来说，“管道和段落”或许是个挺不错的名字。但我把这 3 个符号放到一起，是因为在星号、短剑号和双剑号之后，人们按什么顺序使用脚注符号，或者应该使用哪些符号，并没有多少共识。当然，一个符号在清单上的位置越靠后，你看到它的可能性就越小——故此，分节号[①]、管道号[②]和段落号[③]，是比星号和剑号更罕见的符号。联合国等组织让这种情况变得更加不公平，其编辑团队在其《在线编辑手册》中表示，在联合国官方文件中使用的脚注上标的顺序为：*、**、***、****、†、‡、§。他们显然是星号的忠实粉丝，尽管过度使用星号乍看上去兴许会让人觉得这是在忙着删掉文本中的脏话。

“有趣、迷人、休息的机会”

脚注的生命始于持不同宗教观点的人们在书里的同一页上争论观点——好斗的文字拿起短剑要一决高下。也许，这就是为什么精确锋利的短剑形状能很好地凸显这一类的分歧。脚注直戳问题的核心。用这把小小的短剑直接戳中对手，会

① 分节号由两个“S”字形组成（所以也叫“双S号”），可能来自拉丁语“*sigum sectionis*”——“小节截断”。雅罗斯拉夫·哈谢克（Jaroslav Hašek）在《好兵帅克》里用其来指官僚主义。

② 管道号是“caesurus”（休止号）的一种，意思是“切割”，最初用于表示文字的停顿或中断。

③ 段落号（pilcrow）来自希腊单词“paragraphos”，接着，它演变成paragraphe、pelagraphe、pylcrafte，最后成了pilcrow。

让你心满意足。但渐渐地，脚注长大了，不再挑起那么多的争吵，随着时间的推移，它成为学术严谨性受人尊敬的象征。

在《脚注》（*The Footnote*）一书中，安东尼·格拉夫顿（Anthony Grafton）说，“正文用来说服，注释用于证明”。一如他的解释，脚注的作用是“让读者相信这位历史学家所做的工作可以接受”[①]。和格拉夫顿一样，我咨询的另一位脚注学家是恰克·泽尔比，他撰写了《魔鬼藏在细节里》。和《脚注》一样，《魔鬼藏在细节里》也有很多的脚注。然而，泽尔比真的比格拉夫顿更胜一筹，把事情彻底搞复杂了——他在书页上同时使用了两种脚注系统。他用脚注符号表示正文的旁白、发展或详尽阐述，但他还用数字来表明自己的资料来源。因此，每一页都有大量的小符号和小数字。如果说明“出处”的编号脚注放在末尾整齐地码好，让（非常有趣、信息量丰富的）“旁白式”脚注在页面上闪闪发光，兴许会更受读者欢迎。泽尔比说，“脚注的主要作用是打断，简单地打断”——这确实让我心存疑虑，为什么他选择让资料来源也采用脚注的形式。我不介意在书中（或在现实生活中）被一

① 格拉夫顿当然向读者展示了他勤奋的工作：在他总计 244 页的书中，出现了 423 个脚注。平均每页 1.73 个脚注。他几乎所有的脚注都是用来表明出处的——在我看来，这意味着它们其实是尾注，应该整齐地码在书的最后部分，而不是到处乱堆，绊倒读者。

些好玩迷人的东西打断，但我真的很介意自己浏览书页时，被资料出处这样平淡的东西打断。让我自己在方便的时候翻到书的末尾去看更好。也可能我永远不会翻过去看。

泽尔比描述了脚注如何“让我们听到偏见的失误[①]，听到情绪、微妙的决定、丑闻和愤怒”——这就是为什么这些小小的文字旁白分量这么大。脚注为我们理解作者的写作意图贡献良多——它们需要机智、技巧和时机，但如果它们能带来回报，那就是真正的回报。

2000年，马丁·埃米斯出版了自传《经历》。[②]他在书中解释了自己为何使用脚注：“为保存附带的想法。”这是一种揭示“小说家沉迷于看到相似性并建立联系”的方式。脚注是《经历》中有趣、动人的元素之一。[③]

在《经历》一书中，埃米斯写到了表妹露西·帕丁顿

① 说到偏见，以下脚注是我和其他许多人公推的“十大精彩脚注”之一：“在每次概括中加一句‘意大利人除外’，会让人感到厌倦。从这里开始，读者不妨就这样认为。”这句话的出处是A.J.P. 泰勒（A. J. P. Taylor），《欧洲列强争霸史1848—1918》（*The Struggle for Mastery in Europe*, 1848-1918）。这句脚注对应的正文是：“基于个人道德准则，所有的外交官都是诚实的。”

② 埃米斯还出版了其他多本作品，包括《死去的婴儿》（*Dead Babies*, 1975）。这本书的名字挑衅性太强，出版平装版时改成了《黑暗的秘密》，不过，在新近的版本里，它似乎又恢复了原名。

③ 不妨看看《经历》第49页的这个例子：“在我家，从前还在南威尔士的日子，5岁的孩子就能在圣诞节那天抽一支烟。”

（Lucy Partington）动人而哀婉的故事。露西于 1973 年失踪，遗体直到 1994 年挖掘连环杀手韦斯特夫妇（弗雷德及罗斯）位于格洛斯特的房子时才最终被发现。[①] 泽尔比注意到，埃米斯在《经历》的正文中写到了露西（并简要地指出她被弗雷德·韦斯特杀害），接着把韦斯特放在了脚注之中。直到韦斯特在 1995 年 1 月自杀这一章开始，埃米斯才允许他再次进入正文——可以说，通过死亡，他从脚注中浮现出来，进入正文——通过这种方式，埃米斯成功地将表妹与凶手分开，让她最终摆脱了自己的名字总是与后者的名字并排在一起的状态。

尾注赞

我知道，我对尾注有点不公平。不像脚注，尾注没有迷人的标志或符号来吸引读者，而且，我希望我已经说得很清楚了，尾注应该留给纯粹的功能性事项：资料的出处和贡献人员。如果说，脚注有时会分散注意力，带点炫耀意味，令人略感恼火，那么尾注却是值得信赖的、可靠的幕后英雄。如果你能信任尾注，那么你就能相信作者和他的作品。脚注

① 弗雷德·韦斯特（1941—1995）是一名连环杀手，1967 年至 1987 年，他至少犯下了 12 起谋杀案。大多数谋杀都是他与妻子罗斯共同作案的。

展示了作者的创造力，尾注则揭示了所使用的资料来源，并确认研究已妥善完成。“脚注的力量来自它的颠覆性”，[①]而尾注的力量来自它对文本真实性的支撑，明确而谨慎，就像罗马式的支撑墙。

来自未来的注释

对我来说，脚注的乐趣在于，每当我看到一个，我就会想：“在这页书底部会有进一步的阐述。”我只需要向下瞥一眼，就能被逗乐、被吸引或被打动（当然，这也需要脚注发挥最佳的状态）。但越来越多的人不再阅读纸上的文字，而是在电子阅读器、平板电脑或屏幕上阅读。如果以数字方式阅读文本，你可以点击进入或悬停在“注释指示符”上，即可前往相应注释。但在我看来，它突然把注释与“主体”文本分开了——考虑到脚注本应用于增强所在页面，这是一种耻辱。如今，脚注和尾注脱离了实体页面，自由地漫游在超时空——但我们对它们的感觉仍然一样吗？

越来越多的人鼓励作者把脚注和尾注放到网上，而不是放在书的页面上。2011 年，《纽约时报》发表了一篇关于数

① 此话出自 www.barnesandnoble.com/blog/consider-the-footnotewhy-dont-more-authors-use-the-most-powerful-tool-in-fiction/。

字时代脚注未来的文章[①]，亚历山德拉·霍洛维茨（Alexandra Horowitz）对这一趋势做了精彩的总结："脚注实际上是超链接的前身，是思想流的终极阻碍。（但脚注还是要好得多：超链接或许非常有用，但人们永远不会去看页面底部的报错信息，而从前，那里是放脚注的地方。）"[②]

泽尔比对超文本注释的问题是，把注释从实体空间转移到数字空间，消除了"一种戏剧性的可能性"：在脚注里做出了准确判断。他用探险家欧内斯特·沙克尔顿（Ernest Shackleton）写的一个例子完美地说明了这一点。泽尔比说，沙克尔顿在他所写的1907年至1909年的南极之旅的记述中，"几乎没有任何注释"。页面底部"在不留心的人看来，几乎就像冰原一样寸草不生"。随着文字在页面上推进，探险家在冰面上穿行，沙克尔顿描述了人们收集"轮虫"（rotifers，这

① www.nytimes.com/2011/10/09/books/review/will-the-e-book-kill-thefootnote.html?_r=2&ref=books&pagewanted=all.

② 霍洛维茨补充说："就连有声书也解决了如何传达脚注的问题。听一听大卫·福斯特·华莱士（David Foster Wallace）阅读自己的散文集《龙虾考》（*Consider the Lobster*），里面'抢风头'的旁白无处不在——在特定的时间点上，他的声音不自然地飘远，这是为了表现脚注的小字体而采用的制作技巧。"

是一种能在恶劣气候下生存的动物）[①] 样本的过程，并将它们带回祖国进行研究。

在运往澳大利亚的途中，轮虫暴露在更温暖的气候下，等抵达悉尼时，人们发现它们都死了。跟泽尔比说的一样，“(这是）一件伤心事”。接着，他形容自己怎样遇到“文本中一个罕见的星号；他（沙克尔顿）的注释告诉我们：‘在写下这些文字的时候,(我们又）在伦敦检查了轮虫……它们仍然活着……’”恰如泽尔比所说，读者读到轮虫死了，接着又得知了一个奇迹般的消息——还有些轮虫活着,“这短暂的瞬间让我们体验到了沙克尔顿考察队员们的失望和兴奋。如果光是单纯地更正文本，我们就会错过这种体验”。

这里创造性地利用了脚注的独特颠覆性力量。通过弥合沮丧与喜悦之间的差距，读者们微妙而真切地体会到了沙克尔顿手下科学家们所经历的巨大情绪起伏。这就是脚注的力量。

---

① 1696 年，约翰·哈里斯（John Harris）牧师形容这种微型动物时说：“(这种）动物就像一种大号的蛆，它能把自己蜷成球形，并再度伸展开来；它尾巴的末端有类似地蜈蚣那样的钳子。”显然，这需要显微镜才能观察到（这让上述描述显得没那么可怕了），尽管哈里斯的描述中没有提到这一点。

第 9 章　密苏里州的 Index：索引

我的同事理查德喜欢索引。我敢肯定，他更乐意看索引而不是书。好的索引是什么样的呢？有一次，我这样问他。它比常规索引高在什么地方呢？他回答说，“任何会把‘它’放在‘常规’之上的索引，至少都是按笔画顺序排列的”。

这种关于索引的冷幽默没有把我吓到，我继续追问他最喜欢的索引是什么。我以为自己听错了他的回答，他似乎是在说什么“snicker-snack fateful psychosis”（“巧克力棒宿命般的神经病”）。经过我更仔细地盘问，他实际上说的是“snicker-snack，fateful，of psychosis”这 3 条索引。[1]

一如大多数人看到一串看似不相关的单词时的感觉，我

---

① 不要把这跟理查德最喜欢的索引条目弄混。后者显然是“duguid, richard, xxiii”，出自一本书，作者想要为文中出现的每一个有名字的人建立索引（“这么做算是有道理。”理查德说），致谢里出现的人名也不放过（“不太寻常”），参考书目出现的人名也收录其中（“离谱了”）。不过，理查德也做了解释：“他的想法是合理的。在学术界，每当一本新书问世，任何人做的第一件事就是在索引中查找自己的名字。他想让尽量多的人开心。包括我！”

摸不着头脑。后来，我才知道理查德指的是威尔·赛尔夫（Will Self）文集《疯抢》（*Feeding Frenzy*）索引中的一个条目。我顺势追溯到《观察家报》的书评（该评论发表于 2001 年），发现其中提到了完全相同的几个词，“snicker-snack，fateful，of psychosis”。

这位书评人说，在阅读《疯抢》之前，最好先看看索引。按照赛尔夫的说法（书评接着说），它涵盖了“人、地方和事物，但也包括想法、迷恋和我自己恼人的行文风格”。书评人随后提到了其中一些索引条目：“tongues，locking”（直译：舌头，锁定）；“matching socks and shoes”（直译：搭配袜子和鞋）；“co-ordinated foot-and sock-wear”（直译：脚和袜子的协调）；以及最后一条，“snicker-snack，fateful，of psychosis”。我想，我得买一本。

“巨人之躯那孩子般的身影”[①]

《为什么米歇尔·奥巴马的回忆录没有索引？要怪特朗

① 此语出自莎士比亚剧作《特洛伊罗斯与克瑞西达》（*Troilus and Cressida*，1602）：“就这些索引，虽说对于其后的书卷不过是区区的撮要，却也从中可以看见未来全局巨人之躯那孩子般的身影。”有关索引更早的记载，可以从 1593 年克里斯托弗·马洛（Christopher Marlowe）的《海洛与利安得》（*Hero and Leander*）中找到：“因此，一如索引之于一本书的意义，在他看来，年轻的利安得的长相也是如此。”

普》，2018年11月《卫报》刊登了这样一篇头条文章。“她的出版商在想什么？”安·特雷曼（Ann Treneman）在《泰晤士报》上写道：“他们到底为什么不想为读者提供一份相当于路线图的东西呢？”该文引用索引员协会（Society of Indexers）执行董事会成员露丝·埃利斯（Ruth Ellis）的话称，原因之一在于如今图书的出版速度快如闪电。索引是在出版过程的最后阶段编制的，在分外紧凑的时间表里，越来越没空当容得下索引员完成工作。[①] 为一本非虚构类书籍编订详尽彻底的索引，通常需要4—6个星期的时间，很多时候还要更久。

索引员协会荣誉主席萨姆·利斯（Sam Leith）同样把索引比作“路线图”，他在国家索引日发表了一篇对索引的赞扬之词。利斯援引了英国前首相哈罗德·麦克米伦（Harold Macmillan）的话说，优秀的索引“远不止是一本书的内容指

① 曾任索引员协会主席的约翰·萨瑟兰（John Sutherland）在2012年一篇关于萨尔曼·拉什迪（Salman Rushdie）《回忆录：约瑟夫·安东》（*Joseph Anton*）一书的文章中强调，有时作者也可能会故意选择不使用索引。萨瑟兰说，“索引对于非虚构作品书籍的必要性，一如氧气之于肺”。但拉什迪这本656页的书居然没有索引，意在迫使记者和评论家们阅读《回忆录：约瑟夫·安东》的每一页，以找到他们想要的东西，而不是直接求助于索引。拉什迪这么做，大概是为了为难埃德温娜·柯里（Edwina Currie）这样的政界人物，据说，她因为没有被录入英国前首相约翰·梅杰（John Major）的回忆录索引而备受伤害。

南。它常常能让人更清楚地看到它的灵魂，这是任何概要作者或书评家都做不到的”。利斯继续说：“在任何非虚构类书籍中，索引比工具箱里的其他任何东西都更有用。它是文本的地图；一连串设计巧妙的神奇捷径。”理查德说：“好的、坏的索引都各有很多，但好的索引应该依照原样勾勒出土地的概况；从这个意义上说，它也是书店的一种营销工具：我猜会有相当一部分购书人士至少会扫一眼索引，帮自己打定主意。”

展开死海古卷

索引出现之前，还有对照表。对照表会列出文本中找到的每一个单词（这和索引不同，索引只是从文本中选择有限的概念和主题），它们非常耗时费力，故此只有一些大型作品才会这么做，比如《圣经》或莎士比亚的戏剧。想到1230年编纂第一份《圣经》对照表的休·奥法·圣-雪儿修士（Hugh of Saint-Cher）无奈雇用了500名修士帮忙，你大概就明白为什么了。《希伯来圣经》的第一份对照表用了10年时间才编制完成——从1946年开始，考古学家在贝都因牧羊人的帮助下，从死海海岸的洞穴中发现了数千个文字碎片。最早的碎片可以追溯到公元前3世纪，而被称为“死海古卷”

的这些古卷的出版和管理很快便陷入了学术争议的泥潭，许多学者认为一小群人把持了这些古卷，大量学者都无法接触到它们。1991 年，研究死海古卷的马丁·阿贝格（Martin Abegg）得以使用计算机“倒转”一份 20 世纪 50 年代流入更广泛学术界的对照表。借助这份对照表，阿贝格就能够（大致地）重建一些文件，而这一努力最终带来了死海古卷原始文本的发布。我猜，它就像对一本书的索引进行逆向工程，试图恢复整个文本。

指路

“index”（索引）一词来自拉丁语，意思是“指出的人”。萨姆·利斯以侯世达（Douglas Hofstader）1979 年的著作《哥德尔、艾舍尔、巴赫》（*Godel, Escher, Bach*）[①]的索引为例，其中收录了“索引的挑战”“索引揭示一本书的本质”“索引是艺

① 《哥德尔、艾舍尔、巴赫》是我一进入出版行业就交付印刷的第一批书之一。这本书一度是（现在仍然是）我读过的最令人困惑的一本书。宣传语将其描述为“关于思想和机器的隐喻赋格曲；兼具刘易斯·卡罗尔的精神”。在 2007 年出版的《我是个怪圈》（*I Am a Strange Loop*）一书中，侯世达写道：“归根结底，我们自我感知、自我发明、被锁在海市蜃楼里，成为自我参照的小小奇迹。”这让我想起了在“无限循环”词条下的索引，它们把你送到你本就在翻阅的页面上，通过索引，你获得了完整的无限循环体验。

术作品”等词条。这样的“艺术作品”往往会遭到误解，尤其是在数字时代。许多人认为，为一本书建立索引是小事一桩：只需拿出文本的电子形式，在搜索功能中插入名称或主题，并将页码附加到索引条目即可。针对这种看法，索引员协会在网站上解释说，“为索引条目选取合适的术语，并确定文本中哪些是重要信息，这是一项智力任务，只能由人工索引员完成”。索引员协会强调说，以为读者只需在电子书上借助“搜索”功能即可，这种看法存在问题，并解答了“索引”为什么不能简单地通过搜索 pdf 来建立：索引不仅关乎词语，更关乎主题。索引员能够预测读者怎样看待一个主题，电子搜索往往只给读者留下大量无益的“点击”——逼得读者尝试自己去搞清楚什么内容是真正相关。或者，更有可能的是，他们会合上书，放弃，回家。

我请理查德解释一份优秀索引的关键特性。“那得从很明显又不得不说的一点开始：索引要能用。条目按字母顺序排列，页码正确。一本书经过后期制作流程，页码很可能会出错；不过，不能用这个做借口。索引应该对读者有价值（而不是为了让作者脸上有光）：它需要一些条目可以把你带到内容要点所在的地方，这些条目之间互有关联，而且不会把你带到不值得去的地方（也就是说，在这些条目下，作者只是顺便提到了一些东西，什么重点也没说）。”

“毕生经历的缩影”

在《索引员和事实与虚构中的索引》(*Indexers and Indexes in Fact and Fiction*)一书中，作者黑兹尔·贝尔(Hazel Bell)[1]写道，“软性文本”的索引员“多需处理人际关系和情绪，以重复或连续主题为主，而非孤立的事实，必须根据主观价值判断，评估索引项目的选择和表达它们的词条。如此，索引员就成了此类文本的阐释者而非报告者”。贝尔所说的“软性文本”不是学术文本这一类的，而是人类生活的故事。“人类的生活大多并非按照严格的原则来过的，如果要为生活的不规则现象建立索引，那就必须通过灵活的索引实践来完成。”

1997年，贝尔为《索引员》杂志撰写了一篇关于道格拉斯·马修斯(Douglas Matthews)的文章。理查德告诉我，马修斯是所有其他索引员的榜样，也是作者经常在致谢中表达谢意的少数几位索引员之一(他们当然全都配得上这份谢意)。贝尔在文章中引用了马修斯的观点，即“索引员的工作不仅是编纂索引，还充当了‘终极文本编辑’或‘试车员’，

① 黑兹尔·贝尔是一名多产的索引员，参与建立了900多份索引，1978年至1995年还担任《索引员》杂志的编辑。

发现文本中未被注意到的错误和不一致”。[1]马修斯在谈到索引的艺术时说，“对整部作品进行基本的、深入的、分析性的阅读，将之安排成便于查阅的文本，这是索引员的基本职责，没有捷径可走”。2020 年，马修斯去世，他帮助过的一位作者回忆说，他有一种“惊人的能力，可以同时在头脑中记住数十万个名字和位置，就如同玩着魔方游戏，只是没有魔方”。

在《索引员》杂志的另一篇文章（发表于 2012 年）中，贝尔引用了库尔特·冯内古特 1978 年写给索引员协会的一封信：“我必须要说，你们很像古代的诗人，把思想、感觉、印象和严谨的事实装入了提前安排好的、限制严格的有序设计里。”

冯内古特 1963 年的小说《猫的摇篮》（*Cat's Cradle*）第 55 章题为《绝不要亲手给自己的书建立索引》（至于说应该由谁来建立索引，我们稍后再说）。小说中，美国新任驻圣洛伦索大使的妻子克莱尔·明顿（Claire Minton）是一名专业索引员。“她能从索引中读出人物。”她的丈夫说。“作者自己作品的索引，很能暴露内情……在一双训练有素的眼睛里，这就是一场一览无余的展示。”克莱尔说：“绝不要亲手给自己的

① 这一点儿也不假；几乎我委托过的每一位索引员，都会在提交索引的同时礼貌地提交一份自己梳理文本时发现的错字或错误清单。

书建立索引。”

本节的标题是菲利普·亨舍尔（Philip Hensher）2004年为《独立报》所写的一篇关于索引的文章里的引言，他在文章中总结了索引的功能：“如果说，传记将一个人的生活经历浓缩成了一卷书，那么，索引是进一步的浓缩，用以说明一本书被文本所掩盖的基本事实的一般特征，或反复出现的主题。”说到真人索引员较之机器处理过程的意义，每一位见证过索引补充、扩大优秀作品之乐的读者，想必都能认同亨舍尔的说法：

> 一般来说，索引员是令人钦佩的、严谨的人，他们承担的任务需要高超的技能和智慧。要为一部冗长甚至复杂的非虚构类作品建立索引，他们需要了解主题，理解作者可能并未直白道出的生僻论点，并掌握辩论的要点。难以想象这样的任务可以用机械手段完成，这份艰巨而苛刻的工作仍将由谦虚而聪明的人来完成，他们的报酬很低，也无法收获任何公众的赞扬。[1]

没有索引的书错过了这一切。正如亨舍尔所说：“索引不

① 关于索引员，我可以证明，有三点是真的：他们很谦虚，很聪明，工作报酬绝对太低。

仅是中立的总结，还是一座舞台，供无情的诙谐、超现实的并置、残忍的复仇上演好戏。”如果索引不仅仅是一份书中提及的名称列表，它往往会成为一个怪物，夹带了自己的叙事，并附有恶毒的意图和怪诞的笑话。

这篇文章的作者简介把亨舍尔描述为一位“小说家兼索引迷”。他在文章中讨论了自己的小说《契合》(*The Fit*, 2004)，小说的主人公是一名索引员。亨舍尔笔下的索引员梦想着编写一份“‘世界历史索引’，这份索引无比美丽完整，毫无理由去写书本身”。亨舍尔亲自为《契合》建立了索引，还评论说，“尽管它找到空间为叙事中的怪异瞬间列出了条目，比如‘玛格丽特公主殿下，对被变身的非理性恐惧’，但要把它归到一处极为困难，哪怕带着开玩笑的精神”。

索引员，作者

1977 年，J.G. 巴拉德（J. G. Ballard）写了一部短篇小说《索引》(*The Index*)。整本书按索引的形式排版，使我们追溯神秘主人公（亨利·罗兹·汉密尔顿，又名“HRH”）在 20 世纪里的生活轨迹：“阿道夫·希特勒邀请 HRH 到贝希特斯加登；泄露俄罗斯入侵计划；给 HRH 留下印象。”最终，读者意识到故事以线性的方式展开，从 A，HRH 的诞生地（阿维尼翁），到 U、V 和 W 下的条目，向读者“揭示 HRH 的垮台：威斯敏斯特教堂，HRH 遭特殊部门逮捕；怀特岛，HRH 入狱；HRH 挑战王室合法性”。最后一个条目在 Z 下面，是索引员本人的：“布罗尼斯瓦夫·泽林斯基，建议 HRH 写自传；受托编制索引；闭嘴警告；消失。”

那么，到底应该由什么人来建立索引呢？作者，还是专业索引员？我问理查德怎么看。

> 如果作者精通于此的话，当然应该是作者来做（更何况还能替他们省钱呢）[①]。大多数人不该做，因为这是一种技能，虽然基本上是自学的，但通常也需要一些训练，或至少需要经过长期磨炼的审慎判断力。此外，建立索引的人，应该理解并有效应用索引的许多原则（许多作者可能经常使用索引，但令人惊讶的是，他们并未真正理解索引是怎么组合起来的）。以下列出了作者自己建立索引的利与弊：
>
> 利：他们知道自己的主题。
>
> 弊：他们对主题知道得太多了。

① 如今，如果作者希望书里有索引，大部分出版机构会坚持要求作者自己埋单。

“如果索引是为了阐明文本，揭示其内部的运作原理，让读者更容易理解，那么拿着火炬的人应该对自己发现的东西做出惊讶的反应，对有趣的发现做简明但揭示性的说明，用最能激发同伴探索的方式加以排列；作者在某种程度上可能对自己主题的潜在魅力和新颖性早就习以为常了，所以，在建立索引时，往往只关注对专家而非对普通读者有价值的东西。”

“作者亲自建立索引有一个很重要的原因在于，有些人不由自主地希望索引显示书籍的覆盖范围是多么全面，他们为了我们的利益在海上撒了多大的网，所以，他们期待在索引中建立的条目远远超过专业人士。专业索引员始终会考虑潜在索引条目是不是有用：是不是有人真的会查找这一标题，作者是不是真的针对这一内容说了一些有用的话？（‘但我提到了萨福呀！’‘没错，你提到了，可你只是顺便提了一下，完全没有谈起她的价值。’这是一种常见的意见交流，虽说只是假想的。）一个条目的页面引用数量，同样会让作者大吃一惊。（‘但我提到萨福的次数远不止这些！’‘没错，但只有在第 75 页和第 77 页上，你提到过关于她的具体内容。’）因此，你有时会发现，作者自己建立的索引太长，还充斥着无用的条目。”

“另一个原因是，一份优秀的索引需要花费大量的时间编纂。在我见过的例子里，索引员开来的发票上的总工时，普通作品大约需要 15 个小时，真正的大部头要 100 个小时甚至更长。[①] 当然，作者兴许并不想亲自为自己的书建立索引，但仍可能对它提出完全合理的意见。比如他热衷于将一些特定的概念或短语用作标题，诸如此类。通常，专业索引员和作者合作，会带来一份优秀的索引。不管怎么说，作者有机会评论或修改索引员的工作——偶尔也会引发冲突！”

索引里的条目

我们都很习惯索引中的条目按字母顺序出现。通常，索引条目不应以冠词（“a”“the”）或介词（“in”“on”）开头。索引员需要考虑采用什么方法最有助于读者找到想搜寻的内容——例如，对读者来说，“大象的喂食习惯”可能不是找到“大象，喂食习惯”的特别有用的方法。

在非虚构类作品中，子条目无比重要，因为它们有助于在人与事错综复杂的主题和关系中导航。除非把传主的生活

① 索引员协会的建议报价（摘自 2019 年 12 月 31 日）为每小时 25.90 英镑、每页 2.90 英镑或每千字 7.80 英镑。因此，你可以看到，如果索引员在工作上花费的时间超过 100 个小时，这对一本书来说就是一笔颇为可观的开销了。

分拆成便于管理的主题，一本传记的索引毫无用处——如果没有进行这样的分拆，你最终会得到数百个条目，而且对读者一点帮助都没有。[①] 除了条目和子条目，索引员还将使用索引中的交叉引用来向读者指出进一步的信息（如“另见”）或其他条目（“见”）。此外还有双重条目（有些内容可能以两种或多种形式出现在索引中，例如“car”或“automobiles”），它允许读者使用多于一个的接入点，但它们可能会占用索引中太多的篇幅，因此需要有人判断每个双重条目有多大用处。

索引通常是在校样页面上完成的（你不能在那之前建立索引，因为你需要将文本挂靠在正确的页码上，只有等文本排好了版，你才能知道正确的页码），这就是允许作者在这个阶段重写文本的原因之一。任何导致文本重排的修改，都可能导致精心选择的索引条目出错，这种情况不啻于噩梦。为了处理涉及索引的“微小”文本重排调整，我足足损失了几个星期的工作时间。一开始，我总是乐观地认为，这是件小事情，我自己来干就好，但调整了两个条目之后，我意识到，

① 子条目也是索引员能获得最大乐趣的地方。保拉·克拉克·贝恩（Paula Clarke Bain）在书评中指出，弗朗西斯·惠恩（Francis Wheen）为自己的书《大人物如何征服世界》（*How Mumbo-Jumbo Conquered the World*, 2004）建立索引时，巧妙地使用了子条目来限定索引中的人，比如“伊丽莎白二世，女王：被控走私可卡因”和“菲利普，亲王，喜欢《飞碟评论》；受到外星人的赞扬”。

逐一调整索引条目会花费我几个小时的时间，还会让我变成斗鸡眼。我应该聘请一名专业人士。你不能让排字员自动执行此操作，因为通常而言，文本中的插入和删除操作，并不会让整页的稿件重排，更有可能出现的情况是，每页上只有五六行需要调整索引条目，不仔细检查，还不知道是哪一行。就算有了可搜索文本的 pdf 文件，这也是一项需要耗费大量心神的漫长而艰巨的工作。

另一场潜在的噩梦是索引背叛了你。对文本进行的更改（例如出于法律原因进行的更改）未能同时应用于索引，这种情况并不少见，通常是因为这类更改往往在当天很晚才到达，而索引可能已经交付了。这意味着，虽然文本可能不再通俗易懂，但索引可能指向曾经存在的某些东西的阴影。没有什么比指向一条可疑死胡同的索引条目更能引起有关各方的怀疑了。

索引的历史

第一份“索引”根本不是索引——它们是附在文本卷轴上的纸条，好让你在展开卷轴之前就知道自己会看到什么样的内容。详细的“内容目录”是最接近索引的东西，大约在两千年前开始出现。类似当代的索引，必须等到 3 件事逐一发生后才变得有用起来：字母表（可能是希腊人发明的，尽管我们并不确定）；页码（大约在1470年开始使用）[①]；印刷机（诞生于15世纪中叶，这意味着一本书可以制作多份相同的副本）。

形式类似今天的索引，诞生于18世纪。1787年，“索引匠人王子”塞缪尔·艾斯考（Samuel Ayscough）为大英博物馆的藏书编制了一份书目，随后又首次为莎士比亚的作品建立了词语索引，并获得了200几尼（合210英镑）的报酬。

塞缪尔·理查森（Samuel Richardson）编制了最早的若干“索引”，包括他1739年出版的《伊索寓言》一书的索引。理查森是1740年出版的书信体小说《帕梅拉》（*Pamela*）的作者，此书被视为小说发展的一个关键点。虽然我们现在通常把索引和非虚构类作品联系在一起，但理查森始终勤勤恳恳地修订着自己的作品，[②]到1742年《帕梅拉》第六版出版时，它已经有了一份“丰富的内容目录，成了作品的缩影”；它概述了帕梅拉的信件，并建立了“详尽的索引”，“指导读者到

---

① 页码最初是印刷工人的工具，借助它知道自己是否按照正确的顺序整理了书页；直到16世纪初，作家们才开始用页码来向读者说明书中的位置。

② 理查森在全心投入修改《帕梅拉》的工作中，成立了一个由中产阶级和上流社会女士组成的“阅读小组”，为他如何在小说中表现自己这一类女性提供建议；尽管《帕梅拉》很受读者欢迎，但对于他字里行间所表现的这些阶层的女性，人们感到不安。

哪里寻找最重要的实质性段落，有趣并有教育意义地大致说明了作品中的多样性”。

理查森小说的篇幅很长，这一点可能促使他为读者提供索引，帮助他们了解发生了什么。1748 年出版的《克莱丽莎，或曰一个青年女子的真史》（*Clarissa: or, The History of a Young Lady*），据估计有 1927870 字[①]；理查森受塞缪尔·约翰逊的敦促，为第二版提供了一份“内容目录”，并为第三版和第四版提供了索引，以“方便查阅”，“读者（如果）回忆任何事件……（可以）轻松找到”。

有关索引的笑话

亨利·惠特利（Henry Wheatley）[②] 被称为“索引之父”。

---

① 最长的小说吉尼斯世界纪录保持者是马塞尔·普鲁斯特的《追忆似水年华》，有 1267069 个单词。但这跟用乌尔都语写成的连载奇幻惊悚小说 *Devta*（1977 年至 2010 年，每月在《悬疑文摘》上发表）超过 1100 万字的篇幅相比，简直算不上什么。

② 惠特利于 1877 年创办了索引协会，但由于缺乏资金而失败；他似乎甚为热衷于创办协会，还成立了图书馆协会和塞缪尔·佩皮斯俱乐部。2012 年前，索引协会甚至还颁发惠特利大奖（Wheatley Medal），以表彰和鼓励索引方面的卓越表现。惠特利曾说，“我担心公众对建立索引的兴趣（甚为可观）并没有达到愿意为这些索引付费的程度”。令人遗憾的是，情况的确如此。

1902年，他发表观点：“对真正的索引员来说，让自己的工作变得有趣，是他怎么也想不到的一件事。”不管惠特利怎么想，在索引中使用幽默是一种优良传统。虽然索引常常显得枯燥和过于学术化，但也可以（适当地）用于增添喜剧效果。幸运的是，对我们这些欣赏索引中幽默的人来说，自由索引员保拉·克拉克·贝恩在博客中介绍了一些有趣和幽默的索引的最佳例子（如果这一章已经点燃了你对索引的兴趣之火，那就去看看她的文章吧——它既有趣又有教育意义）。她选择了《我，帕特奇》（*I, Partridge*，2011）和《我是艾伦·帕特奇》（*Alan Partridge*，2016）[①] 中的索引，认为它们特别富有幽默感。帕特奇或许是一个虚构人物，但他明白，要想被认真对待，他的回忆录必须有索引。在《我是艾伦·帕特奇》中，“诺福克”下的子条目包括“不思进取的落后地区”“（诺福克的）性事”和“（诺福克）挨饿”。当然，帕特奇本人的索引子条目（“帕特奇，艾伦·戈登”）给读者提供了艾伦生活和时代的快速概要，包括“（是个）无效的领导者”“防水裤，停止使用”“三角巧克力上瘾”“诺维奇的唐·璜”。

---

① 除了出色地戏仿索引，《我是艾伦·帕特奇》还有144条尾注，进一步增强了艾伦作为非虚构作者的可信度。艾伦的尾注中经常出现“并非委婉之辞”“我的描述”和“我的出版商”，以及他与埃蒙·霍姆斯（Eamonn Holmes）的“兄弟”情谊。

好玩的索引

1928年，霍加斯出版社出版了弗吉尼亚·伍尔夫的《奥兰多》（*Orlando*），此书是对英国文学的颠覆性讽刺，也是女权主义经典和一场文学实验。《奥兰多》假借为人物作传，奠定了伍尔夫在写作上的趣味性。一如所有优秀的传记作品，《奥兰多》也有一份索引，而且是由伍尔夫自己编撰的。[①]这份索引与奥兰多多变的性格相呼应。伍尔夫用“而且”来连接其中的子条目，也就是说，只要看看索引，读者就能感受到故事的叙事弧线。奥兰多这个人物的条目以子条目“男孩的外表”开始，贯穿了他前半生的事件（“买猎麋犬”“他的第一次着迷”“遁入孤独”）。接着，在子条目一半的地方，随意浏览索引的读者会猝不及防地读到“成为一个女人”；再过几条又会看到“宣布成为一个女人”；最后是“她第一个儿子的出生”。伍尔夫颠覆了索引的传统学术概念，以心照不宣的方式告诉读者应该如何看待奥兰多。此外，浏览该索引的读者还可以体验一下奥兰多“摇身一变”的性别流动冒险。

① 《奥兰多》并不是伍尔夫创建的第一份索引——1926年，她为女演员维奥拉·特里（Viola Tree）的回忆录《空中阁楼》（*Castles in the Air*）创建了一份索引，该回忆录同样由霍加斯出版社出版。

通用索引

在豪尔赫·路易斯·博尔赫斯（Jorge Luis Borges）的《巴别图书馆》（*The Library of Babel*）中，叙述者描述了一座无限的图书馆，里面储存着所有可能出现的文字排列："像图书馆的所有人一样，我年轻时也曾在此处旅行。我旅行是为了寻找一本书，也许是为了寻找卡片目录的目录。"虽说亨利·惠特利的索引协会最终不得不关门大吉，但这类堂吉诃德式的雄心从来不少。它来自一个设想，那就是创建最雄心勃勃的索引——一份关于万事万物的通用索引——文字目录的目录。1877年，在国际图书馆员大会上，阿什顿·克罗斯（Ashton Cross）发表了一篇题为《学科通用索引》（*A Universal Index of Subjects*）的论文。

图书馆员们对编制一套万物通用索引的热情极为高涨，成立了索引协会。《索引的历史》（*Index, A History of the*）一书作者丹尼斯·邓肯（Dennis Duncan）在《文学评论》杂志上刊载的文章中解释说：

> 首先，协会将找出重要的或标准的，又尚未建立索引的作品，要求会员必须完成。其次，它将列出一份学科清单——人类学、天文学、植物学等。可以把每个领

域权威著作的索引合并起来，充当特定学科的通用索引。最后，这些学科索引将整合到无所不包的通用索引当中。

“无所不包的通用索引。”想象一下这样的东西：一份索引里收录了一切，凡是曾经存在过的人和事都可以找到。它将按字母顺序排列、编目、排序。只不过，我们不再需要靠想象了。每当我们坐到电脑前，打开网络浏览器，便可访问人类历史上最大的可搜索索引。阿什顿·克罗斯用以下的话结束了他的演讲：“问题……不在于要不要建立一份通用索引，而是应该以何种方式来建立。”现在我们知道答案了。

第三部分

文字如何获得自由

活字印刷术和印刷机的发明，将文字从僧侣们辛苦誊写的束缚中解放出来。文字的大规模印刷真正解放了它们，改变了一切。这种最终触及读者群的自由，也可以通过翻译实现——翻译使文字可以跨越国界、大洲和文化；也可以通过说服实现——这是宣传推手的艺术，它鼓励潜在的读者拿起一本书并承诺购买，完成文字如何变得更好的循环。文字也通过印刷获得自由：印刷页面的物理特点，是作者和读者之间契约的一部分，使得双方都能理解对方想要表达的内容。

第 10 章　梅格雷探长和弹簧单高跷：翻译

“不是逐字翻译，而是逐义翻译”

“他们没必要给我们看第二十二条军规。”老妇人回答，“法律规定他们不必这么做。”

“什么法律规定他们不必这么做？”

“第二十二条军规。”

1962 年，约瑟夫·海勒（Joseph Heller）告诉《新闻周刊》的记者，他收到了用芬兰语翻译的一封信。上面写着：“我正在把你的小说《第二十二条军规》翻译成芬兰语。你能解释‘第二十二条军规’是什么意思吗？我在字典里找不到这个词。就连美国驻赫尔辛基的助理航空参赞也无法准确解释。”海勒在采访中得出结论道：“我认为在芬兰，这本书会在翻译中损失很多东西。”

芬兰语译者的问题在于，查阅“第二十二条军规”并不能给他带来启发：这个词本来就是这本小说普及的，然后被回过头来用于便捷地指代所有矛盾局面，一如书的末尾约塞连和老妇人的对话所揭示的。芬兰语译者面临的正是“第二十二条军规”。他无法翻译“第二十二条军规”，因为当时就没有翻译的可能。“第二十二条军规”的意思就是……“第二十二条军规”。顺便提一句，海勒最初的标题是《第十八条军规》。但同一年，利昂·乌里斯（Leon Uris）的《米拉十八》出版，他无奈改了名字。“我的心都碎了。我以为十八是唯一的数字。”他说。不过，在伊恩·麦克伊万（Ian McEwan）2019 年的小说《像我一样的机器》中，人们读着一本名为《第十八条军规》、背景设定在战后英国的书。

自古以来，人类就一直在讨论如何翻译，这或许暗示作家们有多么看重让文字获得自由，外出旅行。古希腊人区分了“metaphase”和“paraphrase”，前者指的是按字面直译，后者是对文字进行解释性的说明。“不是逐字翻译，而是逐义翻译”，哲罗姆这样描述公元前 3 世纪将《圣经》从希伯来语翻译成希腊语的过程：这是此类翻译的第一次重大尝试。它由不少于 70 位学者共同完成，这就是它被称为《七十士译本》（*Septuagint*）的原因。罗马剧作家泰伦斯（Terence）的 6 部戏剧改编自早期的希腊戏剧，他的对白清晰、有趣，许多抄写员都通过抄写他的文本来学习拉丁语。和哲罗姆一样，西塞罗[①]也对逐字逐句的翻译提出了警告，他认为译者是艺术家："我认为我不应该把它们（文字）像硬币一样数给读者，而是按分量来。"英国诗人约翰·德莱顿（John Dryden）认为，好的翻译是这两种翻译方法的混合体："当（文字）显现出……字面上的优美，那么，改变它就成了对作者的伤害。但由于……一种语言的美，在另一种语言中往往是野蛮的，有时甚至是荒谬的，用作者文字的狭窄范围来限制译者，就不合理了。只要他选择一些无损其意的表达就够了。"

但通过翻译让文字获得自由也是存在风险的——我们兴许会失去文字的原意。原意会在翻译过程中有所损失，这是翻译常常遭人轻视的原因之一。译文总是近似值。戴维·贝洛斯（David Bellos）在《你耳朵里有鱼吗？：翻译的奇妙冒险》（*Is That a Fish in Your Ear: The Amazing Adventure of Translation*）一书中说道："任何一句话，都不止有一种翻译。所有的话语，都有无数种可接受的译文。"他接着指出："译文的多样性不可辩驳地证明，人类思维无限灵活。再没有比这更有趣的话题了。"

把文字从一种语言翻译成另一种语言由来已久，而且，让文字找到全球受众也至关重要。没有翻译，作家只能在自己的国家（最多也只能在使用同一种语言的国家）里为人所

① "你会喜欢西塞罗，要不然你就会吃鞭子。"庞贝城里的一幅涂鸦这样写道，他指的是西塞罗的作品和译文的质量。

知。翻译是对文字的最终解放。

译者到底是做什么的呢？虽然我的办公桌上有很多翻译过的文本，我甚至还为戴维·贝洛斯的书忙活过，但我并没有第一手经验。我在翻译中迷失了方向。幸运的是，编辑、文字编辑、译者（法译英）戴维·沃森愿意，也能够帮我理解这一切。

困境——泥泞的板球场

“不能逐字翻译，这当然是翻译的真理。”戴维说。翻译不是解码，不是一对一的替换，目前还没有任何英格玛破译机可以机械地完成这项任务。将同一篇文章，即使是表面上简单平凡的文章，交给 100 个不同的译者，你很可能最终得到接近或正好 100 个不同的版本。理想情况下，它们都将多多少少传达相同的意思，但选择的文字不一样。

“因此，哲罗姆的箴言‘不是逐字翻译，而是逐义翻译’的确向我们讲述了一些翻译的本质。但是，意义是一条九头蛇，它不仅存在于字典里词语的定义中。如果说，这还不够复杂，那么，还有其他东西，比如风格、声音、习语、语态、反讽、方言等，也都必须靠你尝试通过翻译来传达，它们带来了各自的挑战和困难。”

“让我们举一个简单的例子，来看看译者可能会遇到什么样的问题。英国剧作家哈罗德·品特（Harold Pinter）的日语翻译写信给他，显然对‘a sticky wicket’这个短语感到有些困惑。这一点也不奇怪——板球在日本并不流行，而且‘wicket’在板球中又有3种不同的含义，进一步妨碍了译者的理解：‘wicket’是投球手和击球手之间的球道，是球墩和挡板本身，还是击球手的赛局遭投球方队伍终止时发生的事情（‘take a wicket’，意思是击球手出局）。[①]一个句子里可以同时使用这3种意思，‘The batsman lost his wicket when the ball turned off the wicket and hit his wicket’[②]（直译为：当球飞出球道并击中球门时，击球手出局了）。在品特的‘a sticky wicket’中，它指的是板球场，但译者的问题离结束还早着呢。”

“首先，很少有日本人知道板球术语，所以译者可能会想用一个类似的体育术语——比如，‘滑溜溜的相扑圈’什么的。如果它和‘a sticky wicket’一样，是日语里的一个固定短语或成语，那可能没问题，但如果它是译者新造出来的，那就完全行不通。此外，来自英语背景下的角色如果使用相扑的类比，会让人如何解读呢？好吧，或许找不到来自体育

① 如果有一项运动是不可翻译的，那就是板球。

② 不妨想象一下，试着向一个从未看过一场板球比赛的人解释这句话。

赛场的合适比喻，但说不定有一个更通用的日语词组至少能让人理解意思，尽管失去了一些口语色彩。我自己不会说日语，姑且假设日语有个固定说法，叫‘滑溜溜的陡坡’，用来比喻棘手局面，这也行。但如果日语本身没有太多丰富多彩的比喻，在这种情况下，说起什么板球场、相扑或者斜坡，岂不是会让普通的日本读者感到困惑，甚至荒唐吗？于是，译者被难住了（抱歉）[①]，最后无奈采用了乏味的引申译法，比如‘棘手局面’。它倒是称职地传达了基本意义，但丧失了品特对白里的许多风味。品特擅长把平淡无奇的英语口语与威胁迫近的戏剧性情境尖锐地并列起来，从而在作品中创造出独特的凶险张力。就跟他著名的停顿一样，这种文风甚至有了名字——‘Pinteresque’[②]。在一种语言的语境下，根据它自身的语言惯例、接受的意义和文化参照的包袱，重新创造另一种语言的这些层次，是译者所面临的一部分任务。真是一块泥泞的板球场呀。”

“英语就是它被说”

“没有谁能够增加这本书的荒谬，没有谁能够成功地模仿

① 这是戴维表示的歉意，我也加上我自己的。

② 品特早期的戏剧作品被描述为“威胁喜剧”，这是个意味深长的说法。

它，也没法指望谁能写出同样的书；它是完美的。”马克·吐温这样描述“O novo guia da conversafdo em portugal e inglez, ou Escolha de dialogos familiares”，它的意思是“葡萄牙语和英语对话的新指南，或常见对话精选”，俗称“英语就是它被说”（English as She Is Spoke）。这本书的作者是佩德罗·卡洛里诺（Pedro Carolino），出版于1855年，本意是要成为一本葡英双语对话指南。遗憾的是，卡洛里诺本人实际上不会说英语，他是靠着一本法英词典翻译了一本葡语—法语常用语手册，结果叫人拍案叫绝。卡洛里诺是一位直译派译者：碰到葡萄牙语词组“chover a cantaros”，他将其翻译为“在罐子里下雨”，显然，他没有意识到英语里也有类似说法“raining buckets”（“倾盆大雨”）。在卡洛里诺看来，“The walls have hearsay”（而不是“隔墙有耳”），“That not says a word, consent”（应为“沉默即同意”），“I have mind to vomit”（应为“我觉得恶心”），都是完全可以接受的译文。

1883年版的《英语就是它被说》中收录了一篇马克·吐温写的序言，他认为：

在这个充满不确定因素的世界里，无论如何，有一件事可以相当有把握地确定下来：那就是，只要英语继续存在，这本著名的短语小书就不会消亡……它那美妙

> 而全无意识的荒谬，它那迷人的天真，一如莎士比亚的巍然，都是至高无上又不可企及的。许多人相信，这本书中不可思议的愚蠢乃蓄意为之，虚情假意。但只要仔细读过它，就没人会再这么想。写这本书的人，是一个诚实正直的白痴，他认为自己懂些英语，并可以把这些知识传授给别人……这个人相信自己为他的国家和他的时代作出了崇高而有价值的贡献，并对自己的表现感到满意。

卡洛里诺的《英语就是它被说》还逗乐了亚伯拉罕·林肯，让他的注意力暂时从美国内战上转移开来。这本书为“巨蟒剧团之飞翔的马戏团”（Monty Python’s Flying Circus）1970年的小品剧《肮脏匈牙利常用语手册》（*Dirty Hungarian Phrasebook*），以及1976年的恶搞旅游指南《英国就是它被玩》（*Britain as she is visit*）带去了灵感。虽说翻译得有点不严谨、不过脑，但我们也可以享受它。在我自己的古腾堡星系一角，肯定有空间容得下《放荡男人》（《了不起的盖茨比》的瑞典语译本）、《世界不是满足愿望的工厂》（《生命中的美好缺陷》的厌世版马其顿语译本）。说到文字，有时候，无意义的文字也能博人一笑。

追寻失落的译文

1922年，约瑟夫·康拉德读了马塞尔·普鲁斯特的《追忆似水年华》英译本第一卷后，写信给英文版译者查尔斯·斯科特·蒙克里夫（Charles Scott Moncrieff）。“比起普鲁斯特的原作，我对你的译文更感兴趣、更着迷。”康拉德说，“你有一种类似天才的至高能力。”把一部作品从一种语言翻译成另一种语言有多难，不妨看看斯科特·蒙克里夫对《追忆似水年华》书名的翻译。原文是“A la Recherche du Temps Perdu”，蒙克里夫意识到，英语里没有能与法语对应的说法，于是决定选用莎士比亚《十四行诗》第30首中的一句诗：“当回忆那逝去的往事 / 我便走进了甜蜜而静默的公堂。”

《追忆似水年华》只有3个英译本：斯科特·蒙克里夫的原作，他从1921年动手，翻译到1930年去世；特伦斯·基尔马廷（Terence Kilmartin）在1981年出版了一种译本[①]；企鹅出版公司在2002年出版了一种译本，7名译者用7年的时间翻译了普鲁斯特的七卷书。斯科特·蒙克里夫所参照的

① 这一版本采用了斯科特·蒙克里夫的原译本，并增补了普鲁斯特的弟弟罗伯特和他的出版商伽利玛（Gallimard）新增的30万字。这些额外的文本来自普鲁斯特在手稿上留下的被称为“贴条”的便签——其中许多已经脱落，需要煞费苦心地重新插入。1992年，恩瑞特（Enright）对基尔马廷的版本进行修订，并将书名重新译为《追忆似水年华》。

法语版充斥着排版错误。他必须想方设法地通过这一不牢靠的文本，凭直觉判断普鲁斯特在说什么，再找到一种用英语表达的方法。与之后的译本不同，他没有其他英译本可供参考。斯科特·蒙克里夫的曾曾侄女、《追逐逝去的时光：斯科特·蒙克里夫的生活，士兵、间谍和译员》一书作者吉恩·芬德利（Jean Findlay）描述道："1921 年，斯科特·蒙克里夫独自工作，就像一个人第一次攀登珠穆朗玛峰——没有已经标好的路线，没有能帮上忙的打好的脚点。"

斯科特·蒙克里夫投入翻译工作期间，普鲁斯特还活着，在他 1922 年 11 月去世前不久，两人开始通信。虽然译本的第一卷《在斯万家那边》很受欢迎，但普鲁斯特写信给斯科特·蒙克里夫说，这部作品"不能取代我的《追忆似水年华》内在的模糊性"。

斯科特·蒙克里夫于 1930 年去世，年仅 40 岁。繁重的工作日程让他油尽灯枯，部分原因是他必须在经济上抚养自己的 9 个侄子、侄女——除了最后一卷，他已经翻译完成了普鲁斯特的恢宏长卷[①]；此外还翻译了司汤达、阿贝拉尔和爱洛依丝（Abelard and Heloise，法国中世纪哲学家情侣）、埃洛伊丝和皮兰德娄（Pirandello，意大利作家）的作品。

---

① 蒙克里夫死后，最后一卷由斯蒂芬·哈德逊（Stephen Hudson）补完。

我请戴维谈谈他怎么看待译文中对普鲁斯特“内在的模糊性”的呈现。

“翁贝托·埃科（Umberto Eco）将翻译描述为‘谈判’的一种形式。这是一场对话，是你和作者的文本之间的讨价还价：它涉及权衡。和所有谈判一样，妥协不可避免：你有赢也有输，有得亦有失。”

“普鲁斯特《追忆似水年华》开头的一句话，‘Longtemps, je me suis cauche de bonne heure’中，‘de bonne heure’里有一道对‘幸福’（bonheur）的回响，任何直白的英语译文都不可能通过声音来表达这一层含义。所以，译者与这样的文本进行谈判，必须对此类微妙的含义放手——你不可能把它们全都赢到手。”

“但还有另一种策略可行，那就是采用较为松散、不那么字字对应的方法，翻译出意思即可。比方说，你可以大胆试试，‘I happy went to bed early’（直译为‘我幸福地早早上了床’）。但这当然很冒险：你在原文中插入了一些东西；你改变了句子的韵律和节奏；至关重要的是，你把隐含的意思变得明确了起来，句子就没那么微妙了。那么，你最后会选择怎么做呢？这个问题的答案没有正误之分。”

死译与活译

“我自创了一款聚会游戏。”戴维说,“把译员分为两个阵营：死译派和活译派。‘死译派’喜欢直截了当，尽可能逐字翻译，匹配原文所用的表达形式；‘活译派’的主要目标是让译文听起来像是用母语写的，哪怕这意味着要找到有别于原文的习语和表达形式。死译派主张，根据定义，外语文本是外来的——不同的文化会用语言和其他方面以独特的方式表达自己；你为什么要丢掉法国、意大利或中国特色，在文本中强加不适宜的英文习语呢？批评这种方法的人会说，这么做会导致笨拙的‘呆板’翻译，也许有一点学术傲慢的味道。”

“活译派会说，原文读者无法忍受的呆板，英文读者也不应该遇到；批评他们方法的人会说，这类译者有时会插入太多与作者的表达选择无关的风格和声音，他们糊弄自己本应该效劳的文本（‘活译’也暗示着鲁莽地抛弃原文）。”

“当然，我的语言内战比喻是一种错误的二分法；至少就译者的范围而言，他们是顺着一道光谱分布，而非两个截然不同的阵营。没有人会拘泥于原文的具体措辞；没有人会轻率到自己编造文本，而不考虑所翻译文本的含义带来的限制。任何一个优秀的译者都反感逐字直译。例如，德语喜欢把动词放在从句的结尾，没有译者会复制这样的语序，否则他就会像尤达大师那样总用倒装句。”

马克·吐温曾经讽刺地将自己的一部作品的法语译本逐字逐句地翻译回英文，结果得到了与原文截然不同的东西：“It there was one time here an individual known under the name of Jim smiley; it was in the winter of ’49, possibly well at the spring of ’50. I no me recollect not exactly ...”①

“我自认为算是个活译派，常因想到一个调皮的英语短语而大感高兴，但之后我往往又会不甘心地放弃它，因为它与原文短语的意义或风格不够吻合。‘活译’方法的另一个固有问题是，如果你的目标是用一种听起来很自然的母语声音来呈现文本，你会使用哪种声音呢？你如何判断它对应了原文作者或叙述者的声音呢？”

“说回普鲁斯特，一如我们所见，原译者斯科特·蒙克里夫翻译了一部伟大的作品。然而，他经常受到一种批评，说他的英语文本带点华丽的爱德华时代散文风格，这可能是当时英国文学品位的最高峰，但不太持久隽永，在许多方面被认为不适合普鲁斯特的文风。”

① 原文如下：“There was a feller here once by the name of Jim smiley, in the winter of ’49 or may be it was the spring of ’50 I don’t recollect exactly ...”中译本是这样的：“这里从前有过一个叫吉姆·斯迈利的人，那是在49年的冬天，要不就是50年的春天，我记不大清楚了……”出自吐温1865年的短篇小说《卡拉维拉斯县驰名的跳蛙》的开篇。

“那么，现代译者应该如何对待文本呢？显然，你会努力避免不合时宜（你不会看到福楼拜或托尔斯泰笔下的人物互相问候，‘嘿，伙计，怎么样？’），但总有一个问题你无法回避：你是要选择一种现代人听起来更自然的风格，还是想用一种与作者同时代的英语风格来表达？一般来说，如果译者接受委托重译经典作品，委托方兴许是期望他们拿出一个听起来更像他们自己时代的版本。但这当然又提出了一个问题：翻译出来的文本在多大程度上是一部独立的、有自己声音的作品。”①

“我个人对这个问题的看法，建立在我自己翻译文本的方法上。我会阅读一句话，试着翻译它，听它在我脑海里的声音，如有可能，试着把它提炼成一个听起来更自然的英语版本。我靠的不是某种方法，而是一种直觉。或者说，不是直觉，是根据我阅读和使用了一辈子英语所做出的反应（很多时候，有一点的重要性常常遭到人们的低估：优秀的翻译除了需要掌握一门外语，更需要对自己的母语运用自如）。②译文是有别于原文的不同文本，是一部新的创作，它比剧作或银幕改编与原作更贴合，但不管怎么说，仍然是一条不同的鱼。身为译者，你应该谦逊地保持低调而不是炫耀，但你写

① 有一种迹象，暗示译作本身被视为独立作品：在世界各地的大多数地区，哪怕翻译未经原作方授权，译者通常会保留译作的版权。

② 译者大多是把一门外语翻译成他们自己的母语，很少有反过来的。

的每个字都出于你自己的选择，不管你喜不喜欢，你都会在文本上留下自己的印记。”

詹姆斯·乔伊斯的《芬尼根的守灵夜》（*Finnegans Wake*）里有 10 个包含了 100 个字母的词语，散落在整个文本之中。第一个出现在第一页，是这样写的：“The fall (bababadalgharaghtakamminarronnkonnbronntonnerronntuonnthunntrovarrhounawnskawntoohoohoordenenthurnuk!) of a once wallstrait oldparr is retaled early in bed and later on life down through all christian minstrelsy.” 这是没法翻译的吗？我问戴维。

“嗯，许多作品都被人这样形容过，但相当了不起的是，人们千方百计地把大量看似不可能翻译的文本翻译成了其他语言。《芬尼根的守灵夜》在语言上极具挑战性，法文版用了 30 年时间完成，而日文版的译者，第一个失踪了，第二个发疯了，第三个译者才最终完成。”[1]

“乔治·佩雷克（Georges Perec）的小说《虚空》（*La Disparition*）中没有包含字母 e 的单词——如果法语中每一个没有 e 的单词，在英语中都有一个同类的对应词，这就不成问

---

① 日语版的书名叫“フィネガンズウェイク”（片假名音译的“Finnegans Wake”）。显然，名为“夸克”（quark）的亚原子粒子是从《芬尼根的守灵夜》里的短语“three quarks for Muster Mark”（意思是“向麦克老大三呼夸克”）得名的。为之起名的物理学家默里·盖尔曼（Murray Gell-Mann）本来就在考虑使用“kwork”这个声音；乔伊斯只提供了拼写。

题，可惜当然不是这样。[1] 所以，吉尔伯特·阿代尔（Gilbert Adair）的译本（书名译为‘A Void’，因为法语‘disparition’对应的英语单词‘disappearance’就已经破坏上述规则了）必须找到一种方法，用英语里不包含‘e’的完全不同的单词来讲述同一个故事。说这个译文翻译得很‘灵活’，还略显保守。这也是个有趣的测试案例，看看译文能有多‘灵活’，同时仍能保持与原著看得出来的一致性。它也说明了‘翻译’这个词的弹性有多大。或许，比‘某某东西不可翻译吗’更好的问题是‘任何东西都能翻译吗’。对此，我会说‘是的，但前提是我们没有办法准确定义什么是翻译’。实际上，你应该注意到了，我在整段对话中都采用了这种方法。”

哲学家与魔法师的较量

想到翻译，我们一般认为它是两种不同语言之间的转换。但就算两个国家使用同一种语言，比如美国和英国，也可以把一本书“翻译”成另一本书。斯图尔特·特顿（Stuart

---

① 1969 年写完《虚空》之后，1972 年，佩雷克又很自然地写了一部中篇小说《重现》（*Les revenentes*）。“La Disparition”是一种“漏字文”，它来自古希腊语，意思是“遗漏一个字母”。反过来说，“Les revenentes”是“反漏字文”（antilipogrammatic），形容一种只使用一个元音的限制性写作。这类“限制性”写作也叫“oulipo”。

Turton）的《伊芙琳的七次死亡》（*Seven Deaths of Evelyn Hardcastle*）在美国出版，改名为《伊芙琳的七又二分之一次死亡》（*The 7½ Deaths of Evelyn Hardcastle*）。出版社的最初反应是，“我们的编辑团队决定让死亡的次数更多些”。不过，说得更简单些，这是因为它可能与另一本小说的书名发生冲突：泰勒·詹金斯·里德（Taylor Jenkins Reid）的《伊芙琳·雨果的七个丈夫》（*The Seven Husbands of Evelyn Hugo*）。泰德·休斯（Ted Hughes）的《铁人》（*The Iron Man*）在美国被改成了《钢铁巨人》（*The Iron Giant*）。为什么？因为漫威已经注册了“Iron Man”（钢铁侠）这个名字。

因此，1998年，学乐出版社在美国出版第一部哈利·波特小说时，将书名从《*Harry Potter and the Philosopher's Stone*》改为《*Harry Potter and the Sorcerer's Stone*》，也就不足为奇了。[①]2015年，菲利普·埃林顿出版了J.K.罗琳（J. K. Rowling）的传记，说学乐出版社的负责人亚瑟·莱文指出，“他需要的书名得更明显地向美国读者把‘魔法’两个字给

① 1989年，詹姆斯·邦德电影《杀人执照》（*Licence to Kill*）引进美国后也改了名字。它最初叫作“Licence Revoked”（执照吊销，指代电影里的情节——M取消了邦德的杀人许可，让他成了浪人特工），但在后期制作中，这个名字就改了。美国观众认为“Licence”指的是邦德的驾驶执照。对不起了，执照。在美国，Licence这个词既可以作名词（执照），也可以作动词（许可）。

说出来”。美国版的书名或许有了更多的“魔法”，但美国儿童文学学者菲利普·奈尔（Philip Nel）在文章《你说“果冻”，我说“Jell-O”？：哈利·波特与语言变形学》（*You Say "Jelly", I Say "Jell-O"?: Harry Potter and the Transfiguration of Language*）中指出，将书名改成“Sorcerer’s Stone”，“缺少了英国版书名‘Philosopher’s Stone’隐含的炼金术之意”。

修改了书名之后，莱文继续为美国读者“翻译”文本。《哈利·波特与魔法石》是整个系列里的第一部，在7部作品中受到了最多的干预——或许，这是因为在美国出版的时候，J.K. 罗琳是一位没名气的作家。除了书名的变化，书中的词汇也有变动，“Quidditch pitch”变成了“Quidditch field”（均为魁地奇球场之意）；“mum”变成了“mom”；“jelly”变成了“Jell-O”（均为果冻）；“jumper”（连裤衫）变成了“sweater”（套头衫）。菲利普·奈尔解释说，把“pitch”改为“field”带来了两个结果：它割断了魁地奇和板球的关系（板球场是“pitch”）——这意味着许多关于魁地奇比赛能持续多久的笑话变得毫无意义（这些笑话是从现实中板球比赛持续的时长中衍生出来的。这或许并不太重要，因为大多数美国人对板球不怎么熟）；它破坏了英语短语的韵律。

尽管J.K. 罗琳小心翼翼地创造了一个反映英格兰文化多样性的世界，例如使用方言，刻画了帕瓦蒂·佩蒂尔（Parvati

Patil，在书中是个印裔女孩）和秋·张（Cho Chang，在书中是个华裔女孩）等角色，但从“mum”变成“mom”的变化——哪怕是西莫·斐尼甘（Seamus Finnegan）这样爱尔兰血统的角色，在英国版里说的是“mam”，而在美国版里还是说的“mom”——表明，这类“翻译”可能会抹去文化的微妙之处。翻译中，有些词还丧失了原有的文字游戏意味：英国的“sellotape”（透明胶带）在美国变成了“scotch tape”，但这意味着美国读者会错过“sellotape”和“spellotape”之间的俏皮味道。在美国版中，邓布利多坐在“高脚椅”（high chair）上，迥然有别于英国版中我们看到的“高背椅”（high-backed chair）。更不必说，“高脚椅”通常是用来约束蹒跚学步的小孩的，而“高背椅”则暗示着雄伟和庄严。

那么，这到底有必要吗？还是说，这实际上是一种文化挪用行为？因为，一如奈尔所写的，“所有的翻译行为都可以解读为挪用行为”。奈尔将哈利·波特系列图书的翻译放到了美国儿童出版的背景下。这种行为在美国儿童出版业内太过普遍，往往完全无人问津。他引用了简·怀特黑德（Jane Whitehead）在1996年对此类改动所做的研究《“这不是我写的”——英国童书的美国化》一文中所说的话：“打着‘美国化’旗号所做的调整范围很大，这些调整，除了拼写、标点、词汇和习语，还包括书名、背景、角色名称、特定文化典故等。”

除了改变意义和引入曲解，以这样的方式在两个讲同一种语言的市场之间翻译文本，还剥夺了读者了解语言差异的机会。莱文解释了他对哈利·波特系列图书的态度："我并不想……把它'美国化'。我想做的是翻译，两者是不同的。我想确保美国孩子在阅读这本书的时候，会有跟英国孩子一样的文学体验。"奈尔在他的文章中说："为来自不同国家的孩子创造'一样的文学体验'，这可能吗？它有什么可取之处吗？"英国孩子非常习惯美国的流行文化，也习惯了拼写检查程序中所用的美式拼写，所以，他们一般都能毫不费力地理解两种语言中的任何差异。"英国人接受了大量未经英国化的美国文化，但美国出版商面对的是庞大的美国市场，出于销售的经济必要性，他们认为自己有资格将英国文本美国化。"

就我个人而言，我不认同这样的"翻译"设想——把英国英语翻译成美国英语，或是反过来。孩提时代阅读的乐趣之一就是让你接触到以前从未接触过的单词、短语和概念。一如一个 11 岁的孩子，在 1999 年就《哈利·波特与阿兹卡班囚徒》（*Harry Potter and the Prisoner of Azkaban*）的出版写信给《纽约客》杂志，他说"孩子们有着丰富的想象力，通常能根据上下文含义，琢磨出……单词的意思"。

在我还是个孩子的时候，我非常喜欢寻找英美语言之间的"差异"。这很有趣，也是我了解这个世界的一部分。我没去过美国（当时，我从未离开过英国，也没搭乘过飞机），但我已经自认为是个有经验的旅行者了，因为虽说我才9岁，但通过阅读，我知道两国共用的语言并不总是相同的。20世纪80年代中期，我在埃塞克斯郡农村长大，是人们想象中最不成熟的孩子，但语言文字除外。我知道，如果你是美国人，你会把“colour”拼成“color”（颜色），你走在“sidewalk”而非“pavement”（均为人行道之意）上，这些知识让我感觉是在破解密码。这些差异属于故事里丰富多彩的背景的一部分，它们总能提升我的兴趣，而不是削弱我的兴趣。

在这一章，戴维讲述了另一个翻译故事：“唯一真正应该受到谴责，而且我也会毫不愧疚地鄙视的罪行是，译者认为原文不够好，需要编辑或重写，又或者，译者彻底搞错了原文的意思。换句话说，就是误译。”

“企鹅出版社最近出了新版的乔治·西默农（Georges Simenon）推理小说[①]，我是译者之一，在翻译之初，我碰到了两次此类野蛮行径。有一处滑稽的误译是这样：梅格

① 有待翻译的梅格雷小说多达75部，企鹅出版社在6年的时间里每月出版一部，共有11名不同的译者为整个系列工作。乔治·西默农是在1931年至1972年撰写这些小说的，当然，在此期间，梅格雷探长的年岁也在增长。

雷探长借了一种交通工具，沿河出行。原文的法语单词是'youyou'，是一种小艇，但天知道译者怎么想的，或许只有他自己才知道原因了，他把它理解成了'弹簧单高跷'。译者大概隐约感觉，矮胖的探长梅格雷顺着小道踩着高跷跳来蹦去颇为荒谬，单高跷到底能不能算作一款真正的交通工具，他恐怕也有那么一丝丝的怀疑[①]。然而，译者并未直面自己弄错了的可能性，而是简单地添加了一行解释：'有人给了他一款新近最流行的弹簧单高跷，以前他从没玩过……'显然，他觉得这样就算圆满地解决了这件事。"

① 此处的"一丝丝"，原文是"batsqueak"，本意是"吱吱叫"，作者说："执笔期间，本书的版权已经卖给了朝鲜。我很想看看，那里的译者会怎么处理这个词。"

第 11 章　封面文案和推介语

我们用什么来说服别人购买我们的文字——要他们为之做出承诺呢？显然，是用更多的文字。我们用文字来说服人们拿起一本书，或者点击“立即购买”按钮，开始阅读大冒险。封面文案（blurb），装饰封底的文字，还有近年来亚马逊页面上的话语，是书籍走向世界的跳板。可以说，这意味着，这类文字必须成为所有文字中的佼佼者。这种特别的说服形式是如何产生的？为什么会产生呢？

你是个俗人吗？

你是个俗人吗？第一篇使用“blurb”（封面文案）一词的文章，就以这个有趣的问题作为标题。1907 年，美国人弗兰克·格雷特·伯吉斯（Frank Gelett Burgess）要在一场行业协会年会晚宴上介绍自己的书《你是个俗人吗？》（*Are You a*

Bromide）[1]。根据伯吉斯的出版商休布施（Huebsch）的说法，当时的风尚是“在每一本小说的封皮上印美女”：一幅美女的图画——含情脉脉的、英气逼人的，或者风情万种的，都可以。受此启发，伯吉斯的封皮上是一幅虚构的年轻女士的画像，她叫“贝琳达·推介小姐”，“正在为书做推介的样子”。

贝琳达远非乏味的俗人，她噼里啪啦飞快地在宣传。你肯定想和她去喝杯酒。“我们认为这个叫伯吉斯的人把亨利·詹姆斯锁进了煤箱，请致电询问‘详情’。”她开始说，“我们预计这本了不起的书将卖出350本。它有股喷涌而出的力量，它有一种特质，让你想爬过30公里茂密的热带丛林，咬断某人的脖子。”我编辑过20年的封面销售文案，还从来没有遇到过这样一连串罕见的赞誉。首先，亨利·詹姆斯为什么被锁在煤箱里？你有没有读过一本书，让你想爬过30公里茂密的热带丛林，咬断某人的脖子？也许，这本书就是了。

“听起来像个出版商”

在发明了“blurb”这个词之后，1914年，伯吉斯在《伯吉斯足本》（*Burgess Unabridged*）中进一步对它做了定义：

---

① 伯吉斯用“bromide”（俗人）这个词来形容无趣沉闷的人说无趣沉闷的事。下次，如果你想用个新招侮辱某人或某事，不妨试试这个词。

blurb：（1）浮夸的广告；鼓舞人心的感言。（2）谄媚的赞美；听起来像个出版商……

在“最新”小说的封皮上，我们会发现“blurb”的身影；充斥着机灵的形容词和副词，证明本书是“年度轰动之作”。

万一碰到有人问你什么样的声音“听起来像个出版商”，那么“blurb”就是答案。

随着时间的推移，伯吉斯对“blurb”一词的第一个定义——“浮夸的广告”，变得可以形容一本书封底上的所有文字。

就像出版业中的许多文字一样，“blurb”既可以特指，也可以泛指。我忙活的“blurb”指的是封面文案、折页文案，以及封面和前几页上的各种赞誉。在出版领域，“封皮”通常是指精装书可拆卸的书套，而“封面”通常是指平装书装订的首页。大多数人都会互换使用这些词，在本章中我们也可以，但有必要指出它们是有区别的。尽管我们偷懒地用“blurb”一词来描述这一切，但撰写封面文案与从书评和其他作者那里寻找“推介语”大不相同。

1855 年，也就是贝琳达和她的叫卖出现前大约半个世纪，沃尔特·惠特曼出版了诗集《草叶集》，拉尔夫·沃尔多·爱默生激动地写信给惠特曼，祝贺他的成功。“我在你伟大事业的开端向你致敬。”信中写道（想必还有其他内容）。次年，惠特曼把这句话（用金箔）印在了《草叶集》第二版的书脊上。[①] 惠特曼这样做，或许是在向《我自己的歌》一诗中的第一句致意。这句名言写道，“我赞美我自己”。爱默生对惠特曼的认可，是一个作家“推介”另一个作家的最早例子之一，但这一切是如何开始的呢？

推介语历程

1678 年，约翰·班扬（John Bunyan）出版了一部基督教寓言作品《天路历程》（*The Pilgrim's Progress*）。除了被认为是第一部用英语写的小说[②]，《天路历程》及其之后的小说也是

① 惠特曼花了 40 年时间修订《草叶集》。第一版只有 12 首诗，而最后一版则有 400 首。

② 当然，这取决于你对小说的定义。一些评论家认为寓言作品和小说有区别（这就把《天路历程》排除在外了）。小说的其他标准：有一定的篇幅，完全原创，不属于罗曼史（此类故事通常有幻想性质）或流浪汉文学（描述一系列相关的事件，但叙事不统一）。用这些标准来筛选入选名单，可称为第一部小说的，就只剩下丹尼尔·笛福（Daniel Defoe）1719 年所写的《鲁滨孙漂流记》（*Robinson Crusoe*）了——当然，前提是你是个英国人。《堂吉诃德》写于一个多世纪前的 1605 年，被认为是第一部“欧洲”小说。

通往我们今天所看到的“吹捧”的重要阶梯。让我们来看看《天路历程》第一版的扉页。

这不仅仅是一页标准的扉页。书的标题和副标题“天路历程：从今世到来生”告知了读者基本的叙事线索。然后它告诉我们，这个故事“以类似梦境的形式传递”，这样读者就知道故事将如何传达。接着，它暗示了最终的结果——安全到达梦想国度。《天路历程》首次出版的时代，还没有现成的机制（或约定的实体空间）用于向读者传达故事的内容。在早期的读物通常基于对现有故事的重述的情况下（读者之前已经听过这些故事了），这倒没什么关系，但一旦开始讲述新的故事或者“小说”[①]，印刷商和作者就必须找到一种方式来解释故事内容，鼓励读者参与其中。在此原因的驱动下，极为复杂的扉页或标题页发展起来，最终演变为“吹捧”。第一版《天路历程》除了讲述故事，还附有插图。图中，“朝圣者”在沉睡中穿越梦中景象——插图还明确标注了旅途的起点和目的地。无论读者受教育程度如何，都可以通过简单直白的故事结构读下去。

其他书籍的扉页也开始效仿这种模式：1704 年出版的乔纳森·斯威夫特（Jonathan Swift）的《一只桶的故事》（*A*

① “小说”的英语是“novel”，来自意大利语的“*novella*”，意思是新的。

Tale of a Tub）在扉页上解释说，此书是“为人类的普遍进步而写”，并包含了一张有用的插图，以便读者解读书中的“寓言”。到 1719 年，丹尼尔·笛福出版《鲁滨孙漂流记》，扉页看起来已经有点像现代的封面文案了。

通过大约 50 个单词（除了标题和副标题），我们知道鲁滨孙是约克郡的一名水手，在美洲海岸附近一座无人居住的小岛上独自生活了“28 年”。他因为一场海难沦落至此，船上其余的船员都已遇难。最后，“海盗们”把他“救”了出来。像所有出色的封面文案一样，这抓住了我们的注意力，也为我们提供了有关故事的足够信息，让我们想要知道更多——拿起并阅读这本书。不仅如此，书里还有“海盗”呢！谁不想读下去呢？

随着小说形式的发展，这些卷首“吹捧”变得越来越复杂——塞缪尔·理查森在《帕梅拉》和《克拉丽莎》（*Clarissa*）的扉页上告诉我们，他的作品涉及“私人生活中最重要的问题”“父母和子女的不当行为可能带来的痛苦”（《克拉丽莎》），以及“在男女青年心中灌输美德和宗教原则”（《帕梅拉》）。

所以，300 年前，推介语的作用和现在完全一样：用少许篇幅告诉我们书里有什么，勾起我们的兴趣，并说服我们为其中的文字投入时间和金钱。

欢欣雀跃

渐渐地，书籍的推介语开始包含两种元素：描述故事内容的封面文案，以及来自第三方的背书。1925年，当时还名不见经传的欧内斯特·海明威出版了《在我们的时代里》(*In Our Time*)。他的出版商决定出版此书，并用其他作家的推介语装饰封皮：福特·马多克斯·福特(Ford Madox Ford)、吉尔伯特·塞尔德斯(Gilbert Seldes)、约翰·多斯·帕索斯(John Dos Passos)、唐纳德·奥格登·斯图尔特(Donald Ogden Stewart)、沃尔多·弗兰克(Waldo Frank)和舍伍德·安德森(Sherwood Anderson)。安德森的推介语是这样开头的："海明威先生年轻强壮，喜欢笑，还很会写。"尽管博尼与利弗莱特(Boni & Liveright)出版社做出了努力，但海明威对这番宣传并不满意，当年晚些时候，他就解除合同，转投了斯克里布纳。

但书评人和其他作家为书籍背书是存在争议的。1936年，乔治·奥威尔在《为小说辩护》(*In Defence of the Novel*)中写道："随便问问哪个有思想的人为什么'从不读小说'，你通常会发现，说到底，都是因为推介书评人写的那些恶心废话。"奥威尔接着说，每天"都有15部小说向你射来，而且每一部都是令人难忘的杰作，错过它们会害死你的灵魂……

如果你不欢欣雀跃，一定会感到愧疚”。[①] 我明白他的意思。有时，当我走进一家书店，看着到处都是成堆的书，每一本的推介语鼓噪着要我拿起它们阅读，这让我简直喘不过气来。虽然现在大多数书的封面上都印着其他作家或专家的引言，说他们读了书以后怎样，但没有人真正知道能达到什么效果。读者真的会因为别人的意见而买书吗？还是说，现在图书销售使用推介语是个标准做法，所以你才这么做？乔治·奥威尔可能不会为“互相吹捧”这个概念感到惊讶。“互相吹捧”就是作家们互相交换着撰写好评。有时，推介语给人的感觉就像一场不断升级的军备竞赛。随着时间的推移，它们变得更加简单明了，但其中形容词的程度也在不断拉高：“权威的”“引人入胜”“不忍释卷”。福特·马多克斯·福特为海明威写的推介语是这样的：“海明威是当下美国最优秀的作家”（尽管他此刻人在巴黎……）——这说法文绉绉得几近奢侈，如今读者的注意力持续时间短暂，只看得见标题式的吸睛推介语，这么说肯定是行不通的。事实上，现在它可能会被浓缩为“美国最好的作家”，甚至只剩下两个字“最佳”。

① 这里，奥威尔指的是他在撰写《为小说辩护》之前一个星期从《星期日泰晤士报》上看到的一篇书评：“如果你读这本书时不曾欢欣雀跃，你的灵魂简直就是死了。”他说，如果你发现拟议的这本小说乏善可陈，这话对你的灵魂似乎太过苛刻了。

写给陌生人的一封信

想象你正在聚会上，手里端着喜欢的饮料，却发现必须要把一个朋友介绍给另一个朋友认识。你需要临场应变，用简短的一句话概括每个人的本质特点，不能有一丝半点会被误解成缺陷的暗示。在《出版商之道》(*The Art of the Publisher*)一书中，罗伯托·卡拉索（Roberto Calasso）描述撰写推介语时这么说，“篇幅只容得下寥寥数语……你必须克服所有介绍中必然存在的尴尬”。不管是聚会还是短篇小说，利害关系都是一样的。

正如卡拉索的概述，封面勒口的前身是“献词”，作者，有时是印刷商，向资助其工作的人（多为王子，或是地位高贵之人）致词。最著名的一位赞助人是南安普顿三世伯爵亨利·里奥谢思利（Henry Wriothesley），要不是他资助了威廉·莎士比亚，历史兴许早就把他忘掉了。1593 年，莎士比亚将长诗《维纳斯与阿多尼斯》献给了他，一年后，将《鲁克丽丝受辱记》再次献给了他：“我对阁下的敬爱是没有止境的……我已做的一切属于您；我该做的一切属于您；凡为我所有者，也就必定属于您。”封面文案的最高目的是取悦接受献词的人，但卡拉索指出，从字里行间你可能也会注意到，“很多时候，在很多书中，作者（或印刷商）从开篇献词的字句间显现真相，甚至在其中投下毒药。封面勒口似乎注定要被看成一种引发猜忌的形式”。

这种猜忌可以追溯到古典时期。直到18世纪，作者一般都不会从出版商那里获得报酬。因此，对某个有影响力的人或地方致献词，是作者（和印刷商）从作品中获得一定报酬的尝试。也许，这种猜忌仍然存在，因为几乎所有的读者和买书的人都明白，封面文案的目的是把书卖给读者。卡拉索说，封面文案是一段说服性文字，“读者会心怀戒备地阅读它，害怕这是一段别有用心的吹嘘”。这就像“写给陌生人的一封信”：拿起书的每一个潜在读者，文案的写手都不认识，但他必须用有限的文字，挨个打动他们，劝说他们购买此书。

与贝琳达·推介小姐共进午餐

我工作的地方有一个叫“推介部”的部门。实际上，现在已经不是这样了。这么说吧，我们过去有一个叫“推介部”的部门，现在那里只有一个人。为保护她的隐私，我们可以叫她贝琳达·推介小姐。贝琳达的工作是为每本书撰写封面文案，收集我们可能想放在封皮或封面上的推介语。

“我是在一间关着门、摆满书的小房间里学会如何撰写推介语的。我们整天都在阅读和写作，偶尔会出去与编辑交谈，尝试拿到一份手稿。那日子太美好了。我当时的经理文采极佳，她会提出建设性的批评，删减我的文案并加以改进。我还阅读其他书的推介语，从海报、包装或者任何东西的文案中寻找灵感。这是一门手艺，是可以通过经验来打磨的技艺，算不上艺术。”

在一个生活节奏越来越快的世界里，谁有时间读一本书中的每一个字来撰写推介语呢？你需要逐字逐句地阅读来创作推介语吗？

“因书而异吧。如果是小说，我会尽量多读一些。我有位文案朋友说，他只看前三分之一，这样他就不会透露太多信息，但我认为，了解故事的走向和结局很重要，这样才能暗示故事的走向。就像爱情电影《当哈利遇见莎莉》（*When Harry Met Sally*）里的主人公哈利·伯恩斯（Harry Burns）一样，我是最后几页的忠实读者。除了阅读文本本身，我还会尽可能多地阅读相关作品，尤其是经典小说，我会阅读作者的相关资料，了解背景。通常，我必须在拿到资料之前就撰写一些文案，这时候，我需要知道这本书的受众是什么人，我们希望做什么样的宣传。有时，没有文本甚至会让整个过程变得更容易，但总的来说，我认为最好从书本身开始，感受作者的语气和声音。我通常会做很多笔记，写很多东西，接着再不断改进和删减，直到我自己满意。乔治·奥威尔说要尽量使用简单明了的语言，这话我一直铭记。”

贝琳达可够舍得下手的。我就很难动手删掉自己的啰唆话。在她看来，是什么决定了推介语的好坏呢？

“什么是糟糕的推介语，说起来要简单多了！它要么透露了太多内容，要么听起来泛泛而谈，要么读起来像维基百科上的词条，包含了太多信息。最大的罪过就是它篇幅太长，还没看完，你的眼睛已经呆滞了。优秀的推介靠的是展示，而非讲述——如果你在为一本漫画书写文案，不要告诉读者它很‘滑稽’或者‘非常有趣’，你得在文案中加入一些真正的笑话和诙谐段子，读者一读就会发笑。不要告诉他们这本书紧张、恐怖或者戏剧化——用你选择的词汇和句子结构展示给他们看。”

每一种你想象得到的写作类型都会使用“展示而非讲述”的技巧，助推读者通过行动、语言、思想和感觉，而非讲解或描述来体验故事。契诃夫在给哥哥的信中写道：“在描述大自然时，你必须抓住微小的细节，把它们组合起来，好让读者一闭上眼睛，就能看到画面。比方说，你写磨坊的水坝上，打碎的瓶子玻璃像明亮的小星星一样闪闪发光，一条不知是狗还是狼的黑影像球一样倏忽闪过，你就写出了一个月色清朗的夜晚。”这便是展示，而非讲述。

“一段推介文字，”贝琳达说，“应该让你进入书的世界，而不是听起来像是出版商在告诉你为什么应该读它。这就像用不到100个字讲述一个极短篇故事。最近我在为一套系列丛书忙活，它的推介语只在封底上有一行字，但这实际上是解放——简洁紧凑的自由！在线销售的增长，意味着你在亚马逊上读到的推介通常只有几行字——有多少人会真正按下'阅读更多'读到最后呢？少即是多。我有个文案同事经常喜欢跟我讨论推介语的形状——有时它们是三角形，从非常具体的东西开始，然后逐渐扩大；或者它们像沙漏一样，从大开始，接着变小，然后再次扩大；或者它们也可能更像菱形。我们能快活地聊上好几个小时！"

谁知道呢？下次你到书店，请辨认贝琳达的推介语形状吧。

2012年，艾伦·列维诺维茨（Alan Levinovitz）写了一篇题为《在一桩伟大的事业中向你致意：推介语简史》的文章，思考了从罗马时代到今天的推介语艺术。列维诺维茨观察到，我们现在已经走过了推介语时代，来到了推介语、勒口和腰封时代。"勒口"显然是"翻开封面后的光滑折页，上面写满推介语"。如果这还不够，那就再加上腰封——列维诺维茨称之为"打了类固醇的勒口"，它是包裹在封皮外的附加层，采用同样的硬质纸张，上面全是称赞。短短一个世纪，推介语就“打上了类固醇”。

撰写本章之时，发生了一件意想不到的事情，它使得推介语成为购书体验的核心环节。2020年，新冠疫情导致第一轮封城，人们3个月都无法亲自出门购买书籍，等书店最终重新开业，又对买家在书店的行为，以及书店应该做什么来保证顾客的安全施加了新的限制。其中有一条规定是，凡是顾客接触过却未购买的书籍，都要隔离72个小时。为鼓励读者非必要不将图书拿起，书商把书翻过来，封底朝上，顾客不碰书就能读到推介语。

对这种吸引读者的新做法，贝琳达是怎么看的呢？

“我下意识地想，‘我的好时候来了’（玛汀·麦古基安[①]独一无二的嗓音在我脑子里唱了起来）。接着，我开始思考书的封面和封底如何一起发挥作用。它们原本紧密联系在一起：封面吸引你的注意，只有在那之后，你才会翻开它，真正的时刻到来了——你喜欢推介语吗？但如果真相大白的时刻来得更快些呢？如果没有封面的邀请——因为它提出的问题，部分地要靠封底的内容来回答——浏览书籍的体验会丧失一些东西吗？它会把人们推开吗？我又怎么才能知道呢？（这次用的是惠特尼·休斯顿的唱腔。）答案可能是，永远无从得知。”

① 英国女演员，代表作有《情妇》（*The Mistress*）和《我的自传：她以为自己是谁呀》（*Who Does She Think She Is?: My Autobiography*）。

“我有一个颇为颠覆性的看法，一个作家对匿名和默默无闻的感受，是工作岁月借给他的第二笔重要财富。”塞林格（Salinger）曾说。（我还没有找到第一笔财富是什么。）从20世纪50年代开始，塞林格就在图书合同中约定，封面上只能出现书名和他的名字，绝对不能出现任何图片（《麦田里的守望者》有一个版本采用了霍尔顿·考尔菲尔德的插图，让他非常愤怒）、引言、推介语或个人简介。不过，在《弗兰妮与祖伊》（*Franny and Zooey*）的第一版中，他准许刊登了一些勒口文案，是这么写的：“作者写道，《弗兰妮》于1955年发表在《纽约客》上，随后的1957年，发表了《祖伊》。”这或许把贝琳达说的那句“简洁紧凑的自由”发挥得太过头了。她最喜欢的推介语是什么呢？

“我发现很难对自己多年来写的东西做出判断，它们往往并非我有意为之，而是经过与编辑和作者商榷达成的妥协，这一直是一种微妙的平衡动作。评判别人的文案要容易得多——比方说，我最喜欢的一段推介语来自玛格丽特·阿特伍德（Margaret Atwood）《使女的故事》（*The Handmaid's Tale*）各个版本的封底。”

> 基列共和国只允许奥芙弗雷德履行一项职能——繁殖后代。如果她偏离轨道，就会像所有反对者一样，被

吊死在墙上，或是被送到外面去，因辐射病慢慢死去。但即使如此，这个压制欲望的国家并不能消除欲望——无论是奥芙弗雷德的欲望，还是关系到她未来的那两个男人的欲望。

“这段话只有100多个字，但它表达了很多，每一个字都用得恰到好处。它设置了地点和时间感，引入了角色，制造了戏剧张力。它包含了死亡、恐惧甚至爱情故事等元素，而且还有引人入胜的细节，这非常重要——奇怪的名字，还有‘吊死在墙上’，这略显古怪却令人震撼的说法。”

三个使女的故事

贝琳达告诉我《使女的故事》平装本推介语有这么完美之后，我想不妨做一些调查，看看它曾经是不是随着时间的推移而发生改变，是怎么改变的。恰如贝琳达所说，平装本文案是一篇简洁、紧凑的完美文章。然而，精装本最初的推介语迥然不同——事实上，它是一连串势不可当的形容词堆积在一起。以下是1985年由霍顿米夫林出版社推出的第一个美国版的文案：

《使女的故事》不仅是玛格丽特·阿特伍德所做的一次辉煌而彻底的告别，也是一部蕴含了巨大力量的小说，读者对书中的画面过目难忘。故事发生在不久的将来，描述了曾经的美国、现在的基列共和国的生活。这是个神权国家①，面对社会动荡和出生率急剧下降的问题，它恢复了清教徒最初的压制性的不宽容，而且有过之而无不及。该政权完全按照《创世纪》的说法行事，而这给其人口中的男女两性带来了离奇的后果。

故事通过奥芙弗雷德的视角进行讲述，她是新社会秩序下一名不幸的使女。在简洁而雄辩的行文中，冷静、温柔、绝望、热情和讽刺交替出现，随着现有趋势被推向其逻辑结论。她向我们揭示了隐藏在体制平静外表背后黑暗角落里的真相。《使女的故事》有趣、出人意料又让人毛骨悚然，同时又极具可信性。它既是尖刻的讽刺，又是严肃的警告，展现了作者玛格丽特·阿特伍德的才华。

这个美国初版的推介语，使用了360个单词。英国第一

① 此处“神权国家”的英语原文是“monotheocracy”，是个很少用到的单词，作者说：“它居然还期待读者知道‘monotheocracy’是什么，连我都要查了字典才知道。”

版由乔纳森·凯普出版社（Jonathan Cape）推出，更加卖力地使用了500个单词：

奥芙弗雷德是国家的资源。她是一名使女：具备生育能力让她成了基列共和国的宝贵商品，该国的出生率已经暴跌到危险的水平。奥芙弗雷德被指派给一名其妻子不能生育的指挥官，她只有一个用途——生育。

奥芙弗雷德从面纱到鞋子都是红色的，只露出一对白色的翅膀遮住面庞。每天，她沉默地走过信仰卫士们把持的每一道关卡。她用代币换取食物。她参观了处刑墙，性别叛徒和战争犯因做了曾经合法但现在不允许的行为而被绞死。

夜里，在空荡荡的房间里，奥芙弗雷德回忆起一些过时的古老习俗，比如闲聊、使用纸币、慢跑。还有非法的事：女人有工作、读书、她的真名、爱。爱曾是一切的中心。现在已无关紧要了。

玛格丽特·阿特伍德在《人类以前的生活》（*Life Before Man*）和《肉体伤害》（*Bodily Harm*）中对当代女性置身的复杂处境表现出惊人的洞察力，现在她将目光投向了未来。通过奥芙弗雷德的视角，我们看到基列共和国平静外表背后的黑暗角落：这个政权完全按照《创世纪》所说行事，给男女两性都带来了离奇的后果。这部作品构思巧妙，文笔精湛，有力地唤起了人们对 21 世纪美国在后女权主义极权统治下的形象的想象，充分展现出玛格丽特·阿特伍德毒舌、机智和敏锐的感知能力。《使女的故事》证实了她是一位重要的小说家。

在这里比较这些推介语，显得有点不够公平。平装书的宣传文案通常必须比精装书更短、更有力，因为它的篇幅更小。但我认为，平装书的局限性显然有助于创作出一篇更好的宣传文案。[①]

① 如果你还想欣赏一篇精练的写作，不妨读读雪莉·杰克逊（Shirley Jackson）的《彩票》。它共有 3389 个单词，每个单词都有用处，没有任何多余的词汇削弱效果。杰克逊的这些文字，让《纽约客》在 1948 年（首次发表该小说）“因为刊载了一篇小说”收到了“有史以来最多的邮件”。

第 12 章　全是黄色：封面和封皮

意大利用“*giallo*”（黄色）一词描述犯罪和推理小说这一完整的文学流派。从 1929 年起，意大利蒙达多利出版社出版了系列犯罪小说，名为“蒙达多利黄色书”（Il Giallo Mondadori）。这些廉价的黄色平装书大受欢迎，如今“*giallo*”已经成了悬疑小说（甚至任何未解决的神秘事件）的代名词。所以，绝不要光凭封面就判断一本书。事实上，这一章要讲述的正是封面、封皮、装帧如何超越保护内页文字这一单调目的。此外，“黄色”的出现频率高得叫人好生奇怪。真的，我没开玩笑。

是什么把《吸血鬼德古拉》（*Dracula*）、《七杀简史》（*A Brief History of Seven Killings*）、《柏林谍影》（*The Spy Who Came in from the Cold*）、《道林·格雷的画像》（*The Picture of Dorian Gray*）、《黄面志》（*The Yellow Book*）、《摇摆乐时代》（*Swing Time*）、《聊天记录》（*Conversations with Friends*）和《逆天》（*A Rebours*）联系到一起的呢？答案是黄色：要么是在封面上，

要么是在故事里。古英语中“黄色”（geolu）的意思是“明亮”“闪耀”和“呼喊”——这正是你希望书籍封面做到的事情。为说服人们阅读文字，给予它们自由，你首先必须想方设法地吸引读者的注意力。颜色、图像、排版——越醒目越好。作家们希望自己的书的封面发出“呼喊”。

凝空双眸

1924 年 8 月，斯科特·菲茨杰拉德给编辑麦克斯威尔·珀金斯写信：“看在上帝的分儿上，不要把你留给我的封皮拿给任何人。我已经把它写进了书里。”这本书就是《了不起的盖茨比》，封皮是西班牙画家弗朗西斯·库加特（Francis Cugat）为第一版设计的插图。

通常，一本书的插图是这本书写完后才设计的，画家或设计师根据作者的文字做出回应和阐释。但在这里，是菲茨杰拉德在回应库加特的插图，根据他自己的说法，他显然把其中的元素融入了《了不起的盖茨比》中。美术史学者查尔斯·斯克里布纳第三（Charles Scribner Ⅲ）[①] 在 2003 年发表了一篇题为《凝空双眸：从变形到杰作》的文章，文中这样提

① 菲茨杰拉德的出版商斯克里布纳是查尔斯·斯克里布纳第三的家族企业，他本人是一位艺术史学家。

到封皮上的画作：

> 这是20世纪甚至有史以来文学中最著名、传播最广的封皮画作。自1925年出现在小说第一版封皮上，半个多世纪后的1979年，它在“斯克里布纳图书馆”平装本里被修订……一如它所装饰的小说，这幅杰作已经牢牢地确立了自己的经典地位。同时，它代表了作者和封皮插画家之间最不寻常的——在我看来，也是独一无二的——“合作”形式。

研究菲茨杰拉德的学者仍在争论封皮是如何“写入书中”的。按斯克里布纳的说法，有人认为“埃克尔堡大夫的标志性大眼睛广告牌”就源自这张封皮插画：“又大又蓝——虹膜足有一米高。它们没有长在脸上，而是透过不存在的鼻子上戴着的一副硕大黄色眼镜往外看。”另一种说法是，菲茨杰拉德的灵感来自尼克·卡罗威（Nick Carraway）对黛西的描述：在纽约的夜晚，黛西是一个“面庞沿着漆黑的屋檐和令人炫目的招牌浮动”的姑娘。

说这张封皮有史以来“最著名”，我们有可能同意，也可能不同意，因为有多少本书就有多少张封皮设计，读者对喜欢的插图也各有看法。欧内斯特·海明威不喜欢《了不起的盖茨比》的封皮；在《流动的盛宴》（*A Moveable Feast*）一书中，他说“旅行后过了一两天，菲茨杰拉德带来了他的书。它的封皮花哨俗气，我还记得，它看起来粗俗滑稽、品位糟糕，让我大感尴尬。它看起来像是一本蹩脚科幻小说的封皮。菲茨杰拉德告诉我别被它吓倒，它与长岛高速公路上的一块广告牌有关，它在这个故事中很重要”。

上面的例子表明，所有热爱书籍的人都对它们的封皮有自己的看法——如果封皮是根据作者给出的信息创作出来的，比如《了不起的盖茨比》，它还可以直接从作者那里给我们提供关于这本书内容方面的见解。通常，对于一本喜爱的书，我们的脑海中会有一幅特定版本的画面——我们记得小时候书架上书籍的封面，或者我们在学校学习的教材封面上的插图，仅仅一瞥这些画面，就足以引发对文本和我们阅读它时所体验到的大量感受。封面插图是（或应该是）传达书中文字信息的捷径，也是一种复杂的营销工具；它能立即营造出一本书所要表达的氛围。如今成百上千的书籍、博客和文章，专门讨论封面插图——哪些有用，哪些没用，哪些封面和封皮是标志性作品。

重新设计一本书的封面，甚至会让人感觉像是对“我们”心爱而熟悉的故事版本展开攻击。“如果西尔维娅·普拉斯（Sylvia Plath）没自杀，看到新的封面恐怕也会的。”2013 年，耶洗别（Jezebel）在提及《钟形罩》（*The Bell Jar*）50 周年纪念版封面重新设计时写道，"我至今都清楚地记得我的那本《钟形罩》——迷幻的紫色外框围绕着一名金发女子的头像，鲜红色的作者名字划过顶部，就像是用口红写的。现在看来，它就是精彩的 80 年代的样子，但那时我并不这么想，因为我就生活在 80 年代。"

耶洗别形容 50 周年纪念版的封面是"一个正在化妆的低劣仿古货色"（而且，它又丑，颜色也不好看）。不得不说，我完全同意其看法。通常情况下，《钟形罩》最好的封面是雪莉·塔克（Shirley Tucker）设计的最初版本：一系列低调的同心圆吸引了人们的目光，完美地反映了女主角的幽闭恐惧症，以及社会和生活选择对她的束缚。

珍贵的装帧

书籍封面最初的目的是保护内部文字不受磨损，并向读者展示其象征权威的地位——考虑到大量早期装订的书籍都是经文或具有宗教意义，这一点尤其重要。金银、珠宝、象牙、丝绸、手工雕刻和压花装帧，书的形式和内容一样珍贵，数量有限的书籍尤其如此。

印刷术的出现让书籍变得更为廉价、普及，也更容易买到，它们的装帧也逐渐“落入凡间”——用皮革或布料制成，用金属扣把它们合上并保护边缘。还可以买到不带封面的书（用纸包着），读者可以根据自己的品位和预算定制装帧。19世纪初，书籍价格进一步降低，印刷机靠蒸汽驱动，纸张采用机械化生产，大多数书籍封面都是布质或纸质的，只不过还没有封面插图。渐渐地，印刷商取代了专业装帧师傅的工作，封面和书籍开始同步制作。

2009年，牛津大学博德利图书馆从一本1829年的书中，重新发现了已知最早的书籍封皮。1892年，博德利图书馆购买了这一封皮和其他各式书业杂项——但它和自己本该附在上面的书脱离开来，从未有过单独的目录条目。和当时其他书籍的封皮一样，这张封皮把书完全包裹起来。它包裹的是一本丝绸封面、作为礼物赠送的书，叫作《友谊的馈赠》（*Friendship's Offering*）。

17世纪和18世纪，书籍封面多为丝绸，书皮用来保护封面和书本身免受磨损。随着封面材料变得更加经济（布料取代了皮革），封面的印刷和设计变得更加复杂，逐渐成了向潜在读者传达书中内容的一种方式。

到19世纪60年代，印刷技术进步，借助彩色石印法（这是一种基于水油互斥性质的化学过程），可以把更精细的彩色图像应用到书籍封面上了。但即便是熟练工也需要花几个月时间才能达到最佳效果，所以这仍然是一个昂贵而耗时的过程——随后发展出了使用较少颜色、更简单图像的廉价做法，越来越多的书籍封面用上了这种技术。

黄皮惊悚小说

第一家开在火车站的 WH 史密斯书店于 1848 年在尤斯顿火车站开业，同年，出版商劳特利奇（Routledge）推出了“铁路图书馆”，让购书顾客和铁路旅客这两种身份之间的关系变得更为巩固持久。火车旅行非常适合阅读，它比公路出行更平稳，火车上有油灯和煤气灯，乘客在一天中的任何时间都可阅读。随着人口流动性增加以及文化素养提高，民众对阅读材料的需求量也越来越大。生产成本的降低带来了俗称“黄皮本”和“一便士惊悚小说”的廉价书籍。之所以叫“黄皮本”，是因为它们用廉价木浆纸印刷，颜色为黄色，且多为流行小说的再版。“一便士惊悚小说”每星期出版一期，它的名字就说明了自身的价格和内容。都是“惊悚”故事，通常是对早期哥特式惊悚小说的重写，或者以罪犯、强盗、海盗、吉普赛人和超自然实体为主角。最受欢迎的一本“一便士惊悚小说”是 1845 年至 1847 年出版的《吸血鬼瓦涅爵士》（*Varney the Vampire*），首次将锋利的牙齿与吸血鬼挂上了钩。《吸血鬼瓦涅爵士》到结尾时共有 232 章（大约 66.7 万个单词），约为今天一般小说长度的 6 倍。对作者来说，这笔收入可观，因为此类故事的作者是按行收费的。这类惊悚小说的封面多以死亡为主题，华丽又庸俗，以墓地、绝望女性和暴力场景为插图。历史学家朱迪思·弗兰德斯（Judith Flanders）引用了一位出版商给插画师们下达的指示："要更多血——更多更多的血！"

尽管名声不佳，但这些销路甚广的廉价册子是大众市场平装书的先驱，它们率先把封面当成了内中文字的钩子。在拥挤嘈杂的市场中，它们必须在火车发车前立即抓住潜在买家的注意力，说服他们从钱包里掏出钱来。连载的形式，最终被查尔斯·狄更斯（Charles Dickens）[①] 和威尔基·柯林斯（Wilkie Collins）等作家引上了正轨。

① 狄更斯用了两年时间（1836 年至 1837 年）分期完成了《匹克威克外传》（*The Pickwick Papers*），但"一便士惊悚小说"照样翻抄他的作品，把《雾都孤儿》改成了《雾都孤星》（*Oliver Twiss*），把《尼古拉斯·尼克贝》改成了《尼克拉斯·尼克贝》（*Nickelas Nicklebery*），把《马丁·翟述伟》改成了《马丁·盖述伟》（*Martin Guzzlewit*），后者都是真正出版有售的书，虽说如果你想找书店老板买一本，会显得像是喝多了口齿不清。狄更斯成功地推动了关于剽窃的法律改革，但在此之前，《匹克威克外传》的翻抄版已经卖出了至少 5 万册。

黄色 90 年代

除了向读者呼喊，黄色还从 19 世纪廉价印刷小册子的单调描述中演变为现代性和争议性的象征。在《道林·格雷的画像》中，亨利·沃顿勋爵送给道林·格雷一本“有毒的法国小说”，导致了格雷的堕落。在王尔德的故事中，这本书是黄色的，暗指若里斯 - 卡尔·于斯曼（Joris-Karl Huysmans）的小说《逆天》[①]。1894 年在法国出版后,《逆天》成为颓废文学的终极象征，王尔德在创作《道林·格雷的画像》时受到了它的启发。当时，黄色与这类地下文学联系在一起—— 19 世纪 90 年代的巴黎，这类书籍用黄纸包装，以提醒读者注意其中的色情内容，这既可以视为警告，也可以视为推荐，具体取决于你怎么看。

这一信号在《黄面志》中得到了体现。《黄面志》是于 1894 年至 1897 年在伦敦出版的一份文学季刊。《黄面志》鲜艳的布面装帧采用了一种被大众认为颓废和不道德的颜色（这种颜色出现在大量艺术流派当中，成了唯美主义和颓废主

① 《逆天》于 1926 年首次翻译为英语，书名为 *Against the Grain*（可直译为“格格不入”）。该译本的扉页上写道，这是“道林·格雷喜爱的书，并为奥斯卡·王尔德带去了灵感”。目前的企鹅经典版采用弗朗茨·库普卡（Franz Kupka）的一幅名为“Yellow Scale”的画。

义新运动的象征），即便是现在，它看起来也引人注目，现代气息十足。

《黄面志》的第一位美术编辑是奥伯利·比亚兹莱（Aubrey Beardsley）[①]，出版商是博德利海德出版社的约翰·莱恩（John Lane，莱恩的侄子艾伦、理查德和约翰，后来创办了企鹅出版社）。比亚兹莱想通过书中出现的画作来冲击公众舆论，这一点导致莱恩和他争吵不休。莱恩在出版前会仔细检查比亚兹莱提供的画作，而比亚兹莱则会在画作里隐藏不适当的细节：这是一场艺术上的猫捉老鼠游戏。1894 年 4 月，《黄面志》出版第一卷，宣称：

> 《黄面志》的出版商和编辑的目标是尽可能地摆脱期刊文学的陈腐旧传统，为诸君奉上一份制作精美的插图杂志，在印刷和图片方面具有现代感和独特性，并且在更好的意义上受到欢迎。我们认为，这样的杂志目前还很难见到。
>
> 从技术角度而言，《黄面志》将尽量实现完美。纸张

① 比亚兹莱去世时年仅 25 岁，但他，还有他影响力深远的作品，通过披头士乐队专辑《佩珀中士的孤独之心俱乐部乐团》封面上的形象流传至今（他在倒数第二排靠左边，紧挨着罗伯特·皮尔爵士）。披头士乐队是动画片《黄色潜水艇》的忠实粉丝。

（正在特别定制）的大小和形状、使用的字体以及文本与边距之比，如本公告所示。杂志页数为256页或以上，采用柔软的黄色布料装订。

正如这份公告所示，除了有吸睛的封面，编辑还热衷于打破传统维多利亚式页面排版，因此他们强调使用的字体，以及文本与页边距之比。《黄面志》简洁而优雅，使用了宽阔的页边距和留白，远离了之前挤作一团、乱糟糟的维多利亚风格。它在发售说明中这样自我介绍："形式上是一本书，内容上也是一本书；一本好看又阅读方便的书；一本精致有风格的书；一本每个爱书之人一见就爱的书；一本能让如今不怎么看书的人也变成爱书人的书。"

编辑亨利·哈兰（Henry Harland）和奥伯利·比亚兹莱再次打破传统，坚持认为《黄面志》中的画作不是用来解释文本的，而是自身就有价值的独立作品。收录在内的每一幅画作和每一篇文章一样，都有独立的标题页，以强调其独立于文本的个体意义。这些关于出版物外观的新设想影响极为深远，尽管《黄面志》仅仅出现在1894年至1897年，但它的颜色代表了整整10年。

黄色未来

“我一直认为，‘插图封面’开始流行的时候，是英国图书行业最糟糕的一段日子。”出版人维克多·戈兰茨（Victor Gollancz）说。他的出版社成立于1927年，戈兰茨邀请了富有创新精神的字体设计师斯坦利·莫里森（Stanley Morison）与他一起设计封皮。同样采用了亮黄色——在《特立独行的企鹅：艾伦·莱恩与他的时代》（*Penguin Special: The Life and Times of Allen Lane*）[①]中，杰里米·刘易斯解释说，“戈兰茨……在伦敦铁路的一个书摊进行了详尽的测试后做出判断，黄色封皮最显眼”。

戈兰茨是最早利用市场营销来卖书的出版人之一（他会为其中一些书在报纸上刊登整版广告，在他之前，还没有其他出版商这样做过）。他还任命莫里森担任自己出版社的董事，表明他对品牌视觉传达和图书封皮设计高度重视。戈兰茨的亮黄色封皮配上醒目的黑色和紫色字体，摆在书架上很显眼——他是品牌塑造的最早倡导者之一，在它成为主流之

① 在与戈兰茨合作之后，莫里森在Monotype corporation与贝阿特丽斯·沃德（Beatrice Warde）紧密合作（参见本书第13章），对现代印刷术产生了巨大而持久的影响。他委托埃里克·吉尔（Eric Gill）为《泰晤士报》设计了Gill Sans字体和Times New Roman字体，1932年首次使用。Gill Sans和Times New Roman成为有史以来常用的两种字体。

前就已开始实践。

戈兰茨的书单和他的书的封皮一样具有前瞻性，也一样引人注目。1936年，他委托乔治·奥威尔创作《通往威根码头之路》(*The Road to Wigan Pier*)，并出版了达芙妮·杜·穆里埃（Daphne du Maurier)、金斯利·艾米斯（Kingsley Amis）和约翰·勒·卡雷等人的作品。1961年，他出版了卡雷的第一本书《死亡预约》(*Call for the Dead*)，第一版的封皮[①]便显示了该出版社的标志性风格——黄色的包装纸上用红色醒目地印着书名和作者的名字，没有作者的照片，反而用了一句引言并加上外框："卡雷先生是一位全新的天才犯罪小说家，在激发兴趣、关注和同情心方面，他的能力实属罕见。"卡雷的下一本书，1962年的《上流谋杀》(*A Murder of Quality*)，在封皮上延续了第一本书的广告，并写道："这是卡雷先生的第二部惊悚小说。其第一部作品《死亡预约》受到的评价比1961年的其他任何作品都更热烈。"[②]戈兰茨能够在黄色背景上使用出色的文字来吸引读者的注意力，并完全省去了封皮插画。

---

① 网上出售的该小说第一版——"装在特制的纯羊皮翻盖盒子里"——扉页上有签名，要价为25259.40英镑。

② 得到了更热情的评价，实际上，也更为稀有，价值更高。带签名的第一版（这次没有纯羊皮翻盖盒子）在网上的售价是29750英镑。

带着爱情，从俄罗斯到法国和英国

从 20 世纪 20 年代开始，大规模广告的兴起以及更精密的印刷技术的出现，带来了辨识度更高的“现代”封面设计。俄罗斯先锋艺术家埃尔·利西茨基（El Lissitzky）声称：“与不朽的宏伟艺术不同,（图书）本身走向人民，而不是像大教堂一样矗立在原处，等待别人的靠近……（图书）是未来的丰碑。”利西茨基和他的俄罗斯同行亚历山大·罗钦可（Alexander Rodchenko）对 20 世纪的平面设计师产生了重大影响，进而对书籍设计产生了重大影响。书籍封皮开始使用全彩色印刷，并出现象征主义和立体主义元素。

书籍封面也可以告诉我们一些关于一个国家的事情。不同的地方各有风格，并不一定能够跨国翻译。在法国，书籍封面多采用文字——或许比英国更克制、更知性。在美国，由于市场庞大且多样化，封面的地域性更强。在佛罗里达州能吸引图书买家的东西，放到达科塔州就不一定管用，这使得美国的图书设计师比英国的更保守。汤姆·拉蒙特（Tom Lamont）曾写道，有时结果可能叫人摸不着头脑：

> 例如，在德国，出版商第一次收到马丁·埃米斯《众议院》（*House of Meetings*，这是一本描述古拉格悲惨

生活的小说）的手稿，发生了什么样的讨论让他们着手设计出这样的封面呢：6 个人物的身体，从一栋现代公寓楼的窗户上弹起？是什么促使意大利图书设计师给小巫师哈利·波特设计了一顶老鼠形状的帽子？对乔纳森·萨佛兰·福尔（Jonathan Safran Foer）的《真相大白》（*Everything is Illuminated*），为什么法国版不采用英美版的单色调设计，而是构思了一幅一个人抚摸女人乳房的水彩画呢？

对封面设计来说，阐释和文化背景似乎至关重要。

“优秀的设计并不比糟糕的设计更昂贵”

1935 年，艾伦·莱恩（Allen Lane）创办了企鹅出版社，他写道：“我一直无法理解，为什么廉价的图书就不应该设计得很好，因为优秀的设计并不比糟糕的设计更昂贵。”与戈兰茨出版社的图书一样，最早期的企鹅图书封面没有插图，只有文字。[①] 最初的“三条杠”企鹅图书，封面分为三个横

① 这并不完全正确——早期的企鹅图书有过一些黑白插图封面。1938 年 2 月，第一批带广告的企鹅图书出现了，从那时起到 1944 年，企鹅图书上登载过香烟、牙膏、Jif 黄油和弹药等广告。在一段时间内，这有助于让企鹅图书保持 6 便士的最初售价。

块，顶部和底部的横块是彩色的，中间是白色的，印有爱德华·杨（Edward Young，他成了该出版社第一位制作经理）设计的企鹅图书的标志。最早的企鹅图书在封面上使用现代味十足的 Gills Sans 字体，并效仿总部位于德国的信天翁出版社（Albatross Books），在封面上用颜色编码，立即向读者说明他们正在看什么类型的图书。[①] 菲尔·拜恩斯（Phil Baines）在《企鹅设计：封面故事》（*Penguin by Design: A Cover Story*）中解释说，“最初的封面设计在书店中产生了巨大的影响，它的直接显得非常新鲜和现代”。企鹅“三条杠”变化多端，维持了大约 25 年。它灵活、适应性强，是一个非常明显的“品牌”，构成了迅速扩展的企鹅书单的基础，随后又衍生出“鹈鹕”（出版经典作品）和“特立独行的企鹅”（Penguin Special）两个子品牌。1948 年，扬·奇肖尔德（Jan Tschichold）对“三条杠”做了巧妙的重新设计，让它再度焕发新生。现在，它在形形色色的商品和二手书店中延续着生命，成为我们集体文学意识中不可或缺的一部分。

① 企鹅图书最初采用的颜色编码：橙色代表小说，绿色代表犯罪小说，深蓝色代表传记，樱桃色代表旅行和探险，红色代表戏剧，黄色代表杂项出版物（如字谜书）。

宝石装帧的回归

制作方式更为廉价、品牌的建立、图书营销日益重要，以及大众市场覆盖范围的增加，意味着整个20世纪，平装书封面势头看涨。戈兰茨、企业和其他平装书出版商利用封面设计，让书籍变得品质优良、买得起、易获取、便携、可收藏和好识别，同时保持在大众市场的价格范围内。尽管如此，硬皮精装书的市场依然强劲。我采访了科拉莉·比克福德-史密斯（Coralie Bickford-Smith），她是《狐狸与星星》（*The Fox and the Star*）一书的作者，并为企鹅出版社设计了备受赞誉的布面经典系列，她认为，哪怕面对电子阅读设备的竞争，优秀的书籍设计也能持久隽永。

“就个人而言，我深受维多利亚时代书籍装帧的影响，虽然我觉得这有点违背企鹅出版社的理念（毕竟，企鹅平装本最初只相当于一包香烟的价格）。我尝试运用这些材料，想要创作一些让读者感觉特别的书籍，重新点燃我们对印刷文字的热情。”

“追求精致的艺术出版商始终热切地关注这些设想：弗利欧出版社（Folio Society）已经这样做了70年。弗利欧以柯姆史考特（Kelmscott Press）[1] 等私营出版社为模板，其初衷是以读者负担得起的价格提供精美的插图书籍。因此，这种复兴并不是什么新鲜事，但当数字世界似乎要消灭印刷文字的时候，面向大众市场的出版公司肯定会追随这一趋势。”

我请科拉莉谈了谈制约书籍设计的因素有哪些。多年来，书籍格式几乎没有变化，封面设计师们通常在与 200 年前几乎相同的尺寸上工作。

“其实，我们在幅面相同的画布上创作了这么长时间，充分说明了书籍这一物品的成功和实用性。书籍的设计仍然深植于过去，这一点我很喜欢：就连我们用来确定字体大小的字号（point），也源自早期印刷术。在当今的桌面出版时代，我们可能会以不同的方式印刷，但仍然使用指向过去的度量单位。在书籍设计师的日常生活中，这样的例子太多了。”

一本知名书籍的封面，需要兼顾多个方面：既要给那些已经读过它 20 遍的读者带来新鲜感（他们可能对这本书有强烈的情感依恋），又要吸引新读者。因此，为一本经典书籍重新设计外观，肯定比为新作品设计更具挑战性。

“我会把所有的东西都研究一番。”科拉莉说，“作者、写

---

① 柯姆史考特出版社存在于 1891 年至 1898 年，由威廉·莫里斯（William Morris）创办并经营，印刷他认为精美的书籍。它制作了 50 多部作品，深受早期现代欧洲插图手稿的影响。

作的时间、作品是关于什么时代的。我喜欢观察政治上发生了什么，研究当时的图形风格。我喜欢深入挖掘——我不想错误阐释世界上最受人喜爱的文学作品。我为作者的文字赋予视觉形象，我希望它们有更多的机会被读者拿起来阅读。所以，我会花很多时间考虑所有可用材料，与编辑交谈，理解文本。我尝试寻找一种富有象征意义的元素来装饰封面，然后把它变成环绕这本书流动的图案。我喜欢想出一个有望吸引新读者的符号，因为他们会好奇为什么封面采用了这一特定主题。有时，之前读过这本书的人一下就能理解我为什么会选择那种符号，而这又让他们再次对这本书产生了兴趣。”

我告诉科拉莉：“有一个主题贯穿了我为这一章所做的研究，那就是黄色。”从文学季刊《黄面志》到黄皮平装书，再到维克多·戈兰茨的亮黄色封面，我视线所及的每一个地方都有关于黄色的故事。“我知道你几年前设计了企鹅哥特系列——《敦威治恐怖事件》(*Dunwich Horror*)、《甲虫》(*The Beetle*)等，能说说你为什么为它们选择了黄色吗？”

“之所以选择黄色，是因为我觉得这种颜色既不违背惊悚小说的传统，又不会牺牲视觉冲击力。这也是在向1897年第一版《吸血鬼德古拉》致敬，当时它就是采用了配有红色字体的亮黄色封皮，直到今天看起来都很有现代色彩。”

2016年,《华尔街日报》等媒体报道称，黄色再次成为图书封面的“热门”颜色，并指出2015年布克奖得主马龙·詹姆斯（Marlon James）的《七杀简史》在英国和美国的版本中都使用了黄色:“放在亚马逊和其他在线零售商的白色背景上，白色封面显得十分无力。而黄色能从在线页面上脱颖而出，也能映衬或亮或暗的字体和图形。此外，它没有性别关联，可以表示阳光、乐观，也可以表示危险警告，适合各种类型和主题。”在政治和性别方面保持中立，吸引眼球——这就是机场航站楼和跑道的指示标志大量使用黄色的原因。文字放在黄色背景上，就会变得更好吗？我们的文字想实现自由，必须进入拥挤、嘈杂和竞争激烈的世界里一展所长——它们只有几秒钟的时间打动人。

第 13 章 “小手手”和“奔跑的脚丫”：文本设计

受封面和推介语的承诺诱惑，我们踏上了阅读的冒险之旅。但在读到第一个字之前，我们会先看到第一页是什么样子。我们甚至不会意识到自己在看什么——好看的页面只会鼓励我们开始阅读（但愿能继续读下去），但它不会让我们意识到，是它在引导我们进入书籍的核心。一本书第一页的样子为阅读的实际体验定下了基调。如果页面排版得当，有助于吸引读者投入故事当中。

秘密法典

在《书谜》（*The Secret Life of Book*）一书中，爱丁堡大学图书历史研究中心主任汤姆·莫勒（Tom Mole）断言，“每个文字在书页上都占据了一个特定的位置，与其他文字和空白间隙（如缩进、段落断行和页边距等）互为关联……书籍的空间维度是我们感知它的基础……阅读时，我们会根据页面的结构来确定自己的方向”。

但我们所依据的定位、放置文字的“页面结构”到底是什么呢？现代页面排版大多基于页面结构“法典”——这是一套沿用自中世纪和文艺复兴时期手稿的规则，以赏心悦目的形式分割页面。扬·奇肖尔德是一位具有远见卓识的文字设计师，他于1947年至1949年在企鹅出版社工作，他曾这样写道：“尽管今天它基本上已被遗忘，但基于它衍生出来的方法和规则已发展了数百年。为制作出完美的图书，必须将这些规则付诸实践。”

虽然奇肖尔德只为企鹅公司工作了18个月，但在这短短一年半，他把自己关于排版标准和一致性的所有设想，都写进了一本仅有4页的小册子中，名为《企鹅排版规则》（*Penguin Composition Rules*），用来帮助提升和规范企鹅系列图书的内外形式。接替他的汉斯·施穆勒（Hans Schmoller）继续发展了这些规则。1956年，《印刷评论》杂志说“施穆勒基本上继承了奇肖尔德样式的主要特征，并通过额外的微调和改进使之臻于完美”。

施穆勒基于约翰内斯·古腾堡和其他早期印刷工的页面排版方式，对奇肖尔德的原始样式进行了微调。从机械印刷诞生之日起，文字的外观就成为印刷工和排字工关注的焦点——他们渴望让页面的各个部分形成和谐的视觉布局。

奇肖尔德是20世纪欧洲“新文字设计”的核心人物。这一运动想要打破维多利亚时代设计的传统，以不对称、留白和无衬线字体为特点。在文章《新文字设计的原则》(*The Principles of the New Typography*)中，奇肖尔德解释说：“新文字设计的本质是清晰。这使它与以‘美’为目标的旧式排版形成了鲜明对比……”奇肖尔德认识到，在大众传媒时代(如果他看到我们今天的局面，一定会不知所措)，文本只有装饰性是不够的，它必须清晰。这样，哪怕还有其他沟通方式在争夺注意力，读者也能轻松地接近它、参与它。

有趣的是，奇肖尔德受雇于企鹅出版社时，提到这些规则和页面构建法典“基本上已被遗忘”。企鹅出版社要他服务的是堪称标准化制作和设计典范的图书——最初的大众市场平装书。奇肖尔德的才能在于认识到如何从晦涩中挽救并再次利用文艺复兴时期手稿中的元素，将之应用于机械化时代。奇肖尔德开创的“新文字设计”也受到了战后提高印刷效率这一需求的鼓励——在某种程度上，书籍格式标准化、工业印刷监管与机械化影响并塑造了他的设计细节。

边际收益

页面布局已经发展为既有用又带装饰性：从一开始，作家们就明白文字需要以某种方式组织起来，以便于接近和使用，进而具有可读性。靠上的页眉标题[①]帮助我们知道自己在书中的位置，页码（也叫“folio”，和“开本”是同一个词）告诉我们准确的位置。[②]文本设计规范帮助读者准确地了解什么是文本的“一节”。因此，章节标题的样子与正文不同，副标题、引用材料、诗句、脚注和其他文本修饰可以通过适当的字体、强调和定位立即为读者指出。这是读者和设计师之间进行的一场微妙而重要的对话，应与作者试图通过文字表达的东西相协调。

这种文本设计的组织方式始于古代：一些卷轴可长达 30 米，因此，读者能够快速轻松地确定自己的方位，这对阅读有着至关重要的意义。文本从左到右按纵列排列，每列之间有边距，让你知道何时停止阅读，转入下一行。

手抄本取代卷轴后，读者更容易看到文字块的开始和结束，而边距变得比以往任何时候都更为重要，只是方式有所不

---

① “页眉标题”（running heads）是一种有用的导航工具，而且不必始终放在页面顶部。有时它们决定跑到页面底部去，变成“页脚标题”（running feet），即本章标题中“奔跑的脚丫”所指。是的，它们也可以放到页边，但“页边标题”（running side）跟前两个说法比起来就没那么有趣了。

② 我曾经与一位作者合作，他希望自己的书页码从 314 开始倒数（没错，这是一本关于圆周率的书）。还有一本书，“编号”从零开始，就好像作者希望读者迷失在文字的荒野之中。

同。此前，对一篇文章的评论会写在单独的卷轴上，但手抄本上特意留出的空白处，鼓励读者写下自己的想法和对文章的回应——在纸张稀缺、昂贵的时候，这种空白处尤其重要。

边注（marginalia[①]，也就是这些页边空白处评语的名字）最著名的例子，是皮埃尔·德·费马（Pierre de Fermat）大约在 1637 年写在一本名为《算术》（*Arithmetica*，作者是数学之父，亚历山大港的丢番图）的书的页边空白处。费马在边注里写道：

> 将一个立方数分成两个立方数之和，或将一个四次幂分成两个四次幂之和，又或将一个高于二次的幂分成两个同次幂之和，这是不可能的。关于此，我确信已发现一种美妙的证法，可惜这里空白的地方太小，写不下。

这段边注就是日后俗称的“费马大定理”，这个数学问题直到 1995 年才得以解决。[②]

① 这个词是塞缪尔·泰勒·柯勒律治（Samuel Taylor Coleridge）创造的，他将自己的边注变成了一种表演艺术，他甚至出版了自己在页边留下的思考。“marginalia”与“nostalgia”（怀旧）字形类似，当然会给原本平凡的文字形式带来一种虚伪做作的浮夸感。

② 关于人们为证明该定理而进行的探索，已经写了好几本书：页边空白的地方真的太小，容不下整个故事。

反常的是，如今纸张相对便宜得多，在书上写字反而成了不被认可的行为。利亚·普莱斯（Leah Price）在《当我们谈论书籍时我们在谈论什么》（*What We Talk About When We Talk About Books*）一书中强调，19 世纪公共图书馆的发展，使得读者不愿意在书的空白处留下记号："良好的阅读，过去由你对书做了什么来定义，现在变成了你不得对它做什么的问题。"

但英语及文化史教授乔·莫兰（Joe Moran）表示，"书就是用来写的"。页边留白允许我们这样做。"旁注让我们看到了读者未加防范、未经审查的想法。"莫兰指出，"这是他们对书页上的文字做出的即时反应：一种与作者，或是一代人，或是之后可能作为二手书拿起这本书的未知读者所做的无声交流。从定义上讲，边注就是边缘之物，受到低估、遭到忽视。"

受到低估，取决于是谁在进行评估。1962 年，基思·哈利威尔（Keith Halliwell）和乔·奥顿（Joe Orton）因污损图书馆书籍被判入狱 6 个月，法官哈罗德·塞吉（Harold Surge）评论说："有些人自以为足够聪明，可以在别人的书、公共图书馆的书上写批评，甚至污损、撕毁图书，他们应该知道这种行为是'灾难性的'。"奥顿和哈利威尔擦刮的大部分内容是封皮画作，不过也有一些是针对推介语：最新遭到涂改的是多萝西·塞耶斯（Dorothy Sayers）《俗丽之夜》（*Gaudy Nights*）上的“最令人敬畏之作。最古怪，不必说也最粗野”“我被这么多垃圾小说和垃圾书给激怒了”，这是奥顿最接近解释的说法。2019 年，通过出售这些被污损的书，人们为奥顿的家乡莱斯特筹集了 5 万多英镑为他竖起雕像。

埃德加·爱伦·坡（Edgar Allan Poe）把自己的反思与片段集称为《边注》，他写道：“我一直希望页边留白足够多，这并不是因为我对这件事本身有多么热爱，尽管它的确令人愉快，而是因为它给我提供了一种便利，让我能把建议性想法、一致的意见、不同的观点，或者一般的简短评论写下来。”

如今，随着电子文本和电子阅读器的出现，读者可以随时与文本及其他读者进行社区互动，但这种电子边注，跟在实体书页边留白处手写的潦草字迹是一样的吗？《纽约时报》评论家萨姆·安德森（Sam Anderson）想象了一个“读者乌托邦……一场古腾堡式的革命——这次不是针对写作，而是针对阅读。图书读者从未有过现在这样的一种机制，将自己对文本的反应大规模地、轻松地分享给其他读者，并直接嵌入文本之中。现在，倘若 21 世纪的柯勒律治出现，他应该能够同时标注数百万朋友的书籍”。

电子世界推动我们走向了这种“回应文化”，推特、博客文章、评论和论坛上的辩论，让我们所有人都获得了广阔的电子留白空间。虽然电子留白空间可能是无限的，但当看到某人用手写的笔迹清晰地表达了对一篇文章的即时反应时，这种感觉会更为个人化。①

手稿和手指符号

在成为作家之前，塞缪尔·理查森是一名印刷工。1706年，17岁的他成为印刷工约翰·怀尔德（John Wilde）的学徒。理查森一路上进，成了怀尔德印刷作坊的排版员和校对员，最后离开印刷作坊，成为“一家印刷厂的监督和校对”。1719年，理查森拥有了自己的印刷作坊，并于1722年招收了自己的第一个学徒。理查森的一生都与印刷业密不可分：他娶了约翰·怀尔德的女儿玛莎为妻，1733年与下议院签订了一份为下议院印刷院志的合同。②

---

① 历史上最有趣的一条注释是“Wow！”信号，虽说它并不是从一本书的页边留白发现的。这是一种窄带无线电信号的名称，具有外星智慧的所有特征。1977年8月，俄亥俄州的“大耳朵”射电望远镜收到了这个信号，发现它的天文学家叫杰里·埃曼（Jerry Ehman），在记录下的数据旁写下了“Wow！”字样。

② 《下议院院志》是下议院投票和议事程序的修正存档版。《汉萨德英国议会议事录》是议会辩论的记录，以一位印刷商托马斯·库森·汉萨德（Thomas Curson Hansard）的名字命名，他是议会的第一位官方印刷商。

理查森的印刷背景在他 1748 年发表的不朽作品《克拉丽莎》中得到了充分展现。《克拉丽莎》采用书信体：故事通过主要人物之间的信件展开。在原始版本中，理查森有时使用排版特色来强调故事的某些部分。书信结尾处以笔迹优美的草书形式呈现签名，用带指向手势的小手[①]标记出罗伯特·洛弗莱斯（Robert Lovelace）所拦截信件空白处的愤怒批注，作为情节的一部分。但排版和页面布局最引人注目的地方，是当克拉丽莎在伦敦一家妓院被下药遭强奸之后。为说明她的情感和心理痛苦，理查森将文本的碎片（克拉丽莎潦草地写在纸上，后又撕碎扔到地上）以垂直的角度放置在书页上。

克拉丽莎的情绪崩溃，通过排版顺序的支离破碎表现出来。理查森从两个方面努力让他的文字发挥作用——通过它们所表达的内容和它们的出现方式。他的文字在页面上的位置及其空间关系反映了克拉丽莎的痛苦，通过这种方式，他的文字也变得更好了，她内心激荡的情绪不再受传统规范的束缚。理查森邀请读者和他一起走进故事——不再温柔地引导，而是抓住你的衣领，把你拖进克拉丽莎的内心深处。

---

① 这被称为“手指符号”，看起来像这样：☞。自 12 世纪以来，它就一直出现在手稿中，用于标记更正或向读者指出页面上的重要内容。到了 15 世纪的意大利，它通常发展出精致的袖口和阴影，有时用作第 7 种脚注符号，在“段落号”之后（参见本书第 8 章）。

魔鬼的尺寸和两头大象

世界上最大的中世纪彩绘手稿是《魔鬼圣经》(*Codex Gigas*)，直译是“巨大的书”。它由基督教圣经全文和一些世俗文本组成，长 92 厘米，宽 50 厘米，厚 22 厘米，重 74.8 千克。它的名字的来历是因为书里有一页，只有一幅魔鬼吐出分叉舌头的插图，高 50 厘米，色彩鲜艳。

据一些手稿专家所说，这本巨书出自一位抄写员之手。测试表明，即使没有插图，它也需要不间断地书写 20 年才能完成。什么人有那么多时间呢？历史学家认为可能是 13 世纪的本笃会修士赫尔曼（Herman the Recluse）所写。根据传说，赫尔曼违背了修道誓言，要被活埋在墙里，为避免这种情况发生，赫尔曼承诺在一夜之间为修道院创作一本书，包含所有人类知识的总和。随着夜色渐渐消退，很明显，他不可能赶在最后期限前完成。为了完成此书，他没有向上帝而是向魔鬼祈祷，并以自己的灵魂作为交换。魔鬼出现了，帮他完成了《圣经》，并得到了书中的一幅肖像作为答谢。

1826 年至 1838 年，约翰·詹姆斯·奥杜邦（John James Audubon）自行出版了他的不朽之作《美国鸟类》(*Birds of*

America）[①]，其中有700多幅鸟的手绘彩色插图。插图所需的页面尺寸太大，不得不使用所谓的“两头大象”幅面来印刷。至少它的名字让你对事情有了一些预期，但用所谓的对开、四开、八开、十二开、十六开、二十四开或三十二开来描述书本，又是怎么回事呢？之所以会出现这些听起来难以理解的描述，是因为历史上，精装书的尺寸取决于每张纸上印制书的多少页，以及这张用于印刷的纸要折叠多少次，才能产生大小合适的页面装订到书中。对开本指的是在一张纸的两侧各印两页文字，然后将纸对折，形成 4 页。如果你在一张纸的两侧各印 8 页，然后折叠 3 次，你就得到了 16 页——这叫八开本。说实话，除非你运气好，有人站在你面前用巨大的纸张进行演示，否则，光靠想象，你很难明白这到底是怎么回事。

好在现在大多数黑白精装书籍都遵循一些标准化的格式。比如 A 版和 B 版精装书，除封面采用硬纸外，尺寸还与平装版相对应。我们在书店里经常看到的传统大精装本是 Royal 版（234mm × 153mm，通常用于较长的非虚构类书籍）和 Demy 版（216mm × 135mm，更多用于精装本文学小说或较短的非虚构类书籍）。事实上，你几乎能找到喜欢的任何尺寸

① 据《经济学人》报道，考虑通货膨胀因素，历史上最贵的 10 本纸质书中有 5 本是《美国鸟类》。

的书，彩色和插图书籍的尺寸则更多。不过，在英国，Royal版和 Demy 版最为常见。

读者可能会为《魔鬼圣经》的尺寸而感到纠结，而现代书籍的尺寸反映了书籍的一个伟大优点——便携。

第一批企鹅平装书采用的是 A 开本，尺寸为 111mm×81mm，这个尺寸意味着它可以轻松地放进口袋里——实际上，在美国，这种大小的书经常被称为“口袋书”。A 开本的书逐渐被称为“大众市场平装书”，部分原因是其尺寸方便在书店以外的地方销售——比如杂货店（美国）、火车站和机场。

尽管今天仍有很多书以 A 开本出版，但它们往往是“类型”小说：言情小说或惊悚小说，人们说不定读过一次就扔掉了。相比之下，更多的“文学”作品倾向于首先以精装本出版，之后才会改为以 B 开本（约为 129mm×198mm）平装本的形式度过余生。

标准化印刷量和市场预期意味着 A 开本和 B 开本是平装书最常见的尺寸——它们生产成本低，便于携带，并为大多数文本提供清晰的阅读体验。事实上，此类开本尺寸为今天的设计师提供了必须遵循的尺寸限制。

有什么话，对我的字体去说吧

数字时代意味着我们如今谁都可以认为自己是排字工。我们坐在屏幕前，点击下拉菜单，思考着可供选择的形形色色的字体。是用 Times，还是 Arial；是 Baskerville，还是 Braggadocio。[①] 我喜欢 Cambria 字体而不是 Eurostile 字体，这说明了什么？Eurostile 字体及其母字体 Microgramma 显然几乎垄断了科幻电影的字体，直到近年才略有改观。《异形》（*Alien*）、《星际迷航》（*Star Trek*）、《2001 太空漫游》（*2001: A Space Odyssey*）、《回到未来》（*Back to the Future*）、《楚门的世界》（*The Truman Show*）、《雷鸟神机队》（*Thunderbirds*）、《红矮星号》（*Red Dwarf*）和 1975 年欧洲歌唱大赛的片名部分，都使用了 Eurostile 和 Microgramma 字体。即使遥远星系的平面设计师喜欢在选择有限的调色板里工作，仍很难否认调色板还有很多其他的可选项，每一种都有自己独特的情绪和历史、怪癖和优点（以及缺点）。

一个没有受过培训或没有设计背景的人，该怎么挑选出

① 好吧，Braggadocio 恐怕不太行。“就像 20 世纪 20 年代的上流社会一样，别对它太当真。”我在网上看到有人这样形容这款字体。有一点尤其值得指出，它直到 1930 年才设计出来。在电视剧和电影中，有一种常见的失误：那就是使用了戏剧设定背景时期不存在的字体，使得场景衔接失误。

最适合使用的字体呢？该从哪里着手呢？我们都知道绝不应该使用Comic Sans字体[①]，但还有其他同样粗俗的字体吗？汤姆·埃瑟林顿（Tom Etherington）曾为数百本书的里里外外做过设计，我请他指导我到字体的世界去走一圈。历年来，汤姆为世界上不少优秀的作家（不论是在世还是已故）设计过封面，也参与过一些更奇特的设计项目，包括女子乐团香蕉女郎（Bananarama）的圣诞卡和高尔夫球手尼克·法尔多（Nick Faldo）的护肤品系列的设计。

“选择字体可能会让人感到不知所措。现存大约有 24000 种字体，好在其中 23900 种都很糟糕，这有助于缩小范围。还需要考虑一些实际因素——如果书里有很多文本摘录，你应该选择一种可读性强的斜体字；如果要印刷得很小，你需要一种‘X’高度（小写字母的高度）较大的字体，以便清晰地显示字母的形状。很多时候，文本内容有助于你决定使用哪种字体合适。”

“还有一些文化因素可为你指明正确的方向。比如你正在设计一本关于 18 世纪德国的书，可能想要找到同一时期的字

① 当然，实情并非如此。Comic Sans 字体是个人人都爱选中的批评靶子，但西蒙·加菲尔德（Simon Garfield）在《字体故事》（*Just My Type*）中解释过，它经常与 Trebuchet 字体一同使用（这两种字体的开发者都是文森特·康纳），改善阅读障碍人士的阅读能力。

体。这些联系增加了意义，使字体与文本产生共鸣，但说实话，没有多少读者会留意这些历史线索。有时候也会出现巨大的失误——英国兽医协会在使用埃里克·吉尔设计的同名字体印刷所有宣传材料之前，应该先调查一下他与狗之间的关系。”[①]

“不过，最重要的是易读性，这与可辨认性不同。易读性指的是读者是否容易理解你想说的话。可辨识性则是关于读者如何解码你用来表达意思的符号——举例来说，也就是能不能从字体中区分一个字母和另一个字母。虽然看似不合逻辑，但衬线字体比无衬线字体更容易阅读。你很难看到大部头教科书采用无衬线字体印刷，当然，各种丑陋的怪物也都存在。美国书籍经常犯下一些最严重的错误。我曾经看过一本书，通篇设定为加粗的 Didone 字体，真是疯了。其他因素，比如宽大的行距（leading，文本一行与一行之间的空间，得名于金属字模之间的铅块），也能让长文本更好读。”[②]且慢。设定为什么东西来着？显然，Didone 是铸字工人菲尔曼·迪多（Firmin Didot）和詹巴蒂斯塔·博多尼（Giambattista

① 20 世纪 90 年代他个人生活的细节（其中一些涉及与犬类的亲密关系）透露出来以后，近年吉尔的声誉受到了重新评估。

② 除了行距，还有字距（kerning）调整，它描述的是调整字体中字符的间距，使之在视觉上令人愉悦的过程。这个词来自法语“*carne*”，意思是羽毛笔的羽茎，或突出的角度。

Bodoni）两人姓氏的合成词，指的是他们两人在 19 世纪创造的一种主流字体。1890 年，塔尔博特 · 拜恩斯 · 里德（Talbot Baines Reed）形容它“修长、光滑、绅士、绚丽”。但最近它已经失宠了，斯坦利 · 莫里森称他们那个时代的字体“有史以来最为糟糕”。

“排版是一门非常保守的手艺，”汤姆从 Didone 字体的冒犯中抽离出来，继续说道，“一个人眼中的‘个性’字体，对另一个人来说是噩梦般的阅读体验。即使是最善意的华丽修饰和打扮，只要它分散了读者对文本的关注，也是失败的。不过，许多字体都属于‘易读’的范围——但你不会为一本浪漫主义诗集和一篇关于量子物理的文章选择相同的字体。”

“所有设计师都仰赖的经典字体包括 Sabon、Caslon、Plantin、Bell、Baskerville 等。回到工艺美术运动蓬勃发展的时代，私人出版社有时会为他们的书请人制作一款专门的字体。”

德孚出版社所使用的 Doves 字体就是这样。德孚出版社由科布登 - 桑德森（Cobden-Sanderson）与埃默里 · 沃克（Emery Walker，沃克是威廉 · 莫里斯的朋友，莫里斯受到他的启发创办了柯姆史考特出版社——参见本书第 12 章）两人在 1900 年合伙创办。科布登 - 桑德森是一名装订工，1887 年，他给工艺美术运动起了正式名称——工艺美术展览协会。

1909年，沃克和科布登-桑德森就沃克设计的Doves字体展开了持久的争论。此字体基于尼古拉斯·詹森（Nicolas Jensen）在1470年代使用的字体——以鸽版圣经（Doves Bible）最为出名。1916年，德孚出版社关闭后，科布登-桑德森想毁掉这款字体，将铅字扔进泰晤士河（一如他在日记中描述，"给这条河的遗赠"）；1916年8月至1917年1月，他前往泰晤士河170次处理它们。2015年，平面设计师罗伯特·格林（Robert Green）与伦敦港务局合作，共同打捞起150件原始铅字，还原并改进出一个新版本。Phoenix字体由此从Doves字体中涅槃重生。

我请汤姆解释一下字型（typeface）和字体（font）的区别——我知道我总是用错词，经常让设计师撇嘴。字型是一组字体，所以，Helvetica是字型，而Helvetica Bold、Helvetica Italic、Helvetica Regular等是字体。衬线字型在字母笔画的末尾有额外的线条或破折号。无衬线字型没有这些线条，这也就是"Sans"的来历——在法语中，"Sans"是"没有"的意思。许多印刷术语都与古老的热金属印刷技术有关，比如铸造、熔化和雕刻。我最喜欢的是大写字母（upper case）和小写字母（lower case），之所以这么叫是因为在用金属铅字印刷时，大写字母会放在其他字母上面的托盘里。

水晶杯

1930年，贝阿特丽斯·沃德在英国印刷工人协会发表演讲，名为《水晶杯：印刷应该是隐形的》（*The Crystal Goblet, or Printing Should Be Invisible*）。沃德本来是美国人，1925年移居欧洲。1926年，她考察了Garamond字体的起源，得出结论，它比此前认为的要晚90年，而且制作者并非克洛德·加拉蒙（Claude Garamond）。这项研究是她以保罗·比让（Paul Beaujon）的笔名发表的，并因此获得了《Monotype Recorder》杂志的编辑职位，让Monotype公司的管理人员颇感困惑（他们还以为她是个男人）。她与埃里克·吉尔合作推广Gill Sans字体，并与斯坦利·莫里森一起为Monotype公司开拓现代主义的字型。

在演讲中，沃德将出色的排版比喻为选择用金杯还是水晶杯喝葡萄酒："你将选择水晶杯，因为它的一切都是为了揭示而非遮挡它所容纳的美丽之物。"沃德接着说：

> 书籍排版师的工作是为房间里的读者和作者用文字营造的景观之间竖起一扇窗户。他可以安装一扇美丽的彩色玻璃窗，但从窗户的作用来看，它是失败的；也就是说，他可能会使用一些浓墨重彩的字体，比如哥特字

体，但这些字体本身要你去看它，而不是透过它去看……第三类窗户是把玻璃打碎放入较小的铅制窗格；这相当于今天所谓的“小字印刷”，因为你至少会意识到那里有一扇窗户，有人喜欢修建它。这倒也并非不可取，因为这里有一个跟潜意识心理学相关的重要事实：我们的意识之眼，是透过字体聚焦，而并不是聚焦到字体上。如果字体扭曲的设计或过多的颜色妨碍了要传达的心理图景，那么，这就是一种糟糕的字体。我们的潜意识总是害怕失误（不合逻辑的设定、紧凑的间距和过于粗大的线条可以哄我们上当），害怕无聊，害怕恶作剧。不断向我们叫喊的标题，看起来像长长单词的线条，不带空格挤在一起的大写字母——这些都意味着潜意识闭上了眼睛，精神焦点跑偏了。

我向汤姆说起贝阿特丽斯·沃德的高脚杯，他说，它“完美地概括了排字员的角色”。设计师的角色到底是能发挥主观能动性的合作者，还是不偏不倚的操作员，这是平面设计理论中的一大争议。它涉及许多事情：阅读体验，排版如何与文本相参照。字号可以有多大，又不至于让书籍厚得离谱。如果有图片，它们是否与文本合适的部分对应起来？它们是应该采用插入的形式，还是独立成页？如果有大量的脚注，[①]它们看起来会怎么样？你在设计一本书的时候，需要做出成千个此类微妙决定。“读者理解这个吗？”“你的眼睛会首先看到这里吗？”语境是个重要因素。毋庸置疑，百科全书和小说看起来不一样；参考书里的小字体是读者能够对付的（甚至挺诱人），因为那时你正在文本的波涛里起起伏伏，但对一本坐一两趟车就该读完的小说而言，字体太小会叫人没法读下去。

沃德描述了“意识之眼”如何“透过字体聚焦，而并不是聚焦到字体上。如果字体扭曲的设计或过多的颜色妨碍了要传达的心理图景，那么，这就是一种糟糕的字体”。一如汤姆的解释，“字型通常最适合于它本身发布时所使用的印刷方法。例如，凸版印刷的字体往往设计得较细，方便墨水散开。数字字体有一些新的方法，比如字体微调（font hinting，基本上是一种数字指令，让字体在屏幕上看起来更锐利）……一种让字体让出路来，让文字完成工作的方法”。

我喜欢沃德对读者与作者之间关系的描述，而设计师是要促进这种关系的发展——玻璃窗使文字清晰可见，更重要的是与读者轻松沟通。但为了实现这一点，玻璃必须非常透明、干净。

---

① 给我的文本设计师：你可能已经注意到这本书有很多脚注了。抱歉。

“页面设计的准则几乎毫无变化，一想到这一点，真是颇为神奇。”汤姆说，“如今的设计师依然严重依赖 50 多年前扬·奇肖尔德和劳尔·罗萨里沃（Raul Rosarivot）[①] 等人的工作，他们又是从文艺复兴时期的书籍里了解到这些原则。看看德雷克·伯德索尔（Derek Birdsall）为英格兰教会设计的现代版公祷书[②]。这是一本简单的书，全都采用 Gill Sans 字体，兴许是由于内容的性质，它展示出这样的工艺。这本书在普通教徒看来并不显眼，但考虑周到，工艺精湛，每一页都赏心悦目。这是美丽低调的设计大师级作品。显然不可能存在隐形的高脚杯——至少人的手总会在那儿——但它可以在不影响阅读体验的前提下显示出来。没有人愿意用脏杯子喝水。”

从符号字体到蚱蜢

我们已经从《克拉丽莎》的例子中看到，作者可以将设计元素作为故事的一部分。这种实验性设计的效果很好，尤

① 劳尔·罗萨里沃是一位阿根廷的排版设计师，他分析了文艺复兴时期书籍中的（尤其是古腾堡圣经中所采用的）黄金比率。

② 原版公祷书出版于 1549 年，2000 年由德雷克·伯德索尔重新设计。在英格兰，只有剑桥大学出版社、牛津大学出版社和女王出版社有权印刷它。故此，剑桥大学出版社和牛津大学出版社被称为“特许出版社”。

其在作者和设计师拥有共同愿景的时候。“规模较小的出版商往往更大胆、更乐于尝试。”汤姆说，“例如，小型艺术书籍出版社 Four Corners 推出了一套系列书，名为‘老熟人’，他们再版经典小说，每一本都找一位艺术家合作。例如，把《道林·格雷的画像》重新构想成 20 世纪 70 年代的巴黎时装剧，文本排版也采用那个时期杂志的风格，配上恰如其分的广告和头条消息。”

“真正的时尚杂志，在排字员眼里总是很有娱乐效果——我见过整本杂志都采用等宽的打字机字体，一行字长到你得颈部肌肉异常发达像个运动员才能读得完——就好像它们铁了心不想让人们读一样！音乐杂志《射线枪》[①] 真的刊登过这样一篇文章。设计师戴维·卡森（David Carson）[②] 觉得布莱恩·费瑞（Bryan Ferry）的一篇采访太无聊了，于是便把整篇访谈都换成了 Dingbats 字体，这种字体完全由符号组成，根本无从读起。”

我以为符号字体是最近才出现的东西，但显然你可以用这个词来形容印刷工的一种装饰品，而且它已经存在几百年

① 《射线枪》（*Ray Gun*）在 1992 年至 2000 年出版了 70 期，重点是通过实验性排版设计，探索 20 世纪 90 年代的流行文化。

② 据《视野》杂志报道，卡森显然是有史以来在谷歌上被搜索次数最多的平面设计师。我本想在这里多写一些关于他的传记细节，但或许，你更想自己去搜搜看。

了。自从印刷术出现以来，印刷工的装饰品就用来分隔文字。此类排印工具的正确名称是一个漂亮好听的单词，叫作“*dinkus*”。花饰是最早的排印装饰之一（它们在早期的希腊和拉丁文本中用于分隔段落），罗伯特·布林赫斯特（Robert Bringhurst）在《字型排版精要》（*The Elements of Typographic Style*）中将其描述为“园艺装饰品”。凡是用过电脑的人都很熟悉 Zapf Dingbats，它出自字体设计师兼书法家赫尔曼·察普夫（Hermann Zapf）之手（察普夫还设计过不那么古怪的字型 Palatino 和 Optima）。从图形符号（dingbat）[1]演变出了 Wingding，最终到了表情符号（emoji），后者使用的部分键盘快捷键跟察普夫最初的符号相同。

很难想象沃德和扬·奇肖尔德这样的设计师在数字设计时代会作出什么样的贡献。数字屏幕上的文字远不如通过水晶杯观看的文字迷人。几个世纪以来，固定的页面尺寸反而激发出伟大的创造力。虽然去掉限制条件看起来是正面的事情，但将文本从它锚定的设计规则中解放出来，我们的所失说不定大于所得。汤姆告诉我，取消“固定”的页面尺寸设定，会带来其他的问题——自由度太大了。“数字设计很

① 图形符号“dingbat”一词，最初是在 1838 年用来形容一种酒精饮料。不知道为什么，它演变成了一个类似“gizmo”（小玩意儿）和“thingamabob”（小东西）的词，可以用来指代任何名字未知的东西。

灵活，这意味着之前的技巧失去了用武之地，例如，‘孤字’（runt，段落末单独留下一个单词）是排字员的敌人，通常你会找到办法解决它，但如果文本要在各种平板电脑和格式上显示，排字员就没法把它们处理好。”

除了“孤字”，设计师们还会提到“寡行”和“孤行”（在这样一门优雅的手艺里，他们所用的语言可谓失之于残酷）。“寡行”指的是一段或一栏末尾的短行（通常为一个字），落在下一页或下一栏的开头。“孤行”指的是段落开头被无情地分离出来，单独放在页面底部。如何记住两者的区别呢？“孤行独自开始，寡行孤独终结。”

但是，一旦你把它们从固定尺寸的页面转移到无限灵活的屏幕上，这些对文字回味无穷的谈论就失去了所有的意义。

不过，这也有好处。“我认为电子书带来了更多的创新空间。”汤姆说，“它还处于起步阶段，这种格式似乎还没有充分发挥潜力。读者可以调整屏幕上字体的大小，这是一项伟大的发明，一定会帮助到许多视力受损的读者。在我看来，这些都是很明显的改进，但人们的阅读习惯难以改变，电子书并没有像预期的那样改变游戏规则。或许，科技发展的速度快过了人们的阅读习惯：电子书的虚拟翻页就是证据——多么疯狂的拟物设计呀。”

拟物设计？按照定义，“拟物设计”指的是“模仿其他材料制成的类似工艺品的物体或特征”。一如汤姆指出，电子阅读器的虚拟翻页是对实体书的拟物设计——我们通过任何可能的方式寻求熟悉带来的舒适感，哪怕我们周围的一切都在变化。虚拟世界使用了许多拟物设计（想想你台式电脑上的垃圾桶符号）——但它们已经存在好几百年了。古希腊的米诺斯人以生产精致的银杯而闻名，之后，他们会用陶器重新制作此类银杯，以供更广泛的市场销售，并采用与金属元件相似的铆钉固定。这真是不折不扣的拟物设计。

r-p-o-p-h-e-s-s-a-g-r

在本章中，我们看到塞缪尔·约翰逊是如何颠覆印刷规范，帮助读者感受并理解自己笔下主人公的经历。1935 年，美国先锋派诗人 E.E. 卡明斯在诗歌“*r-p-o-p-h-e-s-s-a-g-r*”中更进一步，他颠覆了语言规范，以求实现一个更间接的目标：让读者直接进入蚱蜢的生活和思想。

卡明斯追求在形式和内容之间建立更为动态的关系。他想让我们通过形状来体验这首诗，并在这样做的过程中，让我们更接近于理解做一只蚱蜢是怎样一种感受。

卡明斯并没有重写排版、标点和语法规则，而是把它们撕了个粉碎。举个例子，他用括号来分隔单词，在通常出人意料的地方创造音节。卡明斯试图传达蚱蜢跃入空中又回到地面的感觉（因此，在诗的中央部分，“跳跃”的层叠组成部分将一头一尾连接起来）。我们的眼睛像蚱蜢一样在页面上跳跃。“grasshopper”（蚱蜢）这个词本身使用了 4 次，但仅在诗歌的结尾完整出现。经过了不和谐的跳、蹦、跃，蚱蜢终于出现了。

r-p-o-p-h-e-s-s-a-g-r
who
a)s w(e loo)k
upnowgath
PPEGORHRASS
eringint(o-
aThe):l
eA
!p:
S a
(r
rIvInG .gRrEaPsPhOs)
to
rea(be)rran(com)gi(e)ngly
,grasshopper;

爱好传统的人们别着急，这首诗还有一个解码版。

蚱蜢

跳来跳去

我们看着

它们蓄势一跃

落下，定住

原来是蚱蜢

但这还有什么乐趣可言呢？有时候，我们需要用完全不同的视角去看文字。

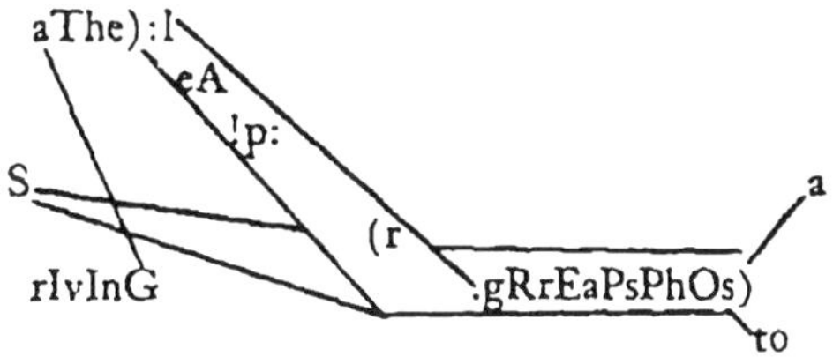

第 14 章　失落的记忆：散失的文字

散失的文字，未曾散失的文字

在《失落的书》（*The Book of Lost Books*）一书中，斯图尔特·凯利（Stuart Kelly）总结说，"整部文学史"也是"文学失落的历史"。这些"失落"的文字包括莎士比亚的戏剧[①]、"荷马"的喜剧[②]和西尔维娅·普拉斯的一部小说。普拉斯自己称这部名为《双重曝光》（*Double Exposure*）的小说"好玩死

① 《卡丹纽》（*Cardenio*）曾在 1613 年上演，1653 年的《书商工会登记簿》（*Stationer's Register*）将其归为威廉·莎士比亚和约翰·弗莱彻（John Fletcher）的作品，但现已无存世副本。据信该剧可能基于米格尔·塞万提斯的《堂吉诃德》改编，英国 1612 年就已经翻译出版过此书。莎士比亚还可能写过一部散失的剧本，叫作《徒劳之爱的胜利》（*Love's Labour's Won*），不过，它说不定只是《无事生非》（*Much Ado About Nothing*）或《皆大欢喜》（*All's Well that Ends Well*）的另一个名字。

② 虽然这部戏的作者是谁存在争议，但一般认为是"荷马"的作品。它叫《马吉特斯》（*Margites*），也是剧中主人公的名字。根据柏拉图的说法，他"知道很多事情，但懂得很少"。主角十分蠢笨，甚至说不准是父母里哪一个生出了他。

了”。1963 年去世时，她留下了 130 页手稿。尽管泰德·休斯（Ted Hughes）承认烧毁了普拉斯的一本日记，但他说自己没有销毁这份手稿（看过的人说它是半自传体），而是被普拉斯的母亲偷走的。说不定，这些文字还藏在某个地方，有待被发现。

一些为人珍视的文字可能会“失落”，知道这一点或许会让我们感到沮丧，但文字的“失落”，有时也会让作家的写作生涯走向更好的方向。2000 年，范妮·史蒂文森（Fanny Stevenson）和朋友 W.E. 亨利（W. E. Henley）[①] 之间的信件重见天日。范妮在一封信中写道，她读过丈夫罗伯特·路易斯·史蒂文森（Robert Louis Stevenson）写的《化身博士》（*Dr Jekyll and Mr Hyde*）的初稿。“草稿废话连篇。”她对收信人说，“他居然说这是他最了不起的作品。我给你看过之后就要把它烧掉。”范妮兑现了这一威胁，烧掉了草稿。她的丈夫立即重新修改了这个故事，这一次考虑到了妻子的反馈（范妮显然觉得初稿对故事的寓意强调不够）。修改后的《化身博

---

① 亨利只有一条腿，他是《金银岛》中高个儿约翰·西尔弗的灵感来源，如果这还不够的话，他还是《不可征服》（*Invictus*）一诗的作者。诗歌的著名结尾：“我是我命运的主宰 / 我是我灵魂的统帅。”他的女儿（5 岁便死了）是巴里（Barrie）《彼得·潘》中“温迪”一名的灵感来源。她的名字叫玛格丽特，但她称巴里为“好友温迪”，日后巴里便想到了这个名字。

士》旋即大获成功。然而，第一稿已经消失在历史长河之中。

1922年12月，欧内斯特·海明威身在瑞士，他当时的妻子伊丽莎白·哈德莉·理查森（Elizabeth Hadley Richardson，通常被称为“哈德莉”）则在巴黎。海明威遇到了记者兼编辑林肯·斯特芬斯（Lincoln Steffens），后者对海明威的作品印象深刻，要求再多看些。哈德莉正在收拾行李准备去瑞士，便把海明威正在创作的作品、他少年时练笔写的稿子和所有复印稿装进一只手提箱。哈德莉在里昂火车站把箱子装上火车，自己去买了一瓶水，回来时发现箱子不见了。抵达瑞士后，她无奈地把这个消息告诉了海明威，海明威在《流动的盛宴》中讲述了那个瞬间：

> 除了死亡与无法忍受的痛苦，我从没见过什么事让一个人如此难过。唯一的例外是哈德莉告诉我她丢了手提箱和其中所有的稿子时，她哭个不停，都说不清楚话了。我告诉她，再吓人的事也不至于说不出来，什么事都不要紧，别怕，我们会想出办法的。她这才告诉了我。我确信她不可能把复印稿也一起带来，于是我雇了个人暂代我干报纸的活儿。我那会儿做记者还算赚钱，就坐火车回巴黎。结果她确实把一切都丢了，我还记得我回到公寓发现实情时都做了什么。

海明威兴许记得他那天晚上做了什么，但从未告诉过任何人。他后来说，他愿意选择做手术，“如果那可以抹掉手稿遗失的记忆”。

在手稿遗失后不久，海明威写信给埃兹拉·庞德，告诉他发生了什么。“你自然会说‘掉得好’诸如此类的，但别对我说。我还没有达到那种心境。”为什么庞德会说“掉得好”？

海明威大概知道庞德会在某种程度上赞许这种局面：毕竟，庞德声称自己烧掉过“两部小说和300首十四行诗”，他还坚称自己每天早上写一首十四行诗，而且写完就撕掉。他在1935年出版的文集叫《求新》（*Make It New*），这个说法日后成了现代主义运动的口号，或许概括了他对毁灭文字的态度。许多研究艾略特的学者认为，正是庞德对艾略特《荒原》手稿的删改，才使它得以改进。海明威后来写道：“对今天的作家来说，最重要、最基本的事情就是把语言剥个干净，直到只剩骨头。”手提箱丢失[①]后，海明威可能改变或强化了自己的写作风格，使其比以前更精练、更简洁；他需要弥补失

---

① 当然，当代作者很难再碰到这种物理丢失文字的情况了——有了数字备份，手稿现在很少“丢失”。不过，我知道有一位作者，他在自己那本期待已久的书的致谢中提到，他年幼的儿子之前把作品初稿从他的电脑上删掉了。

去的时间，赚取收入。当然，所有这些都是猜测，一如他下落不明的手提箱[1]。但想到它的丢失或许改变了海明威写作生涯的整个轨迹，仍然颇为有趣。

这一章着眼于所有从印刷机上滚落的作品的余生，而不是那些已经进入书店、家庭、书架和心灵的作品。它是关于那些被禁止、被丢失、被烧毁、被化为纸浆、被审查和被丢弃的作品。自从古腾堡推广普及印刷术以来，书籍及其所包含的文字就遭到销毁：有意的、恶意的、策略性的或出于法律必要性。一库藏书在一个时代可以自由地找到读者，但在另一个时代遭到禁止，或被迫转入地下。大多数明智的人，一想到毁坏一本书都会感到反感（不管是华氏 451 度还是其他温度）。[2] 那么这一幕是如何发生的，又为什么会发生呢?

---

① 事实上，关于这只手提箱下落的猜测太多了，乔·霍尔德曼（Joe Haldeman）甚至写了一篇科幻小说，叫《海明威骗局》（*Hemingway Hoax*），在 1991 年赢得了多个奖项。霍尔德曼将《海明威骗局》描述为“一部带有可怕幽默色彩的恐怖小说，欧内斯特·海明威的鬼魂精神错乱，一次又一次地谋杀一位无助的学者；这位学者每次死后都会从一个宇宙滑入另一个宇宙，这显然是一种相当令人不快的连续永生形式。这本书以忍俊不禁的口吻解释这种情况如何发生，够资格称为一本科幻小说……它可能是我的书里最文艺的一本，但里面也有我笔下最露骨的性和最可怕的暴力场面。没有人会觉得它无聊”。

② 《华氏 451 度》是 1953 年出版的一本反乌托邦小说，故事叙述了一个压制自由的近未来世界，禁止人们阅读及拥有书籍，消防员的工作不是灭火，而是焚书。——译者注。

上帝花园里的除草员

安东尼·考姆斯托克（Anthony Comstock）销毁了15吨书籍、28.4万磅“不良”书籍印版和400万张图片，自称是“上帝花园里的除草员”。考姆斯托克于1844年出生在康涅狄格州，成立了“纽约镇恶协会”（New York Society for the Suppression of Vice），他的道德运动在1893年达到高潮：当年，他说服国会通过《考姆斯托克法》，根据该法案，借助美国邮政服务发送任何被确定为“淫秽、下流或猥亵”的材料均为犯罪行为。《考姆斯托克法》认定《十日论》《坎特伯雷故事集》和《摩尔·弗兰德斯》（*Moll Flanders*，是丹尼尔·笛福于1721年创作的小说）具有冒犯性，不得使用美国邮政服务寄送。古希腊的阿里斯托芬所著的《利西翠妲》（*Lysistrata*）因“反战”而遭考姆斯托克禁止，1967年在希腊（短暂的军政府统治时期）由于同样的原因遭禁。

根据阿尔维托·曼古埃尔（Alberto Manguel）的描述，考姆斯托克的方法“野蛮而肤浅”。他无情地审查了大量的作家、书籍、文字、图像和页面。事实上，他对自己道德目标的追求之迫切，据信至少引发了15起自杀事件。可以说，他的恶名远超其功绩，他一直在追击那些已经出版并广泛流传的书籍。考姆斯托克大概是渴望得到天主教会的权力，天主教会通过《禁书目录》规定天主教徒可以读什么、不可以读什么。

《禁书目录》的拉丁语是“The Index Librorum Prohibitorum”，于1559年由教皇保罗四世正式颁布（先前的版本早至1529年就已出现），直到1966年才被废除。最后一版更新于1948年，上面仍然收录了4000种书籍——废除的原因之一是信理部的长官、枢机主教阿尔弗雷多·奥塔维亚尼（Alfredo Ottaviani）认为，到1966年，现代文学太多，审查员无法一一跟进。文字打赢了这一仗。

《禁书目录》罗列了据信是异端或违背道德的书籍，这是对大规模印刷出现后文学广泛传播的回应。在此之前，由于手抄誊写是劳动密集型工作，推进缓慢，更容易实现对生产手段的控制。文字还没来得及说出口，就被捆了起来。1619年，《禁书目录》将约翰内斯·开普勒（Johannes Kepler）的天文学著作《哥白尼天文学概要》列入这一名单（因为他断言太阳系的中心是太阳而非地球），直到1835年才解禁。令人惊讶的是，查尔斯·达尔文的进化论虽说似乎违背了《圣经》里的创世描述，却从未被列入《禁书目录》；反过来说，西蒙娜·德·波伏瓦、让-保罗·萨特、伏尔泰、伊曼努尔·康德、约翰·弥尔顿、约翰·洛克、布莱兹·帕斯卡、安德烈·纪德和伽利略·伽利莱等著名作家和科学家均在被禁之列。

英国政府最近一次以淫秽为由禁书是在1991年。戴维·布里顿（David Britton）的《恐怖勋爵》（*Lord Horror*）显然是第一本关于奥斯维辛集中营的“恐怖类”书籍。1992年，政府的禁书决定被推翻，但该书出版社的网站在“回应人们频繁的查询”时称，目前“没有重印该书的计划”。

在英国遭到禁止的书籍很少：《论出版自由》（约翰·弥尔顿，因攻击1643年的印刷管制条例《许可令》而遭禁）；《人的权利》（*Rights of Man*，托马斯·潘恩，因潘恩被控犯有叛国罪、支持法国大革命而遭禁）；《被鄙视和被拒绝者》（*Despised and Rejected*，罗斯·劳拉·阿拉蒂尼，因批评英国参与第一次世界大战而遭到《国王防御法》的禁止，该书对同性恋的同情亦是遭禁的原因之一）；《尤利西斯》（詹姆斯·乔伊斯，因淫秽遭禁）；《查太莱夫人的情人》（D.H. 劳伦斯，还是出了名的淫秽原因）；《孤寂深渊》（*The Well of Loneliness*，拉德克利夫·霍尔，女同性恋主题）；《男孩》（詹姆斯·汉利，淫秽）；《洛丽塔》（弗拉基米尔·纳博科夫，更多的淫秽）；《抓间谍的人》（*Spycatcher*，彼得·赖特，还没出版就因泄露官方机密而在英国被禁，但禁令最终毫无意义，因其不适用于苏格兰和澳大利亚，读者仍然可以从其他地方购得）和《恐怖勋爵》。如今，所有这些书的禁令都已遭推翻，虽然有些书已不再印刷。

美国历史上的禁书名单更长一些，包括约翰·斯坦贝克（John Steinbeck）的《愤怒的葡萄》（*The Grapes of Wrath*，在包括加利福尼亚在内的一些州暂时遭禁，因为它对加州人的描写不讨好），艾伦·金斯伯格的《嚎叫》（第一版因淫秽而遭查封），约瑟夫·海勒的《第二十二条军规》（在俄亥俄州、得克萨斯州和华盛顿州多次遭到禁读，因为它把女人称为“妓女”），以及辛克莱·刘易斯（Sinclair Lewis）的《埃尔默·甘特里》（*Elmer Gantry*）[①]。

“焚毁，不必阅读”

如果是作者决定自己的文字不应该获得自由，又会发生些什么呢？1862年2月，画家、模特和诗人伊丽莎白·西达尔（Elizabeth Siddall）死亡，可能是自杀。西达尔曾是瓦尔特·德弗里尔（Walter Deverell）、约翰·埃弗里特·米莱斯（John Bverett Millais）和丹特·加布里埃尔·罗塞蒂（Dante

① 1927年出版的《埃尔默·甘特里》引起了轩然大波：尊敬的传教士埃尔默·甘特里，过着花心、酗酒和放荡的生活，而不是拯救灵魂。辛克莱·刘易斯是第一位获得诺贝尔文学奖的美国人；他在诺贝尔奖演讲中说：“我们美国的教授喜欢他们的文学清晰、冷漠、纯粹、死气沉沉。”

Gabriel Rossetti）的模特，1860 年，她跟罗塞蒂结婚。她去世后，罗塞蒂悲痛万分。尽管无法参加她的葬礼，他还是在她的棺材里藏了两本书（用她的头发遮住）——西达尔自己用的《圣经》和罗塞蒂的手稿。“我常在莉兹生病受苦的时候写这些诗，我本可以照顾她，但现在它们要被销毁了。”据说他曾这样说过。然而，1869 年，罗塞蒂打算出版诗集，他决定安排取回诗稿，还通过经纪人查尔斯·奥古斯都·豪厄尔（Charles Augustus Howell）去挖了棺材。罗塞蒂之所以能够这样做，无非因为内政大臣亨利·布鲁斯（Henry Bruce）是他的朋友。挖掘过程中，罗塞蒂并不在场，但这件事的结果是，诗稿的大部分已因潮湿损毁，挖出来时字迹无法辨认；罗塞蒂下令开棺取诗的消息传出后，他的声誉一落千丈。

弗朗茨·卡夫卡（Franz Kafka）生前曾嘱托他的文学遗产执行人马克斯·布罗德（Max Brod）销毁他所有的作品，出版过的和未出版的。1924 年卡夫卡因肺结核过世前，写信给布罗德说：“最亲爱的马克斯，我最后的请求：我留下的一切……日记、手稿、信件（我自己的和别人的）、草图等，都请焚毁，不必阅读。”众所周知，布罗德拒绝了这一要求，并声称自己曾告诉卡夫卡，他绝不会这样做，“如果弗朗茨绝对并最终认定自己的嘱托应当生效，他应该另外任命一位遗嘱执行人”；1925 年至 1935 年，他竭尽所能地出版了卡夫卡的作品。[1]其他留下了“焚烧遗嘱”、受托人并未依言执行的作家包括古罗马诗人维吉尔（Virgil），公元前19年，他在去世前指示烧毁《埃涅阿斯纪》（*Aeneid*）的手稿，还有艾米丽·狄金森（Emily Dickinson），她嘱托妹妹拉维尼娅烧掉自己所有的文件。拉维尼娅烧毁了姐姐的信件，但她认为这份遗嘱并不涉及艾米丽包含大约1800首诗的笔记本。1886年艾米丽去世后，拉维尼娅保存并出版了这些诗。[2]大多数文学爱好者都会同意，布罗德和拉维尼娅的做法是正确的，哪怕他们背叛了要求这样做的逝者的意愿。

坠入火海（或河里）

“烧书的地方，最终也会烧人。”柏林的倍倍尔广场（Bebelplatz，之前叫歌剧院广场）上刻着海因里希·海涅（Heinrich Heine）的这句话。20世纪最臭名昭著的焚书事件，就发生在这里：1933年5月，纳粹夺取政权后不久，超过

① 卡夫卡的情人多拉·迪亚曼特（Dora Diamant）也无视了他的遗嘱。她秘密保留下了他的20本笔记本和35封信件。1933年，这些文件遭盖世太保没收，至今仍下落不明。

② 1985年，菲利普·拉金（Philip Larkin）在遗嘱中要求伴侣莫妮卡·琼斯（Monica Jones）在他去世后烧毁自己的日记。幸运的是，他没有提到自己的许多信件，这些信件保存了下来。

2.5 万本所谓的“非德国”书籍在此被焚毁。这句话出自海涅 1821 年的戏剧《阿尔曼索》(*Almansor*)，指的是发生得更早的一起焚书事件——西班牙宗教裁判所为从伊比利亚半岛根除伊斯兰摩尔文化，大肆烧毁《古兰经》。数千年来，许多文化都曾出现过销毁书籍的行为。1258 年，蒙古人攻下巴格达，在长达一个星期的掠夺中，他们将该城大图书馆（“智慧宫”）的书籍扔进底格里斯河。

每当西方殖民者占领其他文化所在的地区时，摧毁书籍是他们采取的普遍做法。16 世纪 60 年代在墨西哥，方济会修士在迭戈·德·兰达（Diego de Landa，后来的尤卡坦主教）的领导下，烧毁了哥伦布到来之前玛雅人的手抄本。修士们发现了大量这样的珍稀书籍，“因为里面除了迷信和魔鬼的谎言再无别物，所以我们把它们都烧掉了。他们感到非常懊恼，极为痛苦”。现存的玛雅手抄本中只有 3 本是真的（还有一本是伪作），书籍的烧毁意味着损失了对玛雅文化的宝贵洞见[①]。美国考古学家迈克尔·科（Michael Coe）写道，“我们对古玛雅思想的了解肯定只代表了整幅图景的极小一部分，因为曾有数千本记录了他们知识和仪式的全部内容，但只有 4 本保留至今（这就像后人对我们的所有了解只基于 3 本祈祷书和

① 更令人气愤的是，这些玛雅手抄本按各自的保存地点得名：德累斯顿手抄本、马德里手抄本和巴黎手抄本。

一本《天路历程》)”。

阿尔维托·曼古埃尔写道,“阅读的历史是一排似乎永无止境的审查者的火把照亮的,从最早的纸莎草卷轴到我们这个时代的书籍”。曼古埃尔引用了歌德的话,后者在法兰克福目睹了一本书遭到烧毁后将其比作处决:“看到一件无生命的物体受到惩罚,本身就非常可怕。”

让我们把天平稍微调平一下:一些书籍因为在某次破坏中获救而出了名。蒙特卡西诺修道院的档案被两名德国军官转移到梵蒂冈(档案中有数百份历史手稿,原本可能会在蒙特卡西诺战役中随着修道院一同遭到摧毁),而著名的犹太故事集——可追溯到1350年左右的萨拉热窝哈加达(Sarajevo Haggadah),先是从纳粹手中获救,后又从20世纪90年代南斯拉夫解体后的战争中幸免于难。

1933年纳粹焚书事件之所以臭名昭著,既是因为它的象征意义,也是因为被焚毁的书籍范围甚广。第一批遭到烧毁的书籍是卡尔·马克思和马克思主义理论家卡尔·考茨基(Karl Kautsky)的作品,销毁作品包括关于共产主义、马克思主义、布尔什维克主义和和平主义的著作,色情作品,所有犹太作家的作品,以及任何支持魏玛共和国或被认为诋毁德国人民的作品。1933年焚书事件过后,大批作家、艺术家和知识分子逃离了德国,仅仅一年后,一群逃往法国的德国作家为保存书籍建立了图书馆，收集了所有被付之一炬的书籍。帮助成立图书馆的阿尔弗雷德·坎托洛维奇（Alfred Kantorowicz）解释说：

> 图书馆的真正意义并不局限于它的实体存在。举行开幕式时，我们想让这耻辱的一天成为文学和思想自由的光荣之日，任何暴君都不能用火烧毁。此外，通过这一象征性的行动，我们希望唤醒欧洲的警觉之心，让它意识到这些威胁其精神和物质存在的危险。[1]

文字要如何变得美好起来呢？要靠永不遭到遗忘。

未曾遗失但终归失落的文字

有时，因为超前于时代，或是处在一个不允许作者说出内心所想表达的东西的时代，文字遭到了读者的拒绝。福斯特（Forster）的《莫瑞斯》（*Maurice*）写于 1913 年至 1914 年，讲述了一段同性恋故事，但直到福斯特去世后该书才在 1971

---

① 1940 年，纳粹占领巴黎时，这座图书馆最终遭到查封。但焚烧书籍的不仅仅是纳粹—— 1946 年，盟军为推进去纳粹化计划，销毁了超过 3 万种图书，共计数百万册。

年出版。[①]2019 年，马塞尔 · 普鲁斯特（Marcel Proust）的 9 篇“遗失”故事集《神秘记者和其他未发表的新作品》首次以法语出版——因为故事太过“大胆”，普鲁斯特生前选择不予发表（和《莫瑞斯》一样，它们涉及同性恋主题）。

但有时候，书籍会由于更简单的原因而“失落”。原因之一是创作者认为它们不够好。“几乎每个小说家的衣柜或书桌抽屉里都藏着一本封存起来的小说：尝试行不通的想法，是作家学习的方式。”斯科特 · 廷伯格（Scott Timberg）在“沙龙”（Salon）网站上写过一篇文章，提及哈珀 · 李（Harper Lee）重见天日的手稿《守望之心》时这样说。问题是，我们应该阅读这些散失的文学作品吗？毕竟，如果作家在世的时候认为自己的文字不能发表，那么，等他们离世了，我们又有什么资格做出不同的判断呢？仅在 2015 年，除了《守望之心》，还相继“发现了”夏洛特 · 勃朗特、斯科特 · 菲茨杰拉德、伊迪丝 · 华顿（Edith Wharton）和苏斯博士[②]（Dr Seuss）等人的作品。

“失落”的文本和我们可能知道但忽略了的文本之间有什么区别吗？2019 年，帕鲁尔 · 塞加尔（Parul Sehgal）在《纽

---

① 手稿上附有一张便条，上面写着：“可以出版，但值得吗？”

② 这份遗稿叫《我应该养什么宠物》，是苏斯博士的遗孀从一口鞋盒里发现的。

约时报》发表了一篇文章，回顾了自己最近评论过的西尔维娅·普拉斯此前未发表过的短篇小说，并谈及许多以前遭到忽视的女性作家何以最近频频得到“重新发现”和出版：这些作家包括露西亚·柏林（Lucia Berlin）、克拉丽斯·利斯佩克托（Clarice Lispector）、保利·默里（Pauli Murray），还有雪莉·杰克逊（Shirley Jackson）和苏珊·桑塔格（Susan Sontag）等作家的新传记和评价。恰如塞加尔所说，“仅仅对这些作家重回我们身边表达感激是不够的，我们需要问一问，为什么她们当初会消失”。

虽然文字得以重新发现似乎是一件好事，但《守望之心》的例子向我们揭示了其中的问题。有些读者兴许认为《守望之心》是《杀死一只知更鸟》的续集，但它其实是后者的初稿，哈珀·李应编辑塔伊·霍夫（Tay Hohoff）的要求重写成了后来的《杀死一只知更鸟》。在《守望之心》中，阿提克斯·芬奇（Atticus Finch）与三 K 党联系在一起——这个背景故事让许多读者感到不安，他们习惯了他在《杀死一只知更鸟》中的形象，认为他代表着正义、体面和道德价值观。哈珀·李称《守望之心》是“相当不错的作品”，但在霍夫提出意见后，她决定重新修改手稿，这无疑是明智之举。罗伯特·麦克鲁姆（Robert McCrum）写道：

在一次说不清道不明的创造性飞跃中，发生了一件能为全世界创意写作课带来希望的事情。霍夫辨识出了《守望之心》的真正内核，要求哈珀·李把焦点放到斯科特的童年上，在她的想象中打开了一扇秘密之门。哈珀·李找到了自己的声音。一本叫作《阿提克斯·芬奇》的全新小说诞生了，后来变成了《杀死一只知更鸟》。

但出版《守望之心》是个正确的决定吗？毕竟，这是一份初稿，后来修改过，重点和声音都跟日后大不相同。《守望之心》显然是经哈珀·李同意后出版的，但它如何变成《杀死一只知更鸟》的故事提出了一个问题，即应该恢复“失落”的文字，还是应该让它停留在原处，不再惊扰。

纸浆小说

实体书一直游走在崇敬和毁灭之间的不安地带——我们想到撕书会觉得是桩罪过，但将书籍视为一次性产品的想法，也是书籍故事的一章。

1935 年，艾伦·莱恩创办了企鹅出版社，面向大众市场的平装书首次出现在英国。书商们没能从不断壮大的中产阶级中获利，后者手里握有闲钱，却发现大多数买得到的书要么是价格昂贵的精装新书，要么就是印刷质量低劣、封面花哨的惊悚小说和廉价爱情小说。这让莱恩愤愤不平。莱恩的想法是从其他出版商那里购买优质图书的重印权[1]，并以平装本的形式将它们重新包装，售价 6 便士——这相当于一品脱啤酒或一包香烟的价格。靠这样的书单赚钱，意味着它们在设计和格式上必须标准化，但莱恩“致力于做出某种巧妙的东西，一种干净明亮的现代产品，简洁直接，又不会冒犯挑剔高雅的读者”。

美国的罗伯特·德·格拉夫（Robert de Graff）也产生了类似的设想。1939 年，他推出了口袋书，此时英国的企鹅出版社和德国的信天翁出版社已经站稳了脚跟，卖出了数百万册图书。信天翁出版社创办于 1932 年，以标准尺寸印刷图书，封面为纯文字，并按颜色对作品进行分类——艾伦·莱

① 前 10 本企鹅图书（按它们的封面编号排序）分别是：安德烈·莫洛亚（André Maurois）的《爱丽儿（雪莱传）》（*Ariel*，虽然直到第二版才让作者恢复了自己名字在法语中的发音），欧内斯特·海明威的《永别了，武器》，埃里克·林克莱特（Eric Linklater）的《诗人酒吧》（*Poet's Pub*），苏珊·尔茨（Susan Ertz）的《克莱尔夫人》（*Madame Claire*），多萝西·塞耶斯的《贝罗那俱乐部的不快事件》（*The Unpleasantness at the Bellona Club*），阿加莎·克里斯蒂的《斯泰尔斯庄园奇案》（*The Mysterious Affair at Styles*），贝弗利·尼科尔斯（Beverley Nichols）的《二十五》，扬（Young）的《威廉》（*William*），玛丽·韦布（Mary Webb）的《飞向地球》（*Gone to Earth*）和康普顿·麦肯齐的《嘉年华》（*Carnival*）。

恩跟进了所有这些设想。信天翁出版社的发展因第二次世界大战而陷入停滞，但它向莱恩和德·格拉夫展示了平装书的力量。

德·格拉夫知道，要想把平装书卖到每本 25 美分的价格，它的印数必须很高。他面临的问题是需求量低、覆盖面窄。相对而言，美国的实体书店很少，这意味着书籍传统上印数低、价格高。德·格拉夫的解决办法是改变图书的分发方式，靠非传统渠道来销售书籍——报摊、火车站、药店，任何同意存放图书的地方都行。他还答应书籍未售出可退款，并为自己的书籍设计色彩鲜艳、扎眼的封面插图，他知道，这种封面在美国市场会比排版简约、色彩协调的欧洲风格更好卖。德·格拉夫的口袋书和随后的出版商，包括戴尔出版社（Dell）和畅销书局（Popular Library），都是最早出版“纸浆”小说的出版社——它们让图书变得大众化，但也让读者习惯了把书扔掉也无妨的观念。

把小说化为纸浆

在英国，差不多每 6.6 秒就会卖掉一本米尔斯伯恩出版社（Mills & Boon）的书。它的商业模式与其他出版商非常不同（不过，罗伯特·德·格拉夫一定非常熟悉）：他们每个月出版一定数量的书，送到书店和报摊。到了月底，凡是没卖掉的书都退还给出版社被打成纸浆——如果你没在上市的那个月买一本，就只能寄希望于找到二手书了。这一切意味着米尔斯伯恩公司有大量需要打成纸浆的实体书[①]。这些书都到哪里去了？有个地方是环绕伯明翰的 M6 收费公路。在一篇关于书籍制浆的文章中，乔·莫兰（Joe Moran）解释说：

> 一如我希望对自己的遗体处理有发言权，身为作家，我只希望，如果要把我的书化为纸浆，请征求一下我的意见。我的首选是沥青改性剂，也就是筑路人员用来把柏油黏合在一起的颗粒物。1 公里的高速公路可消耗大约 4.5 万本书：M6 收费公路消耗了 250 万本米尔斯伯恩出版的小说。把未读过的书变成一条无言匿名的道路，就像把骨灰撒在茫茫大海上，有一种令人愉悦的忧郁美感。

莫兰指出，出版商很少提及有多少书会化为纸浆（人们把这看成一种不自然的行为，类似于文学谋杀），但这本身是出版业务模式的重要组成部分。图书的制作成本很低，出版一本畅销书能获得巨大的经济回报，而这便鼓励了生产过剩。

---

① 不过，如今要化为纸浆的图书可能比以前要少，因为他们现在每月发布超过 100 种电子书，电子格式卖出的书比实体书更多。

但面对这种大规模生产实体书的庞大产业，我们对如何处理不需要也没人读的图书感到畏惧。我们理想化了图书和阅读，却无法承认这是一个生产过剩、供应过剩的行业，许多书永远没人打开或翻阅。图书出版非常特殊，书店可以将未售出的图书退还给出版商，由出版商自行处理。只有考虑到 2013 年英国出版社每小时发行 20 多本新书，每年发行 18.4 万本[①]新书和再版图书，该方可称为合理之举。没有一家书店有足够的空间存放这么多的新书，外加现有的数百万册旧书，这就是为什么要退回旧书——给新书腾出空间。这也使得，如果书店错误判断了一本书的销量，他们可以简单地退回多余库存，把难题交给出版社。

判断任何一本书要印多少册是极其困难的。每个作家面向的市场都有所不同，就算是同一位作家，他们最畅销的作品和最不畅销的作品之间也存在巨大差异。你可以将书本格式标准化，也可以在购买纸张或印刷时追求规模效应，但你永远不可能完全知道一本书有多大的市场需求。

约翰在出版行业工作了 50 多年，主要从事库存管理（这是出版的一个环节，决定哪些书能交付印刷，在多长时间里

---

① 在《卫报》论及 2013 年图书销售情况的一篇文章中，文学经纪人约翰尼·盖勒（Jonny Geller）形容这一数字时说，“要么是文化活力的标志，要么是出版业的自杀”。

印多少册）。我向他询问退货的情况。“从日常层面上看，这可能是出版业最令人沮丧的方面。”他说，“坚实的销量这个概念是虚幻的，要么卖掉要么退回，这才是我们这一行的基础。我们现在的退货率较低，说不定有人会欢呼一两声，但有必要记住彼得·迈耶（Peter Mayer）早些时候是怎样评价企鹅出版社的。他接手后没多久，就听说企鹅的退货率很低。‘这就是你们的问题，你们出版得还不够积极！’后来，企鹅的退货率提高了，这被视为一个良好的迹象！”一如既往，在文字世界，这是个认知问题：出版社需要对自己的作者有信心，有了信心，才能推进图书的出版。即使这意味着有时一些图书会被化为纸浆，但至少这表明你支持自己的作者。

迈耶在1978年至1997年担任企鹅出版集团的首席执行官，其间，他同意出版萨尔曼·拉什迪（Salman Rushdie）的《撒旦诗篇》（*The Satanic Verses*）；这本书出版后，他收到了死亡威胁。离开企鹅出版集团后，他成立了眺望出版社（Overlook Press），专门出版那些遭其他更大出版机构忽略的书籍——从字面上挽救好书不致失落。“真正的问题应该是，这本书是否好读，是否有价值，好不好？”他说，“谁在乎它是新是旧。如果一本旧书你没有读过，那它实际上就是一本新书。对任何没读过的人来说，这都是一本新书。”每当旧书接触到新读者，它便焕发出了新生。

压箱底的库存

"'压箱底的库存'（The Rock Bottom Remainders）是一支囊括当今最耀眼文学明星的乐队。乐队成员总共出版了 150 多本书，销量超过 3.5 亿本，被翻译成 25 种以上的语言。"他们网站的乐队历史开头便这么说。或许，直面这个鲜有人知的书渣世界，让这群文学明星①找到了慰藉。如果你的书没有化为纸浆，最终可能会得以保留——出版社看到一本书卖得不好，决定大幅降价出售剩余的库存。这是因为，如果出版社有大量无法转移的库存，以低价出售比将其化为纸浆或长期储存更加经济。只要能从出版和印刷的沉没成本中收回部分成本，都算是赚到，最重要的是，这至少意味着一些读者会购买作者的库存书，喜欢上它，未来还可能全价购买作者

---

① "压箱底的库存"是哪些人呢？根据官方网站的说法，最初的成员包括：戴夫·巴里（Dave Barry）、塔德·巴蒂默斯（Tad Bartimus）、小罗伊·布朗特（Roy Blount Jr.）、迈克尔·杜瑞斯（Michael Dorris）、凯西·开曼·戈德马克（Kathi Kamen Goldmark）、马特·格勒宁（Matt Groening）、乔什·凯利（Josh Kelly）、斯蒂芬·金（Stephen King）、芭芭拉·金索沃尔（Barbara Kingsolver）、格雷尔·马库斯（Greil Marcus）、戴夫·马什（Dave Marsh）、雷德利·皮尔森（Ridley Pearson）、乔尔·塞尔文（Joel Selvin）和谭恩美（Amy Tan）。他们的网站上写道，"1992 年，在阿纳海姆举行的美国书商协会（American Booksellers Association）大会上，这个团体凭空出现。《华盛顿邮报》的一篇文章将其描述为'自门基乐队'（the monkee）以来宣传力度最大的音乐处女作"。

的新书。有时，库存书得以保留是因为它是精装本，现在已经出版了平装本，也就是说，凡是多余的精装本库存都需要寻找别的去处。库存的平装书更容易化为纸浆，因此，它们通常会被去掉封面，寄回出版社，以证明这些书是要回收利用的，而不是继续转卖。如果你在书店外面看到一本书，怎么才能知道它是按库存书卖的呢？库存书通常在书的底部、靠近书脊的地方有一处黑色马克笔记号。

午夜大屠杀

出版商天然地致力于将故事传播得尽可能广泛——如我们在前文所见，大肆推介。他们的工作就是把文字传播出去，让它们自由。即使是他们，偶尔也会阻止一些文字出现在印刷品上。“这是我人生中第一次决定不进企鹅出版社出版的一本书。”1966 年，书商尤娜·狄龙（Una Dillon）写信给艾伦·莱恩说。当时，企鹅出版社决定出版法国漫画家西内（Sine）的《大屠杀》（*Massacre*）一书，狄龙的信只是莱恩收到的诸多回信中的一封。西内是一位政治漫画家，其作品以对天主教堂、绞刑、截肢和厕所等题材着迷而闻名。尽管主题颇有争议，但 1966 年 9 月，包括莱恩在内的企鹅出版社董事会批准了西内《大屠杀》的出版，虽说这一批准来得太晚，是在书已经下厂印刷并有书商订购之后。“这本书一出版，愤怒的牧师和愤怒的书商的信件就把办公室淹没了，书商们的愤慨更令人担心。”杰里米·刘易斯（Jeremy Lewis）在《特立独行的企鹅》一书中写道。

艾伦·莱恩其实并不喜欢这本书（但遭到了董事会其他成员的否决），他大声地问同事，如果他“派人去仓库取走这些书，把它们扔在某个地方，报告说这本书绝版了”，会不会有人介意？1966 年 12 月的一个午夜，一名仓库工人被一通电话吵醒，通知他到仓库报到。到了仓库之后，艾伦·莱恩（还有他的司机和农场经理）要他“把那些见鬼的书”带走；于是他便这么做了，把书从架子上取下，装进一辆面包车开走了。“现在，我们要保守这个秘密，不告诉任何人，好吗？”莱恩离开时敦促道。没有人确切地知道接下来发生了什么，不过，时至今日，那批《大屠杀》很可能都埋在艾伦·莱恩农场的某个地方。

第 15 章　文字恒久远：印刷

印刷术发明之前，一个世纪等于一千年。

——亨利·戴维·梭罗

2013 年 10 月，《好莱坞报道》刊登了一则源自萨福克郡邦吉区的报道。文章告诉读者，《布里吉特·琼斯单身日记》（*Bridget Jones: Mad About the Boy*）有若干册突然从讲述新近丧夫的布里吉特的故事切换到深受喜爱的演员大卫·杰森（David Jason）的回忆，文字跟他的自传《我的生活》一模一样。就像芭比娃娃的山寨货一样，买家要当心：杰森的书大约有 40 页挤进了布里吉特最新作品的装订中。《好莱坞报道》的文章把这次疏忽写得一本正经，《独立报》却发现整件事极具讽刺意味："这次装订疏忽，影响了菲尔丁（《单身日记》的作者）作品的部分版次，显然是因为印刷过程出了问题……它或许是个意外，但哪怕游戏营销专家们也不可能设计得比它更妙。”混搭——把两种文学流派结合起来——正风靡一时。[①]

我认同《独立报》。谁会不喜欢杰森－琼斯的混搭呢？《布里吉特·杰森：理性边缘》（*Bridget Jason: The Edge of Reason*），有人能抵挡得了吗？跟许多错误一样，不妨用瑞士奶酪理论来理解这个错误：把复杂系统中的潜在故障想象为（比如）一块气味刺鼻的埃曼塔尔大孔奶酪上的孔。如果多片奶酪片上的孔对齐了，一条通往灾难的隧道就出现了，失误必将沿着这条隧道找到出路。

就这次的例子而言，“对齐的奶酪孔”在于两本书的页数和尺寸完全相同，以及打印机的新条形码识别系统只识别具体的一本书（而无法识别每本书的个别部分）。当然，这些系统性漏洞现在已经堵住了。这对印刷商来说是好消息，但对跨类型文学实验的爱好者来说，有点令人失望。这就是进步的代价。

这一切清楚地说明了印刷工要面对的独有风险。和排印错误的故事一样，每个星期从印刷机上滚出来数百万个完美印刷的文字，这没有任何新闻价值。尽管结果有时非常有趣，

① 这种混搭风格始于2009年的《傲慢与偏见与僵尸》（*Pride and Prejudice and Zombies*），它开头的一句话说道，“众所周知，一个拥有大脑的僵尸必定渴望更多的大脑”，等到《理智与情感与海怪》（*Sense and Sensibility and Sea Monsters*）、《安卓·卡列尼娜》（*Android Karenina*，这是我个人最喜欢的一本）相继问世，局面真正失控。

但严酷的事实是：有时，你会不小心把自己的错误永久地记录下来，并将它们分发到全世界，所有人都能看到。

太阳底下无新事

在《小说阅读指南》（*How to Read a Novel: A User's Guide*）一书中，约翰·萨瑟兰[1]（John Sutherland）想象英国印刷业创始人威廉·卡克斯顿（William Caxton）搭乘威尔斯（Wells）的时光机，穿越到21世纪初：

> 印刷大师会很高兴地发现，实体书几乎没有任何变化。他甚至能在经典文学部分找到自己的书目头条——乔叟的《坎特伯雷故事集》。展出的书的一些物理方面会给他留下深刻印象，因为它们对15世纪的商品做出了巧妙的改进：防尘封皮、索引、封面……涂层纸张、斜体印刷和完美的装订——所有这些都值得放到威尔斯先生机器的篮子里带回去。尽管图书有了这些周边改进，但卡

① 萨瑟兰还讨论了《古腾堡星系》，特别是麦克卢汉的观点：为了决定是否购买一本书，不妨直接翻到第69页并阅读一下。如果你喜欢，就买。我不确定这如何适用于没有页码的电子书，虽然麦克卢汉显然预料到了电子书时代的到来。

克斯顿大师完全可以用他15世纪的技术，模拟出同样的产品。

如果说卡克斯顿是英国印刷业的先驱，那么，一如阿尔维托·曼古埃尔的描述，是美因茨印刷工约翰内斯·古腾堡在14世纪40年代“成功地设计出了直到20世纪仍在使用的所有印刷术要素：用于铸模字母表面的金属棱镜、结合了酿酒和书籍装订功能的印刷机，以及一种油基墨水——这些都是以前不存在的”。

古腾堡同时发明了印刷机和活字印刷技术，使得欧洲在相对较短的时期内，印刷成本大幅下降，书籍可以接触到庞大的全新读者群体。古腾堡印刷的第一本书（大约在1450年至1455年）是《圣经》，到1500年，欧洲的印刷机已经印刷了超过2000万册书籍。古腾堡开创了大众传播的时代，并最终彻底改变了整个社会结构。思想和信息可以跨越国界自由流通，识字率提高，信息（以及随后的社会和政治权力）不再局限于精英阶层。古腾堡的发明是文字的宇宙大爆炸——它真正地解放了文字。

印刷品的广泛传播也改变了人们阅读和接触文字的方式，最终产生了深远的政治和宗教影响。在大规模印刷时代到来之前，阅读是要大声朗读出来。很少有人会读，但大多数人会听：文字和它们所构成的故事，是为了在公共场合讲出来而设计的。但随着文化水平的提高，当众朗读的需求减少了，个人默读逐渐成为常态。

第一批默读人士是修道院抄写员：到 9 世纪，已有规定要求他们在工作时保持安静；在此之前，他们要写的文字都是口述出来的。但是，无论是默读（这使得个人有了时间和空间沉入不受控制的思考），还是印刷品的分发，都对既定秩序造成了威胁：1517 年，马丁·路德（Martin Luther）将他的论纲钉在维滕贝格教堂的门上，宣称与天主教教义相反，人人都有权自行阅读和阐释上帝的话语。文字开始重新夺回控制权。到 1518 年初，这些论纲从拉丁语译成德语，几个月后，在印刷机的帮助下，它们在整个欧洲流传开来。

印刷机的诅咒

机械化印刷技术意味着文字及其所能传达的思想开始在社会中广泛传播。自然而然，把持权力的人进行了反击。1529 年，亨利八世颁布了一份禁书清单。1557 年，玛丽一世统治期间，书商工会（1403 年成立）获得皇家特许，这意味着对于可以印刷什么书，他们可以制定和执行相应规定。书商工会有权查封冒犯性书籍，把作家带到教会当局面前。获得皇家特许后，书商工会实际上成了印刷工的行会，大规模生产较之手工制作的手稿占据了优势。这些控制印刷和文字的企图，意味着印刷职业成为潜在的危险职业。

1584年1月，印刷工威廉·卡特（William Carter）在泰伯恩被处死。他在伦敦塔被监禁了两年，在刑架上受到拷问，之后被送往老贝利法庭。法庭判他犯有叛国罪，次日处决。卡特将著名天主教神父格雷戈里·马丁（Gregory Martin）撰写的一本书印刷了1000册，内文中包含了一段表达信心的话："天主教的希望将会胜利，虔诚的友弟德会杀死赫罗弗尼斯。"此时伊丽莎白一世（信奉英国国教）和西班牙腓力二世（信奉天主教）关系日益紧张，此语被认为是威胁要暗杀女王。

非法印刷作坊同时印刷天主教和清教徒的宗教作品。1586年，为了控制印刷品的流通，星室法庭（此为伊丽莎白一世时期负责出版控制的机构）颁布法令，禁止伦敦以外的所有地区进行印刷（牛津和剑桥的大学出版社除外），以更好地控制印刷内容。此前，曾有一家正式的皇家印刷商，但伊丽莎白一世意识到，允许个别印刷商垄断某一特定类型的文学作品，会带来政治和经济上的好处。然而，人们认为这样的垄断是不公平的，它鼓励了无证印刷：伊丽莎白统治期间出版的所有印刷品，有三分之一从未出现在《书商工会登记簿》上，这意味着它们是非法的。

印刷商在制作争议性宗教小册子时，会试图自我保护，方法之一是在书中设置假线索。大约在这一时期，书中会加入版本记录，通常放在书的最后，告诉读者它的印刷来源。印刷商实际上是出版商，这反映在版本记录所包含的信息中。事实上，版本记录已存在了几个世纪。“版本记录”（colophons）这个词来自希腊语，意思是“顶峰”或“最后一笔”，对于作家或抄写员来说，走到一本书的结尾就是这样，步履疲惫地爬到顶峰。早期的版本记录会说一些关于抄写员或作者的事情，或表明作者对其所写文字的感受。一些版本记录敦促读者执行一项任务（比如洗手，以免弄脏文本），而另一些版本记录（特别是中世纪手稿）则包含了诅咒。毕竟，当抄写员费力地一页一页完成书籍抄写这一繁重任务之后，只有在末尾部分才可以表达自己的心情。

威廉·卡特在印刷格雷戈里·马丁的书之前，还印刷过荷兰耶稣会牧师彼得·卡尼修斯（Peter Canisius）的书。在卡尼修斯的书中，卡特称自己为“约翰内姆·博格迪”，并声称这本书是在法国杜埃印刷的，试图规避伊丽莎白时代英国对印刷工的审查制度。但归根结底，这些花招都没能救他的命。

1640 年，长期议会废除了星室法庭，新闻出版物的数量立即增加——一些报道说多达 300 种。尽管审查制度明显放松，但议会的意图是用自己的制度取代保皇党的审查制度。

1643 年的《许可令》几乎恢复了星室法庭的所有审查，并要求出版前领取许可，所有出版物都要到书商工会注册，销毁一切反政府书籍，逮捕和监禁违反法律的作家、印刷商和出版商。正是这一行为促使约翰·弥尔顿于 1644 年写出《论出版自由》，反对审查制度，让个别读者而不是统治者或政府自行判断文字的好与坏。

《许可令》一直生效到 1688 年。次年，威廉三世和玛丽二世受邀登上王位，两人的登基条件是他们同意《权利法案》。《权利法案》的影响之一是创造了一个更开放的社会，引发了出版行业的爆发式增长，带来了思想和信息的自由交流。托马斯·卡莱尔（Thomas Carlyle）将“现代文明的三大要素”描述为“火药、印刷术和新教”。印刷术改变了一切。

新瓶装旧酒

除了印刷对社会产生的深远影响，书籍生产的历史也是新与旧的相互呼应。如今，我们在制作书籍方面，有着截然不同的工业化和机械化规模，但究其核心，一本书仍然是一本书。阿尔维托·曼古埃尔指出，古腾堡和其他早期印刷商经常试图使其作品看起来像是出自修道院抄写员的漂亮手写作品。但思想也朝着另一个方向传播，《与杰出手稿的会面》（*Meetings with Remarkable Manuscripts*）一书作者克里斯托弗·德·哈梅尔（Christopher de Hamel）描述道：

> （手稿制作者）突然感受到了来自印刷商的威胁……（他们）开始在手稿中非常刻意地做一些他们知道印刷商做不到的事情。他们制作精美的边框，看起来就像有真正的昆虫落在书页上一样。他们开始绘制非凡逼真的错视画；他们把真正的彩色带回到自己的手稿中，因为他们知道印刷术还无法做到这一点。那是一场技术和手艺之间的较量，双方都在努力去做对方无法匹敌的事情。

手稿制作者可能已经感受到印刷机出现所带来的威胁，一如传统印刷商感受到古腾堡时代的终结、电子时代降临所带来的威胁一样。但哈梅尔和曼古埃尔提醒我们，双方都改变了自己的工作方式以应对对方。今天，我们从设计精美的实体书中看到了类似的情况——应对数字世界里朴实的文字设计。我和科拉莉·比克福德-史密斯探讨封面设计的时候，她指出，这种对精美设计硬皮书籍的回归，“可能是对21世纪初电子书兴起的反应。人们都在说纸质书已死，而且在当时看来，它很可能会成为现实。一场关于实体书到底扮演什么角色的争论开始了，感觉好像有很多人，比如我自己，喜欢图书的实体性质。但后来它成了一种独立存在的东西，很多人都爱上了收集自己最喜欢的文学作品的精美版本”。

除了与古代手抄本相同的一些方面（轻巧、便携），电子阅读器当然有手抄本无法比拟的优势：你可以在上面存储数百本书，任何光线条件下都可以阅读，还可连接到网络世界。对于研究和做笔记，电子阅读器提供了一种新的学习方式：高亮显示、加入标签、多重书签和即时搜索。

但在电子书的世界里也存在缺陷。设想你在书店里浏览一番之后，决定购买一本书。你拿着它去收银台，收银员扫描条形码，屏幕上跳出字样“已授权”，或者是“您已租借此文本，如出版社发生权利转让，需再次获得授权”。这些字眼无疑是在告诉你，在购买电子书之前，你必须清楚自己对这本书“拥有”的程度。在电子阅读器上，你只获得了一份授权或租借的权利，并非真正的所有权。倘若出版商出现破产等问题，你之前购买的电子读物可能就无法阅读了。换言之，如果这些文字对你意义重大，你可能更期望能真正拥有它们——摆在家里书架上的实体书，我们就拥有永久的记录（至少，只要纸张还在，我们就拥有它们）。纸张不需要充电，不会被擦除，不会被出版社远程撤销，也不需要软件支持，更不会在你急需引用时崩溃。

和很多人一样，如果我读到了一本真正喜欢的电子书，我也会去买实体书。出于心理、触觉和习惯等诸多因素的综合，我对印刷文字赋予了比数字文字更多的意义和价值，其他不少读者也是如此。我们阅读的文字可以通过屏幕显示，但我们对它们的感觉，以及它们呈现给我们的方式，与墨水和纸张上完全相同的文字带给我们的感觉完全不同。或许，这也不仅仅是一种感觉。数学家和计算机科学家艾伦·图灵早在 1947 年就意识到了这个概念：

> 人需要某种形式的记忆存储，有了它，就能在短时间内找到任何需要的条目。埃及人的书是写在纸莎草卷轴上的，这个困难恐怕曾经困扰过他们。从卷轴中查找参考资料一定是一项缓慢的工作，而如今书中文字编排的方式更为可取。我们可以说，在纸莎草卷轴上的存储，有些不易访问。找到特定条目需要相当长的时间。书籍形式的存储更好，当然也更适合用肉眼阅读。[①]

研究表明，由于书籍是三维的，我们在纸质书上读到的文字比从电子阅读器上读到的更容易记忆。记忆有着视觉空

① 这段话出自图灵 1947 年 2 月 20 日在伦敦数学学会发表的演讲。

间性质，故此有赖于深度感知和物体构成。这就是为什么当我们想到一本书中最喜欢的段落时，通常会浮现出一条视觉线索：我们记得自己看到这一页时的样子。我们拿起书的实体感——气味、手感和外观，反过来，这些又让我们以特定方式记住书中的文字。这种感知记忆始于很小的时候，大人对我们的朗读，并通过我们在学校和日后遇到的种种书籍得以强化。一提到《哈姆雷特》，我脑海中就会浮现出企鹅出版社经典版的封面（丑得令人难以置信）和厚重粗野的字体，那是我为了考取普通中等教育证书不得不学的教材。我大一时用的《荒原》诗集，内页用铅笔写着我祖母的名字——现在我还留着它，那是我与她之间的有形联系。我还记得，1992 年圣诞节，我打开一本别人送的精装版爱德华·拉德金斯基（Edvard Radzinsky）的《最后的沙皇》（*The Last Tsar*），手指在封面的金箔纸上摩挲——这本书是我在大学修读历史的原因。我们对书籍和书中文字的记忆与情感，跟我们与之相遇的方式密切相关。

印刷仙境

印刷和装订文字的集合，会改变和塑造我们对它们的反应。这件事赋予了它们意义、生命和权威，意味着我们可以将一个想法传达给数百万人。无论好坏，印刷术为文字提供了持久性、合法性，保护它们免受时间的侵蚀。最初，只有上帝的文字——也就是《圣经》——付诸印刷。我们通过流传下来的文字来了解古代文明，因为这些文字被记录、雕刻或书写下来。在分享复杂的概念、思想和感受方面，印刷具有独特优势，而许多其他方式都难以通过这种方式代代相传。最终，如果没有印刷，我们将缺乏有效方法来记录最深刻的思想——通过记录的语言来分享人之所以为人的意义。印刷技术的惊人之处在于，它意味着文字有了这样一种存在形式，哪怕经过数百年后再重新出版，仍然可以保持连贯和可识别的特征。哪怕我们制作图书的方式已经发生了变化，今天印刷出来的一册《天路历程》，在形状和媒介上仍然基本忠于班扬对文本的想象。我们是如何把这些最珍贵的文字付诸页面的呢？

印刷的历史始于木版印刷，它起源于中国，是一种布匹印刷方式。古腾堡发明的印刷机使文字得以大规模生产，对社会产生了深远的影响。威廉·卡克斯顿是英格兰第一个使用印刷机的人，也是第一个出售用印刷机印制的书的人。翻译和抄写书籍的经历，为卡克斯顿提供了升级技术的动力。他在其中一本书的后记中解释说，他的“笔头磨损，双手酸软，视线模糊”。机械化印刷的奇迹，可以消除所有这些抱怨。

卡克斯顿应该认得出直到今天印刷的一些流程——我们仍然按印张印刷，接着把它们装订到一起，形成书芯。但现在大部分印刷都做到了完全自动化（实际上是通过数字化完成的），卡克斯顿会震惊于印刷的速度，以及通过数字手段进行彩色印刷的能力。当然，偶尔出现的残留老式印刷方式（比如在有必要的时候，印刷工人仍然需要手工喷涂书籍边缘），也会让他稍感宽慰。

因此，现代印刷的故事是不断革新与传统相结合的故事——没有这种结合，书籍和文字就无法存在。我拜访克莱公司，想了解印刷技术如何让文字变得更好。克莱是英国最大的单厂图书印刷公司，1876 年，克莱家族在萨福克郡盖伊镇收购了一家现成的印刷公司，自那以后就一直扎根该镇。依靠传统印刷和数字印刷的结合，他们现在平均每星期生产 350 万册图书——繁忙时期可达 450 万册。数量难以想象的文字就这样得以印刷、装订、装车、分发到全国各地的书店供读者阅读。

我采访了凯特·麦克法兰（Kate McFarlan），她在克莱公司工作多年，现在仍然是他们的董事会成员。她向我解释了印刷技术如何新旧结合："有些方面，从视觉上并没有改变——巨大的纸卷[①]；将烫金图像‘盖’到封面上。使用传统印刷技术，你要把油墨涂到印版上，将图像转印到纸张上，折叠并裁切纸张来制作一本书。但与早期的机器相比，如今真正的印刷机已经进入了太空时代。数字印刷不再有印版[②]：墨水以‘液滴’形式渗入纸张，因此过程完全不同。”

现代印刷最让人啧啧称奇的一点是整个过程高度自动化。在克莱公司，大众平装书市场的崛起，在一定程度上推动了自动化：1939 年，艾伦・莱恩要求他们平均每两周印刷 3 本企鹅图书，每本 5 万册。詹姆斯・莫兰（James Moran）在《克莱公司传》（*Clays of Bungay*）一书中写道，“印刷机和折叠机要日夜运转，以处理每个星期的 8 万册企鹅图书……一旦企鹅图书连续不断地运转起来，已经分配给企鹅的机器，就不能中途停下去完成其他印刷任务了。因此，高度机械化的

① 我认识的每一个参观过打印厂的人，都会对纸卷的大小大感震惊，我也不例外。在整个实体印刷过程中，更换纸卷是最令人兴奋的一环。机器自动切断即将完成加工的卷筒上的纸张，拾取下一卷纸卷的起始部分，书籍从印刷机上飞出，却不曾有任何间断。很难解释为什么它这么神奇，但确实如此：也许是那种没有什么可以阻止文字喷薄流动，迫切地想被记录下来的感觉吧。

② 它大概也没有了灵魂。传统印刷会让你感觉自己正处于古腾堡星系的中心，到处都是活动的机械零件、噪声、颜色、闪光（亮闪闪的箔纸）和随处可见的书籍片段，而数字印刷机看起来就像一台巨大的灰色复印机。

大规模图书生产便初现端倪”。

现在的印刷虽然高度机械化，但仍然是先进技术和手工劳动的混合体。装订错误（比如，书的一部分装订颠倒）采用手动和电子核对两种方式来发现。依靠隐形条形码，外加装订线上解读条形码的摄像头，章节错位这样的问题如今几乎不复存在。不过，凯特解释说，传统行业配备自动化技术，还是会带来问题。

“就像漫画家希斯·罗宾逊（Heath Robinson）的作品一样，它是混乱和绝对精确的结合——更叫人难以置信的是，它居然能转动起来。机器有时会发生故障：如果出现卡纸，书籍的片段会惊险地飞到空中，回收过程中会出现短暂的混乱。但是机器上配备了警示灯和安全装置。工厂里比以前安静多了。生产流程分为多个阶段，大部分非常干净，但仍有一些杂乱的手动操作环节。”

这真的是印刷行业里最奇怪的一个地方。它结合了数百万英镑的技术和投资，偶尔有人坐在一堆刚从印刷流水线上出来的书籍旁边，手工喷涂书页边缘。

随着书籍从装订线上飞出，为了让黏合书脊和书芯的胶水干燥，之前完成的书会移动到头顶上方的传送带上（这是厂里唯一还有空间的地方）。凯特说，参观者总是对此“非常着迷”——就像是把文字挂在会动的晾衣绳上一样。

印刷类型

大多数商业印刷厂都采用3种印刷方式：按需印刷[①]、数字印刷和传统印刷。“按需印刷”恰如其名：20年前，经济可行的最低印刷量大约为750册；现在你可以“要求”一次只印刷一册。如果你这么做，克莱公司会印刷出来，直接邮寄给你——这就是你自己的定制印刷服务。按需印刷鼓励出版社保留那些本来再也买不到的图书，从理论上来说，按需印刷意味着再没有文字会绝版——相反，它们永远在古腾堡星系的某个遥远角落等着我们。

按需印刷的另一点神奇之处在于，机器能够毫不停顿地制作不同格式和篇幅的书籍。每次印刷完成后无须停止来进行重新设置：数据来自服务器，制作好内芯，扫描封面上的条形码，告诉机器内部的3把刀应该把内芯裁切到什么尺寸。克莱公司现在每天用这种方法印刷大约1000本书。

如果平装书的印数在5000册以下，通常会采用数字印刷。数字印刷的印量在过去要小得多，因为机器的速度更慢。数字印刷的最大优势在于没有准备成本，因为你不需要制作

① 按需印刷对学术出版尤为有用，它使学术专著更易获得。在学术出版市场上，图书印数低而售价高，经常绝版。现在，它们可以直接按需印刷，对市场进行测试之后再考虑实体印刷。

印版，书籍可以廉价地快速印刷。这也意味着出版社可以订购更少的印数（这意味着他们持有过剩库存的风险更小，让书籍和文字获得更长的销售周期），因为他们知道自己随时都可以快速加印。

随着时间的推移，克莱公司的平均印量有所下降，但由于更多的单独印刷任务得以完成，生产书籍的总量大体相同。如今英国采用数字印刷和传统印刷方式的比例几乎是各占一半。

传统印刷通常用于印刷 5000 册以上的书籍，它的最大优势是始终如一地高质量生产数千册图书。提起印刷机，我们想到的可能就是传统印刷——巨大的纸张滚筒，巨大而嘈杂的机器，一条生产线，书籍从另一头冒出来。那场面很值得一看——送进机器的纸张很宽，可容纳 16 篇单独的页面，但随着它穿过机器，不断地折叠、折叠、再折叠，到最后，你得到了折叠成标准书页宽度的 16 份“页签”。一堆文字从一张巨大的纸开始，逐渐缩小至可管理、可阅读、适合读者的尺寸。

着墨未来

和所有大型印刷公司一样，克莱公司很重视书籍的印刷生产周期，以最高效地利用其印刷机。如有必要，他们的生产线会通宵运转。如果你急需库存，可以在一天之内印刷一本书（不过，加急印刷会让你支付更高的成本），但新书通常需要10天时间印刷，再版需要4天左右。就像大多数出版社一样，从夏末到圣诞节，印刷公司都在进行调整，迎接圣诞市场的最高峰。我最后一次拜访克莱公司是在几年前的12月，当时该公司正以大约104%的产能运转。这对我来说似乎是不可能做到的，可那儿没有人为此大惊小怪。

印刷厂不仅印刷书籍，还将它们送往下一个目的地。在克莱公司的自动装卸区，一托盘一托盘的书籍堆叠在金属框架上，耐心地等待出发时间，全程无人参与。凯特说："克莱公司生产的图书有一半以上直接送到零售枢纽。"亚马逊在英国有20个零售枢纽，接着，他们向水石连锁书店、WH史密斯连锁书店、超市和许多其他地方送货——他们每天向150多个目的地派出多达20辆卡车。

本章前面部分，我提到了威廉·卡特的故事，他因印刷工作遭到处决。如今，为纸张着墨的风险要低得多，但出版社却越来越多地要求印刷厂在阴暗的地下世界运营，以保护那些每个人都费尽心力写就并要付诸纸端的文字不被不法之徒看到。更确切地说，是不让它们在错误的时间被错误的人看到。凯特解释说，"'暂时封禁'如今成了伴随着保护和宣传炒作的定期事件，是大人物们享受的待遇:《哈利·波特》、丹·布朗、斯蒂芬妮·梅尔、玛格丽特·阿特伍德、政治传记，等等。从‘埋头做事，尽快把书生产出来，堆到看不见的地方’发展成为哈利·波特年代的‘全套服务’——安保人员巡逻，甚至配备警犬，工厂里禁止使用相机和手机，禁止参观，所有包裹都裹上黑色不透明收缩膜，工作托盘上覆盖塑料罩，工厂关门闭窗（这在炎热的夏季是一场噩梦）——有很多方法能让文字处在保密状态”。

我参观期间，正好遇到两本“暂时封禁”的书正在印刷，它们被黑色收缩膜包裹着。我很想看看它们到底是什么书，但我忍住了。我相信，这些文字迟早会获得自由。

第 16 章　荒野中的文字：下架绝版

一本书的完美时机

“2013 年必读小说”“你从未听说过的最伟大的美国小说”“一生之书”——这些是一本 1965 年出版后销售不到 2000 册且不到一年就宣告下架的小说在 2013 年获得的部分赞誉。这本书直到 1972 年才以平装本出版，随后再次下架，直到 1998 年、2003 年和 2006 年再版，2011 年被译成法语，2012 年成为英国水石连锁书店的年度好书，2013 年销量翻了两番。这本书，就是约翰·威廉姆斯（John Williams）的《斯通纳》（*Stoner*）。

与其他重新浮出水面的书籍不同，《斯通纳》销量突然激增，并不是因为赞誉姗姗来迟地落到作者头上[1]（实际上，约

---

① 威廉·福克纳 1929 年的小说《喧哗与骚动》（*The Sound and the Fury*）在出版时也受到过同样的低调反应。1931 年，福克纳发表了轰动一时的小说《圣殿》（*Sanctuary*），前者的销量稍有好转。直到 1949 年他获得诺贝尔文学奖后，《喧哗与骚动》才真正走红。

翰·威廉姆斯1994年就去世了），也不是因为这本书被翻拍成了电影（尽管现在已经被选中要拍成电影），而是因为2006年由纽约书评经典（New York Review Books Classics）再版后靠读者口碑推荐带动起来的。

2013年，莎拉·汉普森（Sarah Hampson）撰写了一篇关于《斯通纳》的文章，这样描述它迟来的成功：

> 兴许，这只是一本书找到了完美时机的问题。我们生活在一个自私自利地不懈追求幸福和成功的时代，我们觉得自己有权拥有它们，为此不惜付出任何代价，无论是离婚，还是道德存疑。这部小说是对这种期待的一种解药，它提醒我们，一段外人看起来很失败、一旦结束很快会被遗忘的生活，也可以是一种高尚、古怪却又美好的经历。

1963年，约翰·威廉姆斯写信给自己的经纪人，后者刚刚读完《斯通纳》：

> 我想我同意你关于商业潜力的看法，但我猜这部小说说不定能在这方面给我们带来惊喜。我并不幻想它会变成"畅销书"或者类似的东西，但如果处理得当（总

会有那样的机会）……它可能会有个体面的销量。我唯一确定的是，这是一部好小说。假以时日，它甚至可能被看成一部相当不错的小说。

我们已经研究了如何让文字变得更好，它们要让人便于阅读——传统上，这是通过印刷做到的。当然，一些优秀的文字，甚至一些非常优秀的文字，已经下架绝版了。为了大致了解书籍如何以及为什么会下架绝版，我与约翰进行了交谈，他讲述了这种情况是如何发生的。

"现在下架的书比过去少了。关于下架绝版有一些奇怪的定义，比如过时的合同条款规定了何为'下架绝版'，我们没必要卡死在这上面。不过，我可以提几道难题来说明它有多么模棱两可：一本书实体版下架了，但你可以买到电子版，这属于什么状态？一本书并没有正式宣布下架，但到处都买不到，等着重新印刷，你会怎么形容？说得简单些，碰到以下情况，你可以说一本书下架绝版了：你不再拥有这本书的版权；该书存在诽谤威胁，或实际上包含诽谤内容；它的需求量极小，是无法维持的失败之作[①]；它只是短暂流行，或是

① 例如，英国节目主持人安西娅·特纳（Anthea Turner）2000年的自传《傻瓜冲进来了》（*Fools Rush In*）第一个星期仅仅卖出451本——而她的出版商利特尔布朗出版社为这本书支付了大约40万英镑。

仅与当时相关，没有预期后续销量；书的规格太过豪华，在经济上无法维持印刷[①]；出版社受制于财力，无力承担所有图书的印刷费用。”

接着，约翰谈到了像《斯通纳》这样的书：“偶尔，保留一本销售缓慢的图书，能带来惊人的结果。一些意想不到的事情改变了销售势头。让我受到鼓舞的反而是《斯通纳》的成功是多么平凡。它的成功我一点都不忌妒，如果这样一个书名都能成功，那么其他数不清的同样值得推荐的小说会怎么样呢？”

如果说《斯通纳》是一本超前于时代、必须等着时代迎头赶上的书，那么，或许每一本文集都有可能找到它的完美时机。这个念头让人颇感欣慰。

你的印数有多大

如果你问作者他们认为自己的书应该印多少册，答案肯定会比出版社认为的要高（恐怕还高得多）。2019 年，监测

① 什么算“太过豪华”呢？非标准黑白精装本或平装本；彩色版；有任何装饰性的东西——丝带书签、书穗（精装书脊顶部和底部的漂亮彩色棉线）、布面装订、非标准纸张、压花、使用潘通色彩（Pantone colour）……

英国纸质书市场的尼尔森图书分析公司（Nielsen Bookscan）发布的数据显示，2018 年英国卖出了 1.909 亿册图书，价值 16.3 亿英镑。这比 2017 年售出的图书多了 62.7 万册，价值增加了 3400 万英镑。这些数字很庞大，但并不意味着 1.909 亿册都为自己找到了永远的归宿。印数越大越便宜[①]，但存储和处理退货都很贵。一旦估算错误，后果会非常严重。2000 年 1 月，英国出版商多林·金德斯利（Dorling Kindersley，俗称“DK”）发现自己亏损了 2500 万英镑，因为它严重高估了电影《星球大战：魅影危机》（*Star Wars: The Phantom Menace*）的周边书籍印数和商品销量。DK 印刷了 1300 万册，但销量不到 300 万册。它一度持有价值 4400 万英镑未售出的图书库存（并非全是《星球大战》系列）。最终，这一错误判断导致这家此前独立经营的出版商被企鹅图书公司收购——如果没有因为订购太多库存而陷入现金流危机，这笔交易根本不会发生。

① 最大印数的吉尼斯世界纪录是《哈利·波特与死亡圣器》，该书于 2007 年 7 月初版发行时便印刷了 1200 万册。相比之下，该系列的第一本《哈利·波特与魔法石》10 年前出版时，精装版仅印刷了 500 册，其中 300 册送去了图书馆。不寻常的是，版权页上把 J.K. 罗琳称为“乔安妮·罗琳”。《哈利·波特与阿兹卡班的囚徒》再次出现了同一错误，导致精装版中途停止印刷。根据在线图书交易网站 AbeBooks 的说法，一册包含印刷错误、品相完好的签名版，现在可以卖到 8600 英镑。

我在出版业的第一份工作是在制作部门。制作团队负责告诉印刷商每本书需要印刷多少册。那时候（20 世纪 90 年代末），每天早上我们都会检查文件柜，浏览库存管理同事留在那里用电脑生成的印单，告诉我们每轮印刷批次都需要知道的关键数据。我从来没有认真琢磨过那些数字——我的工作只是向印刷厂下达命令，仅此而已。当然，对于出版社来说，每次加印的印数是现金流的重要组成部分，一旦搞错，可能会改变其业务方向。把印单留在文件柜里的就是约翰，在他看来，现在出版社可以获得的数据比以往任何时候都更显著地影响着印数。换句话说，这可能是一把“双刃剑”：每一册书都通过条形码进行跟踪，一本书的销量就不再是一件含混不清的事情。“出版变成了一个信息更灵通、行为更谨慎的行业。你过去会雄心勃勃地吹嘘自己印刷了多少册，不管这种自夸是多么可疑。印得多当然很好，但是你到底卖出了多少册呢？现在尼尔森图书分析公司有了无可辩驳的证据可以回答这个问题。他们为图书销售汇编销售点数据。把图书从配送中心运输到图书销售点，这是最简单的统计。最终的衡量标准是这些网点的实际销售额。如果你发出的图书数量和这些网点记录的每周销量存在很大差异，那你就知道快出麻烦了。”

决定一本书印刷多少册（在阅读大冒险中释放出多少文

字是稳妥的），意味着要考虑许许多多的变量。每一本书都有其独特之处，不管你之前看过多少关于作者、流派或主题的数据，你都无法假设这本书会卖得跟那本书一样好或一样差。你怎么知道什么卖得好、卖得快？你会不会判断失误，最终导致数百万文字库存积压？约翰说得好："行事谨慎是有原因的。印数不足，加印就好；印得太多，会叫你元气大伤。这都是老生常谈了。你把钱花在了（或者更确切地说是浪费在了）多余的库存上，你要等到以后才能冲销其价值。对一本简单的黑白印刷的图书，首轮印数在出版前 10 周左右确定。猜测的余地仍然有一些，但对主要客户的选择，你应该掌握强烈的迹象。如果书是老作者写的，以前的销量可以参考借鉴，但你永远不应该受它们奴役。"

然而，正如约翰的解释，21 世纪的文字还有另一面，"现代供应链意味着零售商如今在订货时更加谨慎。当代供应链通常十分快捷，如果需要更多，他们再下订单就好。印刷商加印的时间现在也很快——它们的反应迅速极了。一般而言，你可以在不到 6 个工作日内收到加印好的书籍。应该说，现在可以很轻松地维持黑白印刷书籍在售状态，而且经济实惠。它们可以按常规印刷 1000 册或以上，也可以按小印数（30 册至 900 册均可）印刷，还可以按需印刷。还是那句话，印刷商可以非常迅速地实现这一切。优秀的图书不会下架绝版，除非经办者无能，做出了错误的判断”。

文字太多

“即使是这些交货时间很短的图书，还是会碰到问题。”约翰说，“需要放到国外（尤其是远东地区，当地彩色图书成本最低）印刷的图书，出错的可能性更大。在这里，你可以窥见到未知的东西。印数可能必须在出版前 4 个月确定。那么，你的订单里不太可能只包含一本书。这需要经验和审慎。你还必须记住，如果必须从中国发货，即使是加印，大概也需要 3 个月的时间来印刷和交付。错误很容易发生，特别是季节性或专题图书，不管加印有多么方便和快速。没有哪一家图书出版商不曾为一次性加印过多感到后悔。”

长尾效应和缓慢燃烧

虽然我们认为作家希望自己的作品一直在售——找到尽量大而广泛的读者群，他们会尽一切努力去接触读者群——但事实并非总是如此。有时，作者本人决定把自己的文字放逐荒野。畅销书作家诺拉·罗伯茨（Nora Roberts）的作品出版总印数超过 4 亿册，但 1984 年的《许我明天》（*Promise Me*

Tomorrow）不在其中。2009 年，她在接受《纽约客》采访时表示，这本书“充满了陈词滥调”，而且违背了言情小说的套路，没有大团圆结局。网上有一本标价 129 英镑的二手书，描述如下：

> 英国第一版。平装本。封面没有使用“图库照片”，而是罕见的改版：一位年轻女子，绾起头发，穿着西装，打着领带，拿着笔触及下巴，站在模糊的摩天大楼背景前。品相优良：沿书脊有两三道轻微翻阅折痕，封底勒口上的印刷价格已被刮掉，封底书角略有折痕。书脊结实、方正，装订紧密。没有书店印章或前主人名字，页面上没有污损或指纹，没有折角痕迹。极为稀有的副本，可收藏，作者不允许其再版。

1982 年，马丁·埃米斯（Martin Amis）撰写了《太空侵略者》（*Invasion of the Space Invaders*），出版时还找斯蒂芬·斯皮尔伯格（Stephen Spielberg）作了序。这本书绝版下架了很长一段时间，二手书每册售价约为 300 英镑：

> 这本书很快就绝版并从其官方书目中删除，但它成了传奇之作，二手书价格居高不下，一群精英研究人员

在版权图书馆里战战兢兢地查阅。现在，令人欣慰的是，宣称自己对电子游戏有兴趣已经不再是件让人尴尬的事情，本书得以重新发行。[1]

埃米斯声称自己并没有否认这本书（这是他在撰写《金钱》一书的同时所写），但他继续拒绝有关这本书的采访。他大概已经克服了尴尬，现在很高兴再次与它有了联系，因为2018年，乔纳森·凯普（Jonathan Cape）出版社以复刻版的形式再版了这本书："在为这个星期意想不到的再版着手筹备时，出版商乔纳森·凯普发现，《太空侵略者》的原始文件已不知去向；只好一个像素一个像素地扫描复原。"[2]对一本关于电子游戏的再版书来说，这样的经历似乎很适合。

绝版图书、二手图书

AbeBooks将安德烈·斯米尔诺夫（Andrey Smirnov）的《Z的声音》形容为"一本写于2013年的非常晦涩的书。谁知道斯大林统治下的俄罗斯也有电子音乐呢？里昂·特雷门

① Steven Poole, 'Invasion of the Space Invaders by Martin Amis review – a swaggering ode to arcade culture', *Guardian*, 22 November 2018.

② 同上。

（Leon Theremin）发明了世界上第一种电子乐器——特雷门琴。这本书借助莫斯科档案馆的资料，重建了阿夫拉莫夫的'警号交响曲'，这是一场工厂哨声、雾角和炮火的露天演出，1922年首次上演”。

BookFinder.com在2017年的年度报告中列出了搜索次数最多的绝版书籍，其中包括《Z的声音》，以及尼尔·斯蒂芬森（Neal Stephenson）和戴夫·埃格斯（Dave Eggers）的作品。麦当娜的摄影集《性》是这份榜单上的常客（AbeBooks说,《性》有坚固的铝制封面，相当耐用，也意味着这本书不会生锈）。令人惊讶的是，安妮·法迪曼（Anne Fadiman）的《书趣》（*Ex Libris*）也在这份榜单上——我桌子上就有一本，非常棒，所以我很吃惊它居然绝版了。排名第一的是基特拉·迪瓦卡鲁尼（Chitra Divakaruni）的《包办婚姻》（*Arranged Marriage*），这是一本关于印裔女性在美国生活的故事集，最后一次印刷发行是1997年。

2017年的榜单里包括杰克·米舍林（旧金山最早的垮掉派诗人之一，也是一位艺术家）的《在布朗克斯和其他故事》（*In the Bronx and Other Stories*），首次出版于1965年，被称为“一本极为稀有的书”。不过，进取的马蒂诺精品图书出版社在2017年重新出版了这本书，如今你只需花不到15英镑就能买到一本。这就是图书在售和绝版下架的情况——作者作品的价值会随着时间的推移而大幅变化，这取决于他们的作品是否在售，已经有多久买不到，以及买到二手书的难易程度。[1]一如《斯通纳》的例子，出版商永远不知道会发生什么事情，让一本书突然蹿红。一部改编电影，一位被遗忘的作家重见天日，一位值得信赖的书评家做出推荐，一位新总统[2]，但也许未来这些偶然事件都不再重要。数字技术和按需印刷是否意味着每一本书都可以保持在售状态？这对二手书市场意味着什么？2018年的一项调查发现，在英国和美国，超过一半的购书者选择购买二手书而不是新书。受在线图书市场的推动，二手图书市场正以每年8%至10%的速度增长。我们购买二手书的意愿也提升了二手书店的销量。现在，任何人都可以轻松地找出旧书的市场价值，越来越多的人乐于进行二手书买卖。曾经受人喜爱的书籍，比以往任何时候都更容易找到。就算有时候成本高得离谱，但有了互联

---

① 哪些书从未下架绝版过？这里有几个：《天路历程》《鲁滨孙漂流记》《爱玛》《汤姆·索亚历险记》《吸血鬼德古拉》《飘》《蝴蝶梦》《源泉》《安妮日记》《杀死一只知更鸟》和《老虎来喝下午茶》(*The Tiger Who Came to Tea*)。

② 辛克莱·刘易斯的《不会发生在这里》(*It Can't Happen Here*)，1935年首次出版。2017年，企鹅现代经典重新发行了这本书，以回应特朗普总统的就职典礼。这本书讲述了一个虚荣、古怪、反移民、散布恐惧的煽动家竞选美国总统并获胜的故事。2016年选举日之后，它就暂时断货，就职典礼之后又一次断货。

网，如果你真的想要，你可以很快就能拥有它们。不妨像弗吉尼亚·伍尔夫那样看待二手书：“二手书是野生的书，无家可归的书；它们成群结队地聚集在一起，羽毛五颜六色，自有一种图书馆家养的书籍所缺乏的魅力。”

宁静的文字

“没错，我当然知道自己所有书都下架绝版了。作者通常都知道这些事。这让寻找二手书变得更好玩了。”1966 年，作家芭芭拉·皮姆（Barbara Pym）写信给朋友说。1950 年至 1962 年，皮姆出版了 6 部小说，诗人菲利普·拉金（Philip Larkin）是她作品的忠实支持者，形容她是“宁静生活的记录者”，“对日常生活中的微小悲欢和喜剧有着独特的洞察力”。

但 1963 年，皮姆将自己的第 7 部小说《不合适的依恋》（*An Unsuitable Attachment*）提交给出版商乔纳森·凯普，却遭到了拒绝。凯普认为，市场已经发生了太多变化，她的作品过时了。皮姆的小说以神职人员、未婚老处女和学者为主角，到了 20 世纪 60 年代，大家都觉得她落伍于时代了（1963 年，皮姆在给拉金的一封信中承认，“我觉得《不合适的依恋》很难比得上《第二十二条军规》”)；此外，租赁图书馆[①]的关闭也让她的书受到影响。虽然她把自己的书下架绝版一事说得轻描淡写，但事实上，凯普的拒稿让她非常受伤，尤其是这家出版社10多年来都在出版她的书。[②]

1963年至1977年，皮姆找不到任何出版商愿意出版自己的作品。不过，她继续写作，重新修改已有作品，创作新的长短篇小说，并将手稿提交给其他出版商。1977年，《泰晤士报文学增刊》将她评为20世纪被低估的作家之一。实际上，在当时在世的作家里，她是唯一一位被两位人士[③]提及的作家。结果，她终于找到了出版商（麦克米伦），出版了她在荒凉岁月里一直在写的小说《秋天的四重奏》（*Quartet in Autumn*），以及《亲爱的鸽子死了》（*The Sweet Dove Died*）的改写版，她花了10年时间修订。《秋天的四重奏》入围1977

---

① 租赁图书馆在19世纪特别受欢迎——它们为买不起新书的读者提供了租借的出路。直到1966年，平装书变得非常普遍（买起来也很廉价），租赁图书馆在英国就消失了。在此之前，租赁图书馆是中产阶级、中等文化水平读者的天然选择。

② 据黑兹尔·霍尔特（Hazel Holt）在《芭芭拉·皮姆的生平》（*A Lot to Ask: A Life of Barbara Pym*）一书中说，凯普告诉她，销售的最低“经济数字”是4000册左右，他们认为《不合适的依恋》达不到这个目标。

③ 菲利普·拉金和传记作家兼学者戴维·塞西尔（David Cecil）。

年布克奖，凯普出版社再版了她早前的小说[①]，因为他们仍然拥有版权；她还找到了一家美国出版商。

芭芭拉·皮姆的经历表明，作家的起起伏伏也要看时运，之前完全可以出版的作品，几乎在一夜之间找不到读者。

约翰还向我提起莱昂内尔·戴维森（Lionel Davidson）的惊悚小说《科里姆斯高地》（*Kolymsky Heights*）。戴维森是一位惊悚小说作家，书的评论很好，但总是卖得不怎么样。有一段时间，他所有的书都下架了。费伯出版社成立了按需印刷的品牌“费伯精选”（Faber Find），买下了他的存书再版权。销量平平，但有迹象表明可以取得更好的成绩。这本书的转机是奇幻小说作家菲利普·普尔曼（Philip Pullman），他宣称《科里姆斯高地》是“我读过的最棒的惊悚小说”。他为再版写了一篇序，这本书卖出了9万多册。这个例子生动地说明，所有的书都具备成功的潜力。一本书今年可能只卖了100本，但如果它的质量足够好，并且保持在售状态，它就有可能发挥得更好。出版商需要耐心和良好的判断力。

① 皮姆把两本重印的书和一本《秋天的四重奏》寄给菲利普·拉金，拉金回信说：“思考这件事，对我来说真的是一种深深的喜悦——不是纯粹的喜悦，因为我想用牙齿咬住各家出版商的脖子，用力摇晃他们，就像摇晃老鼠一样。”

尾　声　美丽新文字

写作没什么秘诀。你要做的就是坐在打字机前流血。

——欧内斯特·海明威

“那是早上 9 点 17 分，房子沉甸甸的。”这是《道路一号》故事的第一句话。但它优秀吗？套用另一句著名的开场白，它既不是最好的句子，也不是最差的句子。我是说，它合乎情理。单词拼写正确，连词前面加了逗号，也没问题。第二句甚至有一些隐喻的分量，唤起一种压抑的沉闷气氛。但是，总的来说，它算不上《双城记》那般的杰作。

比这些文字本身更有趣的地方在于它们产生的方式。《道路一号》并非诞生自人类的想象力或能动性，而是第一部由机器写成的小说：一辆黑色的凯迪拉克，配有监控摄像头、GPS、麦克风和笔记本电脑。通过这些非标准汽车设备，将数据流传输到一套馈入了数千本书、数百万文字，外加数百个 Foursquare 位置坐标的神经网络中。最终，生成了一篇包括上述内容的故事。

我们这位“凯迪拉克”作者可以接触到2000万字的诗歌、科幻小说和“无望”文学（难怪它选择了“沉甸甸”这个形容词），帮助它从纽约到新奥尔良的沉思之旅中创作人工智能驱动的文章。有趣的是，机器生成了一些角色，在叙述这段旅程时反复出现。一名神秘的画家出现在第三行，并在稍后的叙述中再次现身。一条水流从街道的一侧冲下。画家笑着说：“我喜欢这个，但我不想看。”

“我想离开这里，时候到了。”在某个时刻，机器这样写道——电子芯片发出这样一行令人不安却又深情的话。

这台机器的发明者罗斯·古德温（Ross Goodwin）受到杰克·凯鲁亚克（Jack Kerouac）的旅行文学启发，探索语言未来的愿望也在驱使（不妨就这么说）他：

> 这本书里的每句话，都有一个独立的生成过程，都发生在特定的时间点上。它们通过公路旅行和一辆装有传感器的汽车连接起来，传感器指示了它所叙述的内容，进而创造出了艺术。所有这些都对应着它所看到的东西……连贯的文章是自然语言生成的圣杯——想到我可能解开了这个问题的一小部分，我兴奋不已。我确实认为，它就语言与时间的关系提出了一个意料之外的有趣观点。

“连贯的文章是自然语言生成的圣杯。”从本质上来说，这也是我写的这本书的核心理念。人工智能是答案吗？虽然看起来《道路一号》将我们指向了一个没有人类的未来，但我们很快就能发现这个矩阵存在一些小故障。上面引用的机器文学作品的例子，来自一篇在线文章。也就是说，机器生成的一些文字是经过人的选择和编辑的。毫无疑问，我们健谈的“凯迪拉克”也生成了一些毫无意义的句子，结构糟糕，既不符合语法，也无法让人产生情感共鸣。只不过，和所有通过能干编辑之手的糟糕文字一样，它们还没落到页面上就被踢到了路边。

当然，还有很多非常聪明的个人和团队正在努力破解这个难题。爱自嘲而又性格腼腆的埃隆·马斯克，是硅谷非营利组织 OpenAI 的联合创始人之一，该公司 2019 年从微软获得了 10 亿美元投资。据说，该公司的 GPT-3 是有史以来最强大的语言模型，拥有 1750 亿个参数，能够信手拈来地生成各种令人信服的例子，从歌曲、故事到技术手册，甚至代码。

碰到发挥最好的时候，它真是棒极了。以下是 GPT-3 用英国幽默作家杰罗姆·杰罗姆（Jerome Jerome）的风格写出的文章《论使用推特的重要性》：“伦敦人的最后一种社交生活形式，居然是 Twitter。他们仍然对这玩意儿感兴趣，委实叫人觉得奇怪。有一次我到海边度假，发现整个地方像一个椋鸟笼子般 twittering 个没完，不禁吃了一惊。我说这是反常现象，的确如此。”[①]

不过，它也有能力犯下弥天大错：虽然非常智能，但究其本质，GPT-3 是重新混合人类在互联网上创建的现有内容，没有使用任何基于道德或价值观的过滤机制。这意味着，它眼下既是在模仿我们最好的一面，也是在模仿我们最坏的一面，比如在输入“犹太人”“黑人”“女性”“大屠杀”等文字时，它经常会生成一系列根植于种族主义和性别歧视的语言。OpenAI 的另一位创始人萨姆·奥尔特曼（Sam Altman）在推特上坦诚地表示：“围绕 GPT-3 的炒作太夸张了。它令人印象深刻，但它仍然存在重大缺陷，有时会犯非常愚蠢的错误。人工智能将改变世界，但 GPT-3 只是一项早期尝试罢了。我们还有很多问题需要解决。”

事实上，我们在这些章节中已经看到，文字是人类有意识的思维之间进行交流的方式。尽管技术在模仿自然语言方面不断实现巨大飞跃，但除非人工智能获得真正的知觉能力，否则它就无法与自然语言匹敌。为什么呢？因为意义不仅仅是作者意图的产物。它是作者希望传达的东西与读者所具备的理解能力（批判性、文化性、个人体验）两者之综合。真

① 文章中以“twitter”作为双关语，第一处出现指的是社交软件推特，第二处出现指的是鸟叽叽喳喳的叫声。——译者注。

正伟大的作家不仅仅在文风上有独到之处，他们还有一种难以言喻的能力：想象自己的文字将如何影响读者，甚至体会一个素未谋面之人的内心情感变化。优秀的编辑能把这种能力提升到更强的程度，毕竟，他们在整本书的制作过程中代表读者发声。

回到本节的开头："那是早上 9 点 17 分，房子沉甸甸的。"如果这句话触动了你的内心，那么，这能不能向我们更多地说明人工智能的写作能力呢？还是说，像我认为的那样，说明读者在投射作者文字意义方面起到了至关重要的作用？我们称为算法写作的东西，已经成为一台引擎，在人类和机器程序的推动下，输出了数十亿个可疑的在线广告和"内容"的字符。但在计算机比我们更好地输出优秀文字之前，我们似乎仍有很长的路要走，远远不止从纽约到新奥尔良的公路里程。

重写组

"她说得出制作小说的流程，从计划委员会的总指示，到改写组的最后修饰……书籍不过是需要生产的商品，如同果酱或者鞋带。"

在《1984》中，朱莉亚向温斯顿描述了自己在小说总局一台小说写作机器上工作的细节。她解释说，在她工作的部门只有六个情节（那地方叫“色情处”），而且这些书都是“鬼垃圾”。

有些愤世嫉俗的读者可能想知道大洋洲的官僚机构如何能凭空想出多达六个情节的色情小说。对我来说，把文字编辑部改名为“重写组”其实颇具吸引力——更何况，只需反复处理相同的六个情节，一定有助于加快编辑速度。

但奥威尔想表达的是，真正的创作过程不像工厂的流水生产线，真正具有文学价值的作品也不像一桶石油那样可以按体积或重量买卖。相反，每一本书都充满了它们所包含文字的魔力，页面上的标记形成了一条咒语，把一个人脑袋里的观点、经历和感受，投射到另一个人的头脑当中。这就是为什么数百年来，书籍一直受到崇拜、尊重，有时还遭到禁止、藏匿和销毁。书籍和文字有着强大的力量，大到危险的程度。尽管愤世嫉俗的人（又见面了）可能会指出，这么形容一桶石油基本上也合适。

我希望本书向你揭示，尽管没有“计划委员会”对我们应该读什么书发布总指示，但在每本书背后，都有一支重写组，致力于将文字从好变得更好，再让它们获得自由。我们在本书中已经逐一见到了这些人。当然，从技术的角度说，不是所有参与让文字变好的人，都真正重写了文字。但无论是编辑、经纪人、索引员、排版员、印刷商还是设计师，这支幕后军团付出的努力让文字变得更加美好精致。说到底，消费文字、对文字投以关注的读者，永远不会注意到他们的使命。这一无形的人的因素，造就了文字——他们为文字赋予了意义，供读者欣赏和享受。

一如纸质书在与电子阅读器的较量中站稳脚跟一样，它也顶住了自动化技术的冲击。尝试通过人工智能或算法撰写“连贯的文章”，可能会生成能够阅读和理解的句子，但我们很难为它们注入意义，因为它们的构建或编辑方式背后没有意义。

在小说《1984》中，温斯顿·史密斯读到伊曼纽尔·戈尔茨坦（Emmanuel Goldstein）所著的《寡头政治集体主义的理论与实践》，他想：“最好的书……是把你已经知道的东西告诉你的书。”我认为，他的意思并不是从字面上来看，而是说，我们喜欢的书是那些反映人类经历的书，使我们自由地意识到自己已经知道的东西。赫尔曼·梅尔维尔（Herman Melville）用“识别震撼”一词描述阅读一本精彩的文字合集反射给我们的回响：这些文字栩栩如生，让我们感觉自己以前曾身临其境。这是因为，书里的文字经过了人类同胞的选择、组织、编辑、培养、改进和释放。

书籍只是一种容器，我们用来储存很多自己害怕忘记的东西。它们本身毫无魔力可言。真正的魔力在于书中所言，以及它们如何将宇宙的碎片缝合成一件完整的衣裳。

——雷·布雷德伯里（Ray Bradbury），《华氏 451 度》

参考文献

前　言　欢迎来到古腾堡星系

McLuhan, Marshall, *The Gutenberg Galaxy: The Making of Typographic Man*, University of Toronto Press, 1962

www.theguardian.com/science/blog/2011/jan/19/ manifesto-simple-scribe-commandments-journalists

第 1 章　故事的美丽形态：作者

Bilman, Carol, *The Secret of the Sratemeyer Syndicate: Nancy Drew, the Hardy Boys and the million dollar fiction factory*, Frederick Ungar, 1986

Blatt, Ben, *Nabokov's Favourite Word is Mauve*, Simon & Schuster, 2017

Booker, Christopher, *The Seven Basic Plots: Why We Tell Stories*, Continuum, 2005

Dexter, Gary, *Why Not Catch-21? The Stories Behind the Titles*, Frances Lincoln Limited, 2007

Druce, Robert, *This Day Our Daily Fictions: An Enquiry Into the Multi-million Bestseller Status of Enid Blyton & Ian Fleming*, 1992

Eco, Umberto, *Narrative Structures in Fleming*, 1965

Hemingway, Ernest, *A Moveable Feast: The Restored Edition*, Jonathan Cape, 2010

——, *Death in the Afternoon*, Scribner, 1932

Mangan, Lucy, *Bookworm: A Memoir of Childhood Reading*, Vintage, 2018

Moran Henderson, *Jennifer, Josephine Tey: A Life*, Sandstone Press, 2016

Stoney, Barbara, *Enid Blyton: The Biography*, Tempus Publishing, 2006

Vonnegut, Kurt, *Slaughterhouse-Five, or The Children's Crusade*, Delacorte Press, 1969
——, 'The Shape of Stories', www.youtube.com/ watch?v=oP3c1h8v2ZQ

www.theguardian.com/books/2011/jul/31/ robert-mccrum-elizabeth-mackintosh-mystery
www.vanityfair.com/culture/2015/09/ josephine-tey-mystery-novelist
www.newyorker.com/magazine/2018/01/01/the-made-up-man
www.newyorker.com/magazine/2013/01/21/women-on-the-verge
www.newyorker.com/culture/cultural-comment/ the-unmasking-of-elena-ferrante
www.theatlantic.com/entertainment/archive/2017/08/ men-are-pretending-to-be-women-to-write-books/535671/
www.nytimes.com/2005/03/20/books/review/ghosts-in-the-machine.html
www.washingtonpost.com/lifestyle/style/james-patterson-doesnt-write-his-books-and-his-newest-readers-dont-read/2016/06/06/ 88e7d3c0-28c2-11e6-ae4a-3cdd5fe74204_story.html

第 2 章 "缝合文字的歌者"：影子写手

O' Hagan, Andrew, *The Secret Life: Three True Stories*, Faber & Faber, 2018

www.newyorker.com/magazine/2016/07/25/donald-trumps-ghostwriter-tells-all
www.theguardian.com/books/2020/nov/28/james-fox-keith-richards-has-a-fantastic-memory?CMP=Share_iOSApp_Other
www.spectator.co.uk/article/among-the-ghosts
www.theguardian.com/uk/1999/oct/20/johnezard

第 3 章 经纪人的秘密

Archer, Jodie, and Jockers, Matthew L., *The Bestseller Code*, Penguin Books, 2017
Cep, Casey, *Furious Hours: Murder, Fraud and the Last Trial of Harper Lee*, Cornerstone, 2019

第 4 章　保留与删除：编辑

A. Scott Berg, *Max Perkins: Editor of Genius*, New American Library, 2016

第 5 章　“作者是你的天敌”：文字编辑

Fadiman, Anne, *Ex Libris: Confessions of a Common Reader*, Penguin Books, 2000

Gilad, Suzanne, *Copyediting and Proofreading for Dummies*, For Dummies, 2007

Harrison Smith, Sarah, *The Fact Checker's Bible: A Guide to Getting it Right*, Anchor, 2007

Judd, Karen, *Copyediting: A Practical Guide*, Robert Hale, 1995

Nabokov, Vladimir, *Strong Opinions*, Penguin Classics, 2011

Phillips, Larry W., ed. *Ernest Hemingway on Writing*, Scribner, 2002

www.lrb.co.uk/the-paper/v34/n07/christian-lorentzen/ short-cuts

www.theatlantic.com/entertainment/archive/2014/09/why-books-still-arent-fact-checked/378789/

www.vox.com/culture/2019/1/15/18182634/jill-abramson-merchantsof-truth-fact-checking-controversy

www.theguardian.com/books/booksblog/2015/oct/06/steven-pinker-alleged-rules-of-writing-superstitions

www.esquire.com/entertainment/books/a33577796/nonfiction-bookfact-checking-should-be-an-industry-standard/

www.theguardian.com/books/2015/dec/06/based-on-a-true-story-geoff-dyer-fine-line-between-fact-and-fiction-nonfiction

www.buzzfeed.com/yelenadzhanova/this-quiz-will-tell-you-if-you-can-copyedit-a-buzzfeed-story

第 6 章　文本中的“斑点”：语法和标点符号

Blatt, Ben, *Nabokov's Favourite Word is Mauve*, Simon & Schuster, 2017

Cowell, Philip, and Hildebrand, Caz, *This Is Me, Full Stop.*, Particular Books, 2017

Dreyer, Benjamin, *Dreyer's English: An Utterly Correct Guide to Clarity and Style*, Century,

2019

Garber, Marjorie, *Quotation Marks*, Routledge, 2016

Houston, Keith, *Shady Characters: Ampersands, Interrobangs and other Typographical Curiosities*, Penguin, 2013

Marinetti, Filippo Tommaso, *Destruction of Syntax – Radio Imagination – Words-in Freedom*, Le Figaro, 1909

Pinker, Steven, *The Sense of Style: The Thinking Person's Guide to Writing in the 21st Century*, Penguin Books, 2014

Riddle, Thoby, *The Greatest Gatsby: A Visual Book of Grammar*, Viking Australia, 2015

Truss, Lynne, *Eats, Shoots & Leaves: The Zero Tolerance Approach to Punctuation*, Profile Books, 2003

Vonnegut, Kurt, 'How to write with style' , from *How to Use the Power of the Printed Word*, Anchor Books, 1985

www.theguardian.com/books/2015/oct/20/unfinished-story-how-the-ellipsis-arrived-in-english-literature

www.theatlantic.com/technology/archive/2018/06/exclamation-point-inflation/563774/

slate.com/human-interest/2015/01/quotation-marks-long-and-fascinating-history-includes-arrows-diples-and-inverted-commas.html

www.theatlantic.com/technology/archive/2016/12/ quotation-mark-wars/511766/

第 7 章　夏洛特·勃朗特的战书：拼写

Amis, Kingsley, *The King's English*, Penguin Classics, 2011

Fadiman, Anne, *Ex Libris: Confessions of a Common Reader*, Penguin Books, 2000

Judd, Karen, *Copy-Editing: A Practical Guide*, Robert Hale, 1995

Norris, Mary: *Between You and Me: Confessions of a Comma Queen*, W. W. Norton, 2015

Silverman, Craig, *Regret the Error: How Media Mistakes Pollute the Press and Imperil Free Speech*, Union Square Press, 2010

Toseland, Martin, *A Steroid Hit the Earth: A Celebration of Misprints, Typos and Other Howlers*, Portico, 2009

web.archive.org/web/20110604174926/http://www.timesonline. co.uk/tol/comment/

article993612.ece
www.theguardian.com/film/2019/jul/27/international-incident-work-mistake-official-secrets-film
www.telegraph.co.uk/culture/books/3639731/Marginalia.html
www.theatlantic.com/technology/archive/2014/06/a-corrected-history-of-the-typo/373396/

第 8 章 脚注病：脚注

Amis, Martin, *Experience*, Jonathan Cape, 2000
Foster Wallace, David, *Infinite Jest*, Little, Brown, 1996
Grafton, Anthony, *The Footnote: A Curious History*, Faber & Faber, 1997
Nabokov, Vladimir, *Pale Fire*, Penguin Classics, 2000
Zerby, Chuck, *The Devil's Details: A History of Footnotes*, Simon & Schuster, 2002

www.independent.co.uk/arts-entertainment/books/features/ the-top-ten-footnotes-9428345.html
lithub.com/the-fine-art-of-the-footnote/
www.barnesandnoble.com/blog/consider-the-footnote-why-dont-more-authors-use-the-most-powerful-tool-in-fiction/
www.newyorker.com/culture/cultural-comment/save-footnotes
stanfordmag.org/contents/the-decline-and-fall-of-footnotes
www.nytimes.com/2007/03/16/books/16anno.html
www.theparisreview.org/blog/2012/02/29/document-nabokov%e2%80%99s-notes/
www.nytimes.com/1964/06/28/archives/a-nabokov-guide-through-the-world-of-alexander-pushkin.html
www.theguardian.com/books/2004/dec/04/classics. arthurconandoyle
ideas.ted.com/what-the-mysterious-symbols-made-by-early-humans-can-teach-us-about-how-we-evolved/
www.nytimes.com/2011/10/09/books/review/will-the-e-book-kill-the-footnote.html?_r=2&ref=books&pagewanted=all

第 9 章　密苏里州的 Index：索引

Duncan, Dennis, *Index, A History of the: A Bookish Adventure*, Allen Lane, 2021

Hensher, Philip, *The Fit*, Harper Perennial, 2005

Self, Will, *Feeding Frenzy*, Penguin Books, 2002

Vonnegut, Kurt, *Cat's Cradle*, Penguin Modern Classics, 2008

literaryreview.co.uk/never-too-obscure

www.theguardian.com/books/2017/mar/30/in-our-google-era-indexers-are-the-unsung-heroes-of-the-publishing-world

baindex.org/

amp.theguardian.com/us-news/2018/nov/21/why-doesnt-michelle-obamas-memoir-have-an-index-blame-trump?

www.latimes.com/archives/la-xpm-2009-oct-11-ca-j-g-ballard11-story.html

www.theguardian.com/theobserver/2001/nov/11/society

alanrinzler.com/2009/01/every-non-fiction-book-needs-an-index-heres-why/

www.independent.co.uk/arts-entertainment/books/features/ dishonourable-mentions-552183.html

indexhistory.wordpress.com/2017/01/11/like-the-learned-pig-virginia-woolfs-first-index/

第 10 章　梅格雷探长和弹簧单高跷：翻译

Bellos, David, *Is That a Fish in Your Ear?: Translation and the Meaning of Everything*, Penguin Books, 2012

Findlay, Jean, *Chasing Time: The Life of C. K. Scott Moncrieff, Soldier, Spy and Translator*, Vintage, 2015

www.theguardian.com/books/2014/aug/15/perfect-proust-translation-for-purists

www.thebookseller.com/news/penguin-press-celebrates-75th-maigretnovel-translation-1096526

www.thenational.ae/arts-culture/books/literature-s-enduring-hero-the-inspector-maigret-novels-will-soon-all-be-available-inenglish-1.913480

第 11 章　封面文案和推介语

Calasso, Roberto, *The Art of the Publisher*, Penguin Books, 2015

Orwell, George, 'In Defence of the Novel' in *The Collected Essays, Journalism and Letters of George Orwell*, 1975

themillions.com/2012/02/i-greet-you-in-the-middle-of-a-great-career-a-brief-history-of-blurbs.html

www.independent.co.uk/arts-entertainment/books/news/ salinger-titles-to-be-re-launched-with-new-author-approvedcover-designs-1887769.html

www.theguardian.com/books/booksblog/2009/dec/24/whats-the-point-of-blurbs

www.theguardian.com/books/2020/jun/24/flipping-hell-book-designers-lament-waterstones-back-to-front-displays

第 12 章　全是黄色：封面和封皮

Baines, Phil, *Penguin By Design: A Cover Story 1935–2005*, Allen Lane, 2005

Hemingway, Ernest, *A Moveable Feast: The Restored Edition*, Jonathan Cape, 2010

Lewis, Jeremy, *Penguin Special: The Life and Times of Allen Lane*, Penguin Books, 2006

Scribner, Charles, Ⅲ, 'Celestial Eyes: From Metamorphosis to Masterpiece', *Princeton University Library Chronicle*, winter 1992

Snyman, Magdaleen, 'The History of the Book Jacket in the Nineteenth and Early Twentieth Century', *The Journal of Publishing Culture*, Vol. 4, May 2015

www.mprnews.org/story/2016/06/07/books-yellow-covers-trend

www.grapheine.com/en/history-of-graphic-design/history-of-book-covers-4

jezebel.com/the-bell-jar-gets-a-hideous-makeover-5978457

www.theguardian.com/artanddesign/2010/may/09/judge-book-by-cover

第 13 章　“小手手”和“奔跑的脚丫”：文本设计

Baines, Phil, *Penguin By Design: A Cover Story 1935–2005*, Allen Lane, 2005

Garfield, Simon, *Just My Type: A Book About Fonts*, Profile Books, 2010

Mole, Tom, *The Secret Life of Books: Why They Mean More Than Words*, Elliot and Thompson, 2019
Price, Leah, *What We Talk About When We Talk About Books: The History and Future of Reading*, Basic Books, 2019

www.theguardian.com/commentisfree/2011/mar/22/notes-in-the-margin-social-networking
www.newyorker.com/books/page-turner/the-marginal-obsession-with-marginalia
www.nytimes.com/2011/03/06/magazine/06riff-t. html?pagewanted=2&ref=magazine
veryinteractive.net/content/2-library/52-the-crystal-goblet/ warde-thecrystalgoblet.pdf
www.atlasobscura.com/articles/joe-orton-stolen-books
www.theguardian.com/artanddesign/shortcuts/2015/jun/10/why-we-love-hermann-zapf
fathom.info/frankenfont/

第 14 章　失落的记忆：散失的文字

Cep, Casey, *Furious Hours: Murder, Fraud and the Last Trial of Harper Lee*, Cornerstone, 2019
Coe, Michael D., *The Maya*, Thames and Hudson, 1987
Hemingway, Ernest, *A Moveable Feast: The Restored Edition*, Jonathan Cape, 2010
Kelly, Stuart, *The Book of Lost Books: An Incomplete History of all the Great Books You Will Never Read*, Penguin, 2006
Lewis, Jeremy, *Penguin Special: The Life and Times of Allen Lane*, Penguin Books, 2006
Manguel, Alberto, *A History of Reading*, HarperCollins, 1997

www.newyorker.com/magazine/2015/01/05/pulps-big-moment
www.theguardian.com/commentisfree/2008/jan/26/books. generalfiction
www.theguardian.com/uk/2000/oct/25/books.booksnews
www.mentalfloss.com/article/12247/how-paperbacks-transformed-way-americans-read
www.theguardian.com/books/2015/jul/19/go-set-watchman-harper-lee-review-literary-curiosity
www.nytimes.com/2018/05/11/obituaries/peter-mayer-publisher-of-the-incendiary-satanic-verses-dies-at-82.html
www.theguardian.com/books/2015/jul/19/go-set-watchman-harper-lee-review-literary-

curiosity
www.nytimes.com/2019/01/25/reader-center/sylvia-plath-story-discovered.html
www.telegraph.co.uk/news/uknews/1449742/toll-road-built-on-pulped-fiction.html

第 15 章 文字恒久远：印刷

Manguel, Alberto, *A History of Reading*, Flamingo, 1997
Mole, Tom, *The Secret Life of Books: Why They Mean More Than Words*, Elliott and Thompson, 2019
Moran, James, *Clays of Bungay*, Richard Clay, 1978
Sutherland, John, *How to Read a Novel: A User's Guide*, Profile Books, 2007

www.theguardian.com/books/2017/may/14/how-real-books-trumped-ebooks-publishing-revival
www.theguardian.com/books/2006/aug/12/featuresreviews. guardianreview9
www.printweek.com/news/article/clays-boss-defends-decision-to-stay-open
www.hollywoodreporter.com/news/bridget-jones-printing-gaffe-40-647149
www.independent.co.uk/voices/comment/the-great-bridget-jones-david-jason-mash-up-8872121.html

第 16 章 荒野中的文字：下架绝版

Anderson, Chris, *The Long Tail: How Endless Choice is Creating Unlimited Demand*, Random House Business, 2009
Holt, Hazel, *A Lot to Ask: A Life of Barbara Pym*, Sphere Books Ltd, 1992

www.theguardian.com/books/2013/dec/13/stoner-john-williams-julian-barnes
www.theguardian.com/games/2018/nov/05/martin-amis-invasion-of-the-space-invaders-1982-gaming-book-republished
www.newyorker.com/magazine/2009/06/22/real-romance-2
www.abebooks.com/books/most-searched-for-out-of-print-books-2017/index.shtml
www.theglobeandmail.com/arts/books-and-media/stoner-how-the-story-of-a-failure-became-an-all-out-publishing-success/ article15803253/

www.theguardian.com/books/2014/oct/22/uk-publishes-more-books-per-capita-million-report

www.bbc.co.uk/news/business-46386557

尾 声 美丽新文字

www.technologyreview.com/2020/07/20/1005454/openai-machine-learning-language-generator-gpt-3-nlp/

www.theguardian.com/commentisfree/2020/sep/08/robot-wrote-this-article-gpt-3

致 谢

如果说，我希望你能从这本书中领悟一个道理，那就是出版是一项集体事业。而一本讲述书籍故事的书，更是集体智慧的结晶。

在推进本书出版的过程中，我有幸得到了两位出色编辑的专业指导。Helen Conford 最初提出了这本书的构想（包括书名），并指导我完成了最初的阶段。正是她对我这个有潜力作者的认真态度，给予我真正成为作家的信心。随后 Cecily Gayford 优雅地接手，帮助我将这本书顺利出版。我对她们二人的睿智、细心和支持深怀感激。

如果没有受访者，本书的内容会贫乏许多（篇幅也会短很多）。我非常幸运，所有受访者都风趣、坦诚且慷慨，愿意分享他们的见解，供我转述给读者。我在此衷心感谢 Coralie Bickford-Smith、Luke Brown、Shannon Cullen、Sarah Day、Richard Duguid、Tom Etherington、Lesley Levene、Kate McFarlan、Shoaib Rokadiya、John Seaton、Karolina Sutton、

Martin Toseland、David Watson、Chris Wellbelove、Hannah Westland、Louise Willder 和 Simon Winder。

我还要特别感谢克莱斯印刷厂的印刷专家 Paul Hulley 和 Ian Smith，感谢他们允许我参观工厂，并耐心地为我讲解现代商业印刷的复杂工艺。我很高兴这本书能在那里印制，我无法想象这些文字在别处变成铅字的样子。

好的作品需要有人先行品读。我的早期支持者和试读员 Peter James、John Seaton 和 Shoaib Rokadiya，都帮助我从初稿的粗糙模样中打磨出了更加精致的作品。

Kathy Fry 承担了一项颇为棘手的“元任务”——为一本讲述文字编辑的书籍进行编辑工作，她严谨细致的态度和深刻的洞察力令我的文字得到了极大改善。Anthony Hippisley 火眼金睛的校对工作，让我避免了许多令人尴尬的错误，也提醒我即便自以为文字已臻于完美，字里行间仍潜藏着瑕疵。Graeme Hall 以其娴熟的技巧和从容的风度，管理着同为执行编辑的我，更加印证了我的猜测——他是一位比我更出色的执行编辑。

我在企鹅出版社的新老同事和合作过的作者们，给予了我极大的支持和鼓励，我每天都在向他们学习。Richard Duguid、Ruth Pietroni 和 Anna Wilson 是有趣、有耐心的同事。Ruth 用她敏锐的眼光审阅校样，Richard 则英勇地承担了编制索引的工作——没有人比他更适合为这本书做这件事了。

我也要向 Alison Alexanian、Louisa Dunnigan、Alex Elam、Emily Frisella、Samantha Johnson、Ed Lake、Hannah Ross 以及 Profile Books 表达深深的谢意，是他们让我的首次著书经历如此愉快。

本书谨献给我已故的母亲 Patricia，并向父亲 Dave Lee 表达爱和感谢，他一直支持和鼓励着我的热情与理想。在新冠疫情封控期间艰难的写作过程中，亲友们就是我的精神支柱，更是多年来关于文字、书籍、思想和人生等各种话题热烈讨论中的思想引领者。

Grant Saunders 不仅提供了无尽的支持、鼓励以及美食，而且他绝对是我们家族里最优秀的作家。他细致的眼光和娴熟的文字能力，让我受益匪浅。没有他，我无法完成这一切。